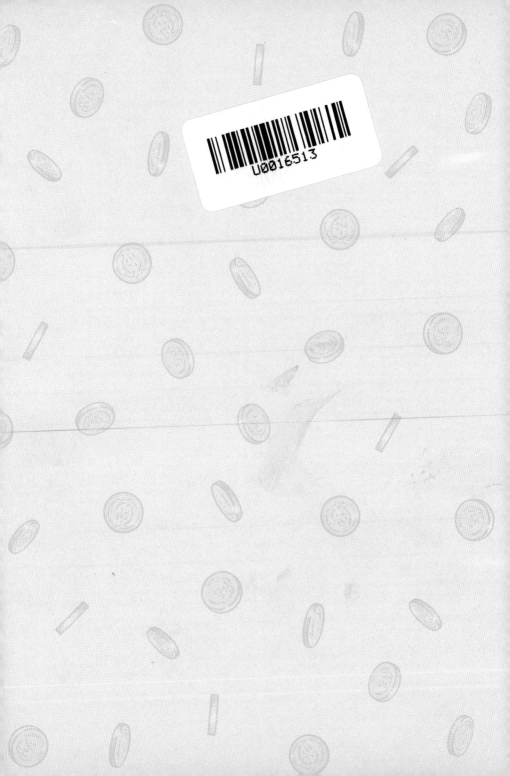

U0016513

你不可不知的關於金錢的那些事

關於金錢的那些事

顛覆常識的金錢心理學

周欣悅———著

不管是電子錢包裡的錢，

還是白花花的現金，

你的生活離不開錢，

你可能會覺得，錢只是一種交換工具。

事實上，錢本身也有七情六欲，

會影響你的愛情、親情、友情，

甚至道德水準。

本書從心理學的角度出發，

讓你重新認識金錢、認識自己，

做金錢的主人，做自己的主人。

關於金錢，你應該知道的那些事

彭凱平

4000 多年前，「錢」在人類歷史的舞臺上閃亮登場，開始在社會上扮演舉足輕重的角色。我們的生活離不開錢，但我們又不能只為錢而活。金錢當然很重要，但是再重要也不能讓錢成為生活的唯一目標。有人說「只有你愛錢，錢才會愛你」，但是我們對自己的愛錢心態與金錢的愛我之意，又真正了解多少？

除了上面的問題，當我們想到錢的時候，還會出現一大堆平時好像聽過，卻從來沒有認真思考過的問題。例如：金錢與人究竟是何種關係？金錢怎樣影響人的情感、道德及消費行為？人們應該如何正確地對待金錢？人們究竟賦予了金錢何種意義？還有，你肯定不知道金錢本身也有七情六欲吧！我想，到此為止，你已經對這些與金錢直接相關的問題產生了疑惑。

錢，究竟是什麼？

幸運的是，透過閱讀本書，你終於有機會和人美又幽默，學術界出了名的「女神教授」周欣悅一起探究這些有趣又重要的問題了。這本書饒富趣味又引人深思，從心理學的角度出發，用有趣的心理學實驗、通俗易懂的生活案例、鮮活有趣的故事，帶你

既客觀又感性地認識形象豐盛的金錢，與你攜手一同揭開金錢的神祕面紗。並且每個人都可能在書中找到自己的影子，思考自己是否做了金錢的奴隸，又如何才能成為金錢的主人。

這本書的價值不只在於讓你重新認識金錢，更重要的是在此基礎上幫助你重新認識自己，找到那個真正「一睜開眼就賺到錢」幸福且成功的自己。你怎樣看待錢，就會得到怎樣的人生。讓這本書幫助你重建金錢觀，「撿到六便士，也看到月亮」（出自毛姆小說《月亮與六便士》：月亮象徵遙不可及的理想；六便士則是為生存不得不低頭的五斗米）。

金錢是萬惡之源嗎？

除了作為一般財貨具有交換價值，金錢對你來說還意味著什麼？「錢要花在刀口上」，那麼刀口究竟代表著什麼意義？從這本書裡，你會找到這些答案，並且懂得金錢也有「生命與感情」，知道金錢在影響你的情緒、人際關係、消費行為和決策等方面一點也不含糊。

這還是一本會顛覆你某些既定認知的書。我們周遭應該都有不少人認為：「時間就是金錢」「有錢會讓我成為更棒的父母」「沒有錢解決不了的事」，但作者在本書裡將告訴你，這可不是什麼好事、不見得靠得住，更不是什麼值得宣揚的事……

你和金錢的關係還好嗎？

錢對你來說只是交換工具，還是欲望傀儡？是你在掌控它，還是你被它牽著走呢？人們常說世界觀、價值觀、人生觀很重要，而這三觀是相輔相成的，一個人對金錢的態度也反映一個人的性格。一般來說，研究金錢的往往是經濟學家和金融精英，但對於這個時代的大多數人來說，有需要學習從心理學的角度了解金錢，並把那些曾經的觀點放到日常生活中進行檢驗。聽一聽融貫中西的金錢心理學專家怎麼來理解金錢，我想，這不管是對於正在「月光」邊緣掙扎的你，還是「數錢數到手抽筋」的你，都會受益匪淺。

作者長期思考人與金錢的關係，本書集合了她大量的研究和很多有趣的結論，更凝結了她強烈的人文關懷與科學意識。開卷有益，相信這本書一定會讓你重新認識金錢，認識金錢編織的這張社會大網。更重要的是，這本書提供了一個視角——當人們把金錢的意義從市場轉移到每個人的心中時，金錢就不只是購買物品、保存財富的媒介那麼簡單了。在人類的主觀世界裡，與錢有關的事情，從來都滿含著人性的色彩。

（本文作者為清華大學社科學院院長、心理學系主任）

〈推薦序〉

金錢讀心術

魏知超

　　心理學是一個「讀心術」的江湖，江湖裡的各大門派都有自己的讀心絕招。情緒專家用微表情推測人們的所思所感；人格專家用問卷和測驗將人分門別類；認知神經科學家用腦成像設備為自己換上透視心靈的火眼金睛……江湖中的各路好手無不使出渾身解數，透過各種行為、生理上的蛛絲馬跡來窺探人們心智運轉的奧祕。

　　本書作者是這江湖中的頂尖好手，她的獨門絕技乍一聽頗為另類；她使用的讀心道具，是金錢，並以一系列「金錢研究」獨步天下，盛名遠播。在我的印象中，雖然近年來已有越來越多心理學工作者能做出比肩國外學者的頂級研究成績，但像她的研究這樣，既能在學術品質上無比厲害，又能突破局限被國際媒體競相報導、被網友津津樂道的，屈指可數。

　　在她的眾多成果中，先一步突破同業的，當屬「數錢可以鎮痛」的研究。什麼？數一數錢就可以緩解痛苦？沒錯。她與共同研究者將這項「數錢可以緩解人們的生理痛苦，降低人們被社會排斥的焦慮感，還能提升人們的精神力量，讓人變得更為自信和滿足」的研究結果發表在頂級心理學期刊《心理科學》

（*Psychological Science*）。我們在感嘆研究結論有趣之餘，再細想下去就會發現，這個研究揭示出金錢可能提供了一種廣泛的心理保護，在這層保護下，人的心智和行為會發生一系列微妙的變化。

她後來的不少研究都自帶這種「乍一聽有悖常理的趣味，細思下去發人深省」的屬性。也難怪她的研究成果屢屢成為媒體寵兒，被包括《自然》、BBC 英國廣播公司在內的國際媒體廣泛報導了。

那麼，她手中的這柄神兵利器 —— 金錢 —— 可以用來「讀心」，用來幫助我們增進對自身的理解嗎？當然可以。

世俗智慧告訴我們：錢乃身外之物，生不帶來，死不帶去。可當我們讀完這本書後就能深刻體會到，金錢可遠不止是身外之物，它會在我們活著的每時每刻塑造我們的心智；而人性中有些不易被觀察到的隱晦面，也往往會在與金錢的互動中一一揭露。

人的心智既被金錢塑造，也藉金錢暴露。所以想要了解一個人的話，不妨去看看他如何與金錢互動。從人與金錢的往來中理解人性，便是本書所要展示的「金錢讀心術」。

透過「金錢讀心術」可以觀察心智如何被金錢塑造

我們可從「數錢可以鎮痛」的研究裡領悟到，金錢可以提供我們強大的心理安全感，「家有餘糧，遇事不慌」。那麼，這分安全感又會把人們的行為導向何處呢？有些富人會因為這分安全感變得自信而富有魄力。這分魄力，就根植於金錢提供的安全感。

但也有些富人會因為這分安全感而變得自我中心、失去同理心。書中列舉的數項研究顯示，一些富人在思考問題時很少能做到換位思考，這讓他們在很多場合顯得目中無人。為什麼會這樣？因為既然錢能幫助他們解決大部分問題，那其他人對他們來說也就不太重要了，於是喪失了理解他人的動機。

我們或許早已聽過「窮人思維」「富人思維」這些詞，對金錢如何左右人的行為也有些模糊的印象，但當我們讀完書中這方面的研究案例後，還是會對金錢如何微妙而複雜地影響人的心智感到驚訝。

用「金錢讀心術」觀察隱藏的心智如何藉金錢暴露

書中提到一個消費行為中的有趣現象，叫「功能性藉口」——如果商家在宣傳奢侈品時附加一些實用性功能，人們會更願意購買。消費者購買奢侈品，明明看重的是品牌增值性，但似乎只有在為自己找到一個「為功能買單」的藉口時，才能理直氣壯地下訂。原因何在？這可能是因為多數消費者都默認「節儉」是社會認可的美德，所以在打算購買奢侈品時不自覺地背負上罪惡感。而「實用性功能」正好給了他們一個自欺欺人的藉口：「我買這塊名表可不是為了炫耀，而是因為它計時準確。」這樣一來，購買奢侈品的罪惡感便大幅降低了。藉由這樣一個消費行為，隱藏在人們心中的道德制約得以清晰顯現。

人心難測，而這本書裡的大量研究和案例向我們生動地展示

了，如何從人們賺錢、花錢、看待錢的方式裡挖掘出他們內心的「真實」。

「君子喻於義，小人喻於利」，錢是俗物，古時候有身分地位的人對錢不屑一顧。可在金錢無孔不入的現代，不理解金錢，談何理解自己、理解世界？

這本書帶領讀者喻義於利，於大俗中悟大道。它展示的正是一個生活在現代社會有身分、重體統的人應有的金錢觀。

（本文作者為心理學科普作家）

〈自序〉

金錢不只是一種工具

你經常看到錢，想到錢，說到錢。你也經常會被金錢驅使去做很多事情。

那麼金錢對你的心理、行為產生什麼樣的影響呢？

你可能會覺得，金錢無非是一種交換工具。我們追求金錢，是因為它很有用。

但是對心理學家來說，金錢不只是一種工具那麼簡單。

在日常生活中，我們也並不是簡單地把錢當作一種工具。比如說，朋友幫助我們搬家，我們可以花錢買點禮物送給他，但是不能掏出錢包來拿點錢給他。

在人際交往中，我們經常要掩蓋金錢的交換。可以叫彩禮、束脩、纏頭，但是不能直接叫錢。例如春節時，我們不能直接給現金，而是遞一個紅包過去。對方拿到之後，也不能馬上打開紅包，拿出來數。有一些孩子不懂事，拿到紅包就馬上打開，這就讓人很尷尬。

這就是為什麼我們看到有些人高調做慈善，給路人發現金，還讓大家舉著現金拍照時，感覺怪怪的，還覺得他的善心是有條件的。但是如果他發的是紅包，或者低調一點，我們就會覺得好多了。因為並不是我們把錢給對方，就能夠得到對方的感激，有

時還會遭到對方的反感、厭惡，甚至仇恨。

金錢如何影響人際關係，我們如何用錢來提升而不是損害人際關係，是本書的一部分內容。

另外，我們還可以用錢來治癒痛苦。我在 2008 年的一項研究就表明，金錢就好像是止痛藥，讓人們變得麻木，但是也可能讓人們上癮。而缺少金錢的保護，人們可能感受到更多的痛苦。2009 年諾貝爾經濟學獎得主丹尼爾‧康納曼（Daniel Kahneman）和一家知名市調公司蓋洛普一起針對美國 4.5 萬國民做了一項調查。他們發現，同樣一個負面事件，比如頭痛，如果是有錢人，痛苦會平均增加 19%，但如果是窮人，痛苦就會增加 31%。

雖然生活中 80% 的喜劇跟金錢沒關係，但似乎 80% 的悲劇都跟金錢有關。金錢和情感的關係也是本書的重點之一。

本書還有一個重要內容，就是「如何花錢？」怎樣花錢才能讓自己感受到最大幸福？怎樣花錢才能凸顯明智？花錢同時又是一件很痛苦的事情。經濟學家喬治‧羅文斯坦（George Lowenstein）曾舉過一個例子；當你去國外觀光，坐在一輛收費高昂的計程車上時，收費表每嘀一聲你就感到心痛一下，根本無心欣賞沿途風光。

梁實秋作品〈代溝〉裡說「愛錢的人，就是守財奴。就好像把孔方兄一個個地穿掛在他的肋骨上，取下一個都是血絲糊拉的。」「英文俚語——勉強拿出一塊錢，叫作『咳出一塊錢』（cough up a dollar），表示錢藏於肺腑，要用力咳（cough up）才能取出。」

花錢是非常痛苦的事情，但商家有的是辦法降低消費者的支付痛苦，讓消費者感覺不到痛。**到底有哪些讓人心甘情願花錢的手法呢？這也是本書的核心內容之一。**

　　我的幾項金錢研究被廣泛傳播之後，常有人來問我：「周老師，你為什麼研究錢啊？你是不是很愛錢？」我聽了就很不高興，有這麼說話的嗎？我當然也不是不愛錢，但是我不喜歡別人說我愛錢。我們說一個人愛錢，像是罵人的話，跟說他道德敗壞沒什麼兩樣。有錢人的道德會更加敗壞嗎？為什麼人們會覺得金錢很骯髒？如何用錢來提升道德？**金錢和道德的關係，也是本書的一個重要內容。**

　　金錢遠遠不只是一種工具那麼簡單，於是出現了金錢心理學這項領域，研究目的就是考察金錢對我們的情緒、人際關係、行為和決策到底產生了哪些影響。本書會展示一系列跟金錢有關的有趣現象，以及這些現象背後的人性。

　　莫頓‧米勒（Merton Miller）說，想要了解一個人，就看他的錢去了哪裡。**本書能幫助你了解自己，掌控自己；做金錢的主人，做自己的主人。**

CONTENTS

第一章　金錢與個人情感

第二章　金錢與社會生活

第三章　金錢與消費行為

第四章　金錢與家庭生活

第五章　金錢與道德批判

第一章

金錢與個人情感

你以為金錢不會哭或笑、本身不具有人類的悲歡，
其實它也有七情六欲。

01

五種金錢病態人格，你屬於哪一種？

你有沒有這樣一個朋友，雖然不是家財萬貫，但聚餐時總搶著付錢？你是不是像強迫症那樣，頻繁查看行動支付明細或信用卡帳單？你是不是很愛貨比三家，總想找到比別人更便宜的價格？爲了占便宜，你是否買了很多根本不需要的東西？你的消費，在眞實需要之外，有多少是出於炫耀、寂寞、焦慮，或者自卑呢？

你跟金錢的情感關係，到底是怎樣的狀態？會不會有點病態呢？

這決定了你是金錢的主人，還是金錢的奴隸，也決定你如何**花錢、如何存錢、如何投資。**你個人的財務狀況通常只有你自己知道，因此如果你和金錢的關係有問題，外人並無法輕易發現。你有需要靠自己把病灶找出來。

這裡根據多數華人的理財行爲，結合我們和金錢的關係，把眾人的金錢人格類型分成五種。而你是屬於哪一種呢？

①焦慮型

這類人對待金錢就像熱鍋上的螞蟻。他們經常查看自己的帳戶，非常熱中比對行動支付明細和信用卡帳單。就好像有些人餐

餐都要記錄所攝取的食物熱量；有些人喜歡記錄自己一天走了多少步；有些人喜歡查看自己的睡眠紀錄。這類人特別精打細算，很在意信用卡積點，也會利用各個比價網來找到最低價格，生怕自己比別人多花了錢。如果買股票，他們會更頻繁地交易，認為這樣做很明智，卻沒有意識到，頻繁交易就得支付更多的手續費。這些人對待金錢的態度是傾向於「做事情」，而不是「不做任何事」。也就是他們做不到「無為而治，以不變應萬變」，很容易被外在環境牽著走。

這類人對自己的財務生活控制得非常嚴格，可能是因為在人生的某個重要部分缺乏控制。例如，有一些飲食障礙者就會非常嚴格地理財，這可能是他們想從金錢上找回控制感吧。當你太頻繁查看帳戶時，你可能會只見樹不見林。你需要退一步看看廣闊的願景——你的長期目標是什麼？你在理財上花的時間是不是太多，導致自己沒辦法好好的享受生活？

②囤積型

這類人對待金錢的態度可以用一個詞來形容：難以割捨。對他們來說，有錢就有安全感。他們厭惡風險，大量的儲藏金錢或物資；他們捨不得花錢，也捨不得投資。

倫敦大學學院的心理學教授阿德里安‧弗爾納姆（Adrian Furnham）曾遇過一位已經高齡 94 歲的長者，還會把退休金的一半存起來，捨不得花。英國於 2015 年開始實施退休金自由提取計

畫，屆齡 55 歲之後就可以把退休金提出來。結果發現，有三分之一的人提了錢之後，轉頭又把錢存入銀行。儘管利息很低，他們還是捨不得拿去投資。

如果你小時候家裡的財務狀況吃緊，入不敷出，那麼你就可能把金錢視為安全感來源，而出現在家囤積現金、金條的行為。只有把錢放在眼睛看得到的地方才能讓你感覺安心。

③快感型

這類人在買買買的時候會湧現一種快感。雖然這種快感跟肥皂泡沫一樣，當東西一到手很快就破滅，但是他們又會開始下一輪的追逐，新目標將再一次讓他們興奮起來。心情不好的時候就去買買買，試圖用購物來治療自己，卻沒想到已經踏入一個惡性循環。購物療法只能發揮暫時效用，有時候還會把自己推入更深的內疚中。有些人甚至會把買回來的一包包新衣服藏起來不讓別人看到，連標籤都沒剪掉。

這類人在收到禮物時會感到自己被愛著，甚至認為如果自己擁有合適的物品，就會被某個群體所接納。像這樣的購物成癮並不只有女性有（雖然女性更可能對購買衣服或化妝品成癮），男性也可能因為快感而購買，例如一輛昂貴的車子或手表。這類人需要謹慎面對債務問題，不要害怕看到自己的帳單，而且要反覆查看自己衝動購物到底花了多少錢。

④炫耀型

這類人花錢就像灑水車一樣，一邊灑水一邊還要大聲按喇叭提醒別人注意。這類人更有可能是男性，他們希望用花錢來贏得別人的關注。每次聚餐，人才到就喊著要買單，然後變成了這頓飯的主角，大家都知道他們是多麼慷慨大方。請注意，這跟悄悄地去買單的行為完全不一樣。

這類人認為自己非常大方，他們會用金錢來讓別人臣服自己。他們會在捐款時喊出一個驚人的數目來得到關注，也會在拍賣時爭強好勝。他們會買一些炫耀性的奢侈品，例如名車或俱樂部會員證。這類人渴望得到別人的崇拜和關注，他們之中的很多人還有自戀傾向。這類人需要知道，如何在不花錢的情況下獲得別人的認可。

⑤逃避型

這類人就像鴕鳥一樣，寧可把頭埋進沙裡，也不願意查看自己的帳單。他們很少翻看帳單明細。有些人還算有錢，但是卻一點也不想去關心自己的財務狀況。這種行為也是因為金錢焦慮所引起的。不做任何決策當然比可能做錯決策容易多了。這類人在做理財決策時，從來都是選擇預設選項；比方英國政府就明智地決定，讓雇員默認加入退休金計畫，除非他們自己選擇不要。這樣一來這類「鴕鳥」就自動「被加入」了。還有一種更高級的「鴕鳥」，他們會把財貨交給顧問打理，自己卻不聞不問。建議這類

人每兩週花一小時看一下個人的財務狀況，看一下支出和收入，搞清楚自己的錢都用在哪裡。

網路發達後，電商、銀行從不打烊，24 小時營業，我們的金錢病態也被進一步放大了。如果我們**理解了金錢會如何影響我們，就能更好地控制自己的錢，而不是被金錢所控制。我們可以變成更理性的投資人，更加成功地存錢，減少衝動購物。**了解我們和金錢的關係，可以幫我們認清自己的不健康行為，例如購物成癮或病態債務。我們還可以進一步了解到底是什麼促動了自己的病態行為。

在談戀愛時，我們也需要知道自己和對方的金錢類型是否相配。如果一個是焦慮型，另外一個是逃避型，就可能很相配。但如果一個是快感型或炫耀型，另外一個是囤積型，那雙方的關係很可能會因為金錢而破裂。

02

如何保護你的感情不被金錢所傷？

你無法做到一邊談錢，一邊含情脈脈。金錢和愛情，似乎有點水火不容。那要怎樣才能正確地跟你的戀人談錢呢？

在婚姻裡，有一件事情不能輕易做，那就是提離婚。有些人一吵架就提離婚，對感情造成很大的傷害。但是，這樣的傷害還是可以被修復的，另外有一件事情更是千萬不能做，那就是分家產。一旦兩個人坐下來分家產，說這是你的，這是我的，你應該給我多少錢……這樣的話一出口，即使將來又和好了，感情也已產生很大的裂痕。

很多人都聽說過「談錢傷感情」。朋友幫你搬家，你可以送水果給他，也可以請他吃飯，但是如果你掏出錢包來給他一點現金，這就很不禮貌了，還可能惹他生氣。金錢心理學的研究發現：**每一次你跟別人談起錢時，你們的關係就發生了變化。**

有人說，交往之前一定要談錢，就像婚友社，參加者哪個人不是把自己的經濟條件擺在顯眼的位置？事實上，當我們需要建立一段新的感情時，最好不要談錢。

來自美國科羅拉多大學博爾德分校的范博文（Van Boven），康貝爾（Campbell），以及康乃爾大學的吉洛維奇（Gilovich），他們在2009年共同發表了一項研究：讓一些彼此不認識的陌生人在一起

成對聊天。聊天時，其中一半的人要跟對方談論和錢、物資有關的話題，而另外一半的人要跟對方談談體驗、經歷相關的話題。這樣的談話進行了 20 分鐘後，每個人都必須給對方打分數，評估一下先前的談話有多愉快。

結果顯示，如果對方談論的是體驗，那麼人們對對方的整體印象最佳分數達到 6.52 分（總分 7 分）；如果對方談論的是財貨，人們對對方的印象評分只有 5.42 分。不僅如此，在談論體驗時更加愉快，達到了 6.52 分，但是話題一提到錢和物資，就會導致愉快程度大打折扣，只有 5.69 分。

相親時，如果雙方一坐下來就談你賺多少錢我賺多少錢，那麼要碰撞出愛情火花幾乎是不可能的。你可以暗暗估量一下對方到底賺多少錢，比如看他開的車、住的地段。但是你不能赤裸裸地跟你的相親對象談錢，除非你真正想要的是一段經濟關係而非感情。

不光愛情和婚姻會被金錢所傷，友誼也會受到金錢傷害。2013 年上映的電影《海闊天空》在某種程度上是在向我們展示這個道理。三位主人公成東青、孟曉駿、王陽從上大學以來就一直是好兄弟，可是一起創業之後差點分道揚鑣。為什麼呢？

金錢心理學中有一個理論，叫作「金錢單行道定理」。我們的周遭有兩種關係：一種是感情關係，比如你跟朋友、情人，都是感情關係，靠感情在維持；還有一種是經濟關係，比如你跟老闆、同事、合夥人，靠金錢在維持。什麼叫作單行道呢？就是，

從感情關係轉變成經濟關係很容易，但是要從經濟關係轉變成感情關係就很難了。

當你和朋友決定一起做生意，或者你開了一家公司，聘請他來上班，你們就從感情關係變成了經濟關係。這很容易，但是想要從經濟關係再變回感情關係就難了。現實生活中這樣的例子屢見不鮮，朋友之間合夥做生意，不管生意成功或失敗，很多人的友誼都破裂了。想要重拾當年的友情會變得很困難，因為他們已經走上了這條單行道。

再如文章一開頭的例子。夫妻本來是感情關係，一旦坐下來分家產，就從感情關係變成了經濟關係，想再變回感情關係就很難了。就像是走上了一條不歸路，沒辦法回頭。

有人說：「周老師，我覺得伴侶談錢不傷感情，沒錢才傷感情。俗話說得好，貧賤夫妻百事哀。」我就問他：「你覺得，是貧賤夫妻一直在談錢和想著錢，還是有錢的夫妻一直在談錢和想著錢呢？」

答案不言而喻，當然是貧賤夫妻更常談錢。2019 年諾貝爾經濟學獎得主班納吉（Banerjee）就發現，窮人一直都需要想錢和談錢：這個帳單怎麼付、那個帳單怎麼付。有錢人才有自由不談錢。**談錢讓人變得理性，因此會傷害感情。**這就是為什麼貧賤夫妻百事哀。

不只談錢傷感情，看到錢或想到錢，也會傷感情。2006 年，我的一個合作者，美國明尼蘇達大學的福斯（Vohs）進行了一系列

實驗，研究成果最後發表在《科學》期刊上。實驗發現，當看到或想到錢之後，人們會變得更加不願意幫助別人，在自己需要幫助時也更不情願求助他人。其中一項實驗很有趣，他讓助理故意在某人面前掉了一盒鉛筆，觀察發現，如果那人之前看過錢的圖片，就更加不願意幫別人撿起鉛筆。**金錢讓我們感覺自己很強大，覺得自己就夠了，不需要跟他人建立聯繫。**

談錢傷感情，那怎麼辦呢？這裡告訴各位兩個辦法：

第一、**把錢變得不像錢**。這是我們經常做的事情。比如過年發紅包時，按照習俗要把錢先放進一個紅色信封裡藏起來。如果你剛好沒紅包，直接把一疊現金遞過去，氣氛肯定會很尷尬。包上一個紅包，並不完全是為了討吉利，更寓意著**金錢的交換需要被掩蓋**。

想一想，如果有個孩子一拿到紅包，就當場打開把錢拿出來數一數，現場氣氛會不會有點尷尬？某些企業家衣錦還鄉給村裡每個人發一萬現金，還讓大家舉著現金拍照。這本來是一件好事，可是這樣的新聞怎麼聽都覺得像是負面新聞，反而抹黑了這些企業家。如果換成給每個人發兩袋米，聽起是不是好多了。金錢的交換需要被掩蓋，才顯得含情脈脈。

我們經常透過錢來表達愛。錢不僅是交換工具，還是表達對他人情感的媒介。益博投資諮詢公司（IFOP）在 2002 年的一項調查發現，大多數法國人認為追求女人是一件關於錢的事。一個人的經濟能力是吸引異性的王牌。你當然需要花錢，但是不能赤裸

裸地丟一疊錢給你的女神，說「今天沒給你買禮物，所以這個錢給你花」。這樣做很不明智。你最好把錢用某種形式掩蓋起來，讓錢變得不像錢再送給她，給她買鮮花、鑽石、包包、車子、房子……聽起來很虛偽，但的確很必要。在東方，什麼時候可以赤裸裸地給錢呢？一種是血緣關係，一種是法律關係。這兩種關係足夠牢固，赤裸裸地給錢也不會傷害到關係。

第二、**建立一個自動管理金錢的機制，以便不需要談錢**。事實上，錢是離婚的一個重要原因，比重僅次於出軌。夫妻雙方不應該讓錢變成關注焦點，也就是不要太去關心錢。怎樣處理錢，哪些事情怎樣付帳，需要**盡快達成一個理財共識，建立起規則，並讓它自動運轉**。

什麼樣的婚姻關係可以減少考慮錢呢？有三種情況：第一、雙方收入平等時，會較少考慮到錢；第二、雙方擁有共同帳戶時，會較少討論錢；第三、雙方的理財觀相似時，會更少考慮錢和討論錢。

首先建立一個共同帳戶，夫妻共用帳戶是一種信任的證明，是承諾共同實現人生目標的具體表現，也是夫妻共同意志的擔保。與此同時，夫妻雙方要各自留下一部分可自由支配的收入，並且事先討論好各種帳單的自動處理辦法。這樣就能在夫妻生活裡更少地談論錢。

03

有錢可能會讓你無趣

....

賈伯斯說過，「無休止地追求財富，只會讓人變得貪婪和無趣。」如果你覺得自己過得無趣，那有可能是因爲你有錢了。

如果要選終身伴侶，你想找個有錢的，還是找個有趣的呢？你可能覺得這哪是問題，就不能找個既有錢又有趣的嗎？然而心理學研究告訴我們，有錢可能會讓人變得沒那麼有趣。

2010 年，西班牙巴塞隆納龐培法布拉大學的教授霍爾迪巴克（Quoidbach）等人對這個問題展開了研究——金錢真的會把人變無趣嗎？他們調查了 374 人，讓這些人想像一些生活中的有趣情境。例如，完成一項重要任務、度過一個浪漫的週末、登山時發現一簾瀑布。接著，讓他們判斷一下自己從這些事當中感到多大的樂趣。結果發現，**越有錢的人越無法從有趣的事情中得到樂趣**。

比方說出門約會，進行一趟短程旅行或品嘗一根巧克力棒，這些能讓一般人感到有趣和愉悅的體驗，對有錢人來說，卻是無滋無味。

那麼，有錢是如何讓人變得無趣的呢？

想想財富能給你帶來什麼，無非是常人得不到的豐富物質體驗。霍爾迪巴克在 2015 年的研究中發現：**富足也有隱藏的代價**。

什麼都不缺的人往往感受不到平常人的樂趣，因為他們不會留意身邊的「小確幸」。

生活在貧窮的條件下，一碗清粥甚至一顆糖，都能讓你破涕為笑。但當你擁有大筆財富後，哪怕是一個三層大蛋糕，你也無動於衷。

其實，不光是有錢會讓你變得無趣，看到錢或是想到錢都能讓你變得無趣。霍爾迪巴克接下來又做了一個實驗，他找了一群加拿大英屬哥倫比亞大學的學生來填寫問卷，其中一部分人看到的問卷中印有一張歐元圖片。填完問卷後，每個人都拿到一塊巧克力並被要求當場吃掉。研究者記錄了每個人吃巧克力的時間和臉部表情。

結果發現，看過歐元圖片的人吃下巧克力時的表情明顯有如味同嚼蠟，平均只用了 32 秒就吃完；沒看到歐元圖片的人在吃巧克力時十分享受地細細品味，平均花了 45.4 秒來吃巧克力。這就說明，一旦金錢在人們腦海中浮現，生活中的「小確幸」就會「食之無味」。

想到錢，我們就無法耐心地品味生活中美好的事情。看到路邊的鮮花，也匆匆走過，不願意駐足聞一下花香。得到一大筆錢之後，小小的幸福再也不能滿足我們，而且需要更大的刺激才能讓自己感到振奮。

許多人都夢想著有一天買彩券能中頭獎，從此過上幸福的生活。但是你有沒有想過，**中了頭獎之後，平凡的生活再也無法讓**

你的大腦興奮起來了。這導致一些人會轉而追求更大的刺激來讓自己興奮，例如酗酒和濫用藥物。

1961 年，尼克爾森（Nicolson）成為英國最大頭彩得主，獎金相當於 600 萬美元。一夜暴富讓她不知所措，遇見每個人，至少都要說一次「我要花錢，花錢，再花錢」。漸漸地，她和朋友疏遠，對平凡的生活提不起勁，於是開始瘋狂購物、酗酒成癮，最後導致婚姻破裂，前前後後結了 5 次婚，其中一次只維持 13 週。由於揮霍無度，錢財散盡，最終只能靠跳脫衣舞維生。

同樣的，在 2002 年贏得了美國樂透威力球最高獎額 3.14 億美元的惠特克（Whittaker）也沒躲開金錢的「詛咒」。首先被毀掉的是他的孫女布蘭迪（Brandi），無節制地要錢，張口閉口 5,000 美元讓布蘭迪變著法地花錢找樂子。後來將目光投向了毒品，從吸毒成癮到離家出走，最後死於過量攝入古柯鹼。隨後，惠特克也墮落不堪，整天泡夜店、賭博以獲得刺激，無心工作，妻離子散，最後形單影隻，僅用了 6 年便不名一文。

近幾年中國出現的房屋拆遷風潮也暴露了類似的問題。許多人得到一大筆拆遷款，卻無處「施展」。找不到原本生活的樂趣，於是拿錢去酗酒、賭博，尋求更大的刺激。2017 年 6 月，南京一名男子王某拿到 100 多萬元的拆遷補償金之後，沉迷賭博，短短兩個月就把錢輸光，最後服藥自盡。

因此，金錢能讓你過上前所未有的生活，也可能讓你無法從平凡中品味樂趣。

反過來，貧窮才可能讓你細細品味生活。

有一家專門策畫驚喜事件的公司，聯合創始人是 TED 上著名的演講者露娜（Luna）。她出生在一個非常貧困的家庭，一歲時遇到了歷史上最嚴重的核電事故 —— 車諾比核災。因此全家不得不離開家鄉遷移美國。她和祖母來到紐約的第一天，就在收容所的地板上發現了一分錢，儘管它又髒又鏽，但在露娜眼中，它是閃閃發光的。她用這一分錢買到了心心念念的火箭牌泡泡糖，在那一瞬間，她覺得自己就是個百萬富翁。但對於一個真正的富翁來說，地板上的一分錢，他連看都不會去看一眼，更無法體會窮人拿到這一分錢後的滿足和快樂了。

有錢和有趣，就像魚和熊掌，很難兼得。

04

有錢人更幸福是「聚焦幻覺」惹的禍

你無法想像有錢人的幸福？事實上，你更無法想像有錢人的煩惱。

猜猜看，那些億萬富翁們，一天 24 小時，有多少時間是開心的？又有多少時間不開心呢？

普林斯頓大學的克魯格（Krueger）在 2006 年調查了 83 名職業女性，讓她們估計一下收入超過 10 萬美元的人在前一天的情緒。結果顯示，她們估計這些人在前一天裡只有 26% 的時間不開心，有 70% 以上的時間都比較開心。但是，當她們估計年收入 2 萬美元以下的窮人在日常生活中的開心程度時，她們認為窮人只有 42% 的時間是開心的。也就是人們多半認為有錢人開心的時間比窮人的更長。

但事實並非如此，**人們高估了金錢對幸福感的影響**。研究者讓年收入超過 10 萬美元的人回顧自己前一天的情緒，發現他們好心情的時間占 80%，但是年收入 2 萬美元以下的窮人，好心情的時間也占了 68%。也就是說，收入可能會影響我們的幸福感，但是這種影響沒有我們想像中的大。

例如，你可以回憶一下 40 年前人們的生活狀態，比起過去

現在的我們富裕許多，但是我們真的比 40 年前的人更幸福嗎？許多國家都進行了長達十餘年的調查，結果發現，雖然人們的收入水準不斷提升，但是幸福感和生活滿意度並沒有顯著的變化。也就是說，收入的增加並沒有帶來幸福感的增長。

既然這樣，為什麼在生活中，人們還是覺得有錢人比窮人更幸福呢？這都是「聚焦幻覺」惹的禍。

所謂聚焦幻覺，指的是當我們把注意力放在哪裡時，就會誇大這一部分的重要性。就像諾貝爾經濟學獎得主、著名的心理學家丹尼爾·康納曼說，**一件事最重要的時刻就是你想到它的時刻。**

為了揭示這個幻覺，心理學家斯特拉克（Strack）調查了伊利諾大學 180 名大一和大二的學生，問了他們兩個問題。各位也來試著回答這兩個問題吧。

如果我問你：「你認為自己有多幸福？」

等你回答之後我再問你：「上個月你約會了幾次？」

當我這樣問你時，你約會幾次跟你幸福的程度之間沒有太大的關係。看起來，約不約會並不會影響你的幸福感。

但是如果我先問你：「上個月你約會了幾次？」

等你回答之後我再問你：「你認為自己有多幸福？」

這樣一來，你的幸福感在很大程度上取決於你上個月的約會次數。這就是聚焦幻覺。

我用第一個問題，把你的注意力聚焦到約會次數上，當你在回答幸福感的問題時，就會根據約會次數來判斷自己是否幸福。

因此，「聚焦幻覺」會讓我們高估一件事的重要性。

想想看，如果一個超過適婚年齡的單身男性的家庭環境和社會環境，讓他每天都聚焦於自己的婚姻大事，這時，當他問自己是不是幸福，很自然地就會覺得自己的幸福跟婚姻有很大的關係。聚焦於婚姻，就會以為自己的幸福依賴於婚姻。

另外，如果全社會都在關注和討論房價問題，房子就是注意力的焦點。如果這時做一個幸福感的調查，讓人們判斷自己是不是幸福，那麼人們自然而然地就會根據自己是不是擁有房子來判斷自己是不是幸福。雖然幸福和房子可能沒什麼關係，但是聚焦於房子，人們就會覺得有沒有房子是幸福與否的決定性因素。

金錢也一樣。金錢是我們日常生活中一個重要的焦點，我們經常談到錢、常想到錢、看到跟錢有關的新聞，工作和生活都離不開錢。這樣一來，當捫心自問是否幸福時，我們就會以為金錢是影響幸福感的重要因素──我到底幸福不幸福呢，這要看我有沒有錢了。

我們正在注意什麼，就會覺得什麼重要。如果聚焦於金錢，那麼我們就會覺得金錢對於幸福來說必不可少。如果沒有錢還要去關注錢，沒有房子還要去關注房子，注定會帶來很多不快樂。如果希望自己變得更幸福，可以**調整自己的焦點，聚焦到自己擁有的那些東西上。這樣一來，你的幸福感就能大幅提升。**

05

金錢不會改變你，只會放大你

財務自由，就是做你自己的自由。

有人說過，世界上 80% 的喜劇都跟金錢無關，但是 80% 的悲劇都跟錢有關。當痛苦降臨時，金錢就變成了「救世主」。真的是這樣嗎？

2009 年，我們做過這樣一個實驗。首先，我們告訴參加實驗的大學生需要測試他們的手指是否靈活。因此，要求他們盡可能快速地用手指數東西。其中一組大學生數 80 張 100 元的鈔票，而另一組則數同樣尺寸的 80 張紙。

接下來，用一個常見的熱水任務來誘發疼痛。一組大學生將手指放到 50℃ 的水裡 30 秒，另一組將手指放到 43℃ 的水裡 30 秒。要知道，50℃ 已經超過人類皮膚可承受的限度，會帶來強烈的疼痛感，而 43℃ 則是非常舒適的溫水。然後讓他們彙報感受到的疼痛程度。結果發現，那些之前只是數了白紙的大學生，彙報在 50℃ 水中浸了 30 秒後疼痛感非常強。然而在同樣實驗條件下，那些數過錢的大學生不覺得有多痛。另外，無論是數錢還是數紙，他們把手放到 43℃ 水中時彙報的疼痛感沒太大差異，都很低。

數錢可以降低人們對疼痛的感受。 這個實驗因為有趣，被 BBC 的一個科學紀錄片所收錄。他們在倫敦的一個實驗室複製了

這項實驗，用被試者在冰水裡的持續時間作爲因變數，得出了相同的結論。數過錢的被試者能將手放到冰水裡更長的時間。這個結果跟我們的結論相互印證，也就是說，數過錢的被試者，不但感覺到的疼痛感更低，而且對疼痛的耐受力也更高。

英國著名心理學家保羅·韋伯利（Paul Webley）認爲，金錢是一種毒品，也是一種藥物。**你如果問我，金錢到底是什麼藥，我會告訴你，「止痛藥」。**

金錢可以止痛，這個發現不光在實驗室可以看到，在現實生活中也已經被驗證。當一件不幸的事情降臨時，你覺得是有錢人更容易受到影響，還是窮人更容易受到影響呢？

2009 年，諾貝爾經濟學獎得主、心理學家丹尼爾·康納曼和蓋洛普市調公司一起對美國 4.5 萬國民做了一項調查。他們發現，同一件讓人難受的事，在窮人身上產生的痛苦程度要大於有錢人。例如，當人們的月收入在 3,000 美元以上時，不頭痛的有錢人在日常生活中的難受分數是 19 分（滿分爲 100 分），而原本就有頭痛的有錢人的難受分數是 38 分。也就是說，頭痛會把有錢人的難受程度提高 19 分。另外，對於那些月收入低於 1,000 美元的窮人來說，日常生活中的難受分數是 38 分，而頭痛的窮人，難受分數會上漲到 70 分，增加了 32 分。不光頭痛如此，其他疾病、離婚、孤獨等生活中的各種痛苦也一樣，這些問題給窮人帶來的心理痛苦更大。當這些問題發生在有錢人身上時，產生的痛苦似乎都變小了。金錢可以幫人們抵禦人生中的各種痛苦。

我們的這項研究發表後被 11 個國家的媒體所報導，引起了很大的迴響。當時很多人提出批評，說我們在鼓吹拜金主義和物質主義。其實我們的結論是「金錢可以鎮痛」，並不是「金錢可以帶來幸福」，這兩者是完全不一樣的。就像我說「服用止痛藥可以鎮痛」，並不意味著鼓勵人們尋求止痛藥。

　　金錢能保護你，幫你緩解痛苦。而且讓你有一種自由感。

　　美國第二任總統亞當斯曾說：「我必須研習政治與戰爭，這樣我的兒子才能自由地學習數學和哲學。我兒子學了數學、哲學、地理、自然、歷史、造船、航海、商業和農業後，他的兒子才有機會學繪畫、詩歌、音樂、建築、雕塑、掛毯和瓷器。」什麼是**財務自由？就是你有充飢的麵包、取暖的壁爐，它讓你有底氣、有自由去學習這些「浪漫又無用」的詩詞歌賦、音樂戲劇；就是你知道自己可以對哪些不好的事情說「NO」的自由。**

　　當金錢給了你足夠的安全和自由時，你會覺得自己非常強大，可以隨心所欲；就更加不用顧及別人的眼光或世俗的標準；你是可以給自己的人生制定規則的人。這就是所謂的財務自由。

　　經常有人說，男人有錢就變壞。就好像是錢改變了男人的人格一樣。其實**金錢不會改變你，金錢只會放大你。**

　　看看最新出爐的「財務自由」標準：「奶茶自由」「星巴克自由」「櫻桃自由」。財務自由意味著你可以毫不猶豫地喝最香甜的奶茶、選最大杯的星巴克、吃最大顆的櫻桃，俯仰之間，你的心也會跟著膨脹起來。

2006 年，明尼蘇達大學市場行銷學教授凱薩琳‧沃斯（Kathleen Vohs）曾發表在《科學》期刊上的一項研究發現：**金錢會讓人自我膨脹**。他們邀請了一群大學生來到實驗室，首先在電腦上完成一個不相干的任務，任務結束後，大學生們就會看到電腦啓動的螢幕保護畫面。

沃斯在螢幕保護畫面上做了手腳：一半的人看到的畫面是成群結隊的熱帶魚，而另外一半的人看到的是一堆鈔票。研究者這樣設計，主要是想讓這一半的人看到錢或想到錢。

然後研究者告訴這些人，接下來他們需要完成另一項任務，和另一項實驗參與者進行討論，但是這個人現在還沒來，他們可以先拿兩張椅子進去，供雙方就座。

於是，這些人就把兩張椅子放在一間空房間內。他們沒想到的是，研究者記錄了這兩張椅子之間的距離。

結果發現，看到熱帶魚的人置放兩張椅子的平均距離是 80 公分左右，看到鈔票的人則會把兩張椅子的距離拉更遠，平均達 118 公分。

一般來說，一個人需要的個人空間不會超過 100 公分。但是當你看到錢或想到錢之後，你需要的空間就變大了。

金錢會讓你把現有的自己放得很大。如果你脾氣很差，那麼金錢會讓你的脾氣變得更差；如果你內心是個自戀狂，金錢會讓你更加自戀。但是，如果你很善良，金錢會讓你變得更加善良；如果你內心很低調，金錢會讓你變得更加低調。

06

金錢也有「七情六欲」

人有悲歡喜樂，但是你可能想不到，錢也是有情緒的。

2016 年 3 月 24 日下午，郭言的父母將 246 萬多元的善款全部捐給紅十字會，成立郭言小巨人愛心資助專案，用以救治貧困家庭患有惡性腫瘤的孩子。郭言是誰？她是一個可愛的小天使，因不幸罹患眼癌，6 歲就離開人世。這筆錢是來自全國各地的善款，當得知小郭言的悲慘遭遇後，人們紛紛伸出援手，資助她去美國治療。可惜尚未成行，小郭言就被病魔奪去性命。

「只要一想到這筆錢，我就想起女兒，傷疤就一次次被揭開。」郭言的父親如是說。所以他和妻子決定捐出善款，這對他們來說，更是一種解脫。事實上，很多人都會選擇將親人去世之後留下的遺產部分或全部捐出去。

試想一下，如果這不是一筆傷心的錢，而是努力工作得到的獎金，人們還會把它捐出去嗎？

情緒帳戶

1985 年，范德堡大學心理學副教授史密斯（Smith）指出，一筆錢能引發各種情緒：快樂、傷心、憤怒、厭惡，人們會根據金

錢所引發的情緒對金錢進行歸類。

史丹佛大學經濟學教授萊文（Levav）於 2009 年首先正式提出了情緒帳戶（Emotional accounting）的概念。人們會給金錢打上不同的情感標籤——正面的、負面的……對於那些印有正面標籤的錢，人們更願意把它花在享樂消費上；對於那些打上負面標籤的錢，人們則不願意用它來享樂，而更傾向用它來做一些實用的或幫助他人的事情。

在前述的研究案例中，父母離世後留下一筆錢，使三姊弟在處理這筆被貼上「悲傷」標籤的錢時總是觸「錢」傷情。他們會用這樣一筆錢去聲色犬馬，買鞋子、包包、名車、名表嗎？當然不會。但如果是工作得到的獎金，則會激起人們憶起事業上的成就與被肯定的快樂振奮，那麼這筆錢就會被標記成「快樂」，用以享受、慰勞自己似乎再合適不過了。

我開心不起來，所以我拒絕享樂

萊文教授召集了 648 名大學生作為被試者參與了一項實驗。下面是實驗裡的兩個場景。

場景一：你檢查信箱時發現叔叔的來信，裡面有 200 美元作為慶祝你畢業的禮物。

場景二：你檢查信箱時發現叔叔的來信，裡面有 200 美元慶祝你畢業。當你讀完信之後，接到母親的來電，通知你這位叔叔剛被確診患有非常嚴重的疾病。

那麼，問題是，你會怎麼花掉這 200 美元呢？

研究人員發現，當祝賀金來自健康的叔叔時，只有 36% 的被試者會拒絕進行享樂消費；而當祝賀金來自生病的叔叔時，拒絕享樂消費的人數上升到 66%。

那麼，這 200 美元，你願意花多少錢來購買享樂產品呢？萊文教授發現，對於快樂的錢，人們平均願意花 115.51 美元在享樂消費上；如果是悲傷的錢，人們平均只願意花 65.12 美元。人們不會心安理得地把從染重病的患者那兒獲得的錢用來享受。

除了這個實驗外，萊文教授還設計了其他有趣的實驗。

假如公司給你發 500 美元獎金，同時你有一個和你一樣勤懇的同事，你們的業績也差不多，但他只得到 100 美元獎金，這時你拿到的這 500 美元會讓你多少有些不安。在這種情況下，你願意把這 500 美元用來享樂嗎？

當然不會。這樣的 500 美元被貼上了「內疚」標籤，這麼不開心的錢，你更不願意用它來進行享樂性消費。

那麼另一個問題隨之而來，難道我們要一直封存這些貼有壞情緒標籤的錢，任由它埋藏在記憶深處被浪費掉嗎？

為了開心，所以我願意捐錢

既然拒絕享樂不能幫人們擺脫負面標籤和壞情緒，那麼總要主動出擊做點什麼改變這個壞透了的狀態，因此人們衍生出「洗滌金錢」的行為。

洗滌金錢是指透過將金錢花在道德高尚或實用的地方，從而消除金錢夾帶的悲傷、內疚、焦慮等負面情緒。譬如捐贈、支付學費這類道德高尚、符合社會規範的行為，就可以把錢「洗乾淨」了。

萊文教授讓被試者藉由填問卷獲得 2 美元的酬勞，並告訴其中一組人這項研究的經費來自一家個人電腦公司，但是告訴第二組人這項研究的經費來自一家菸草公司。

接下來，這些人要選擇用這 2 美元買實用性產品（一本筆記本或一支筆），還是購買享樂性產品（一盒冰淇淋或一塊巧克力）。結果發現，如果是用電腦公司的錢，大多數的人會用來購買冰淇淋或巧克力，只有 22% 的人用來買筆記本或筆；如果花的是菸草公司的 2 美元，則有 44% 的人選擇購買筆記本或筆。

有趣的是，當人們把痛苦換來的錢用在正當用途後，例如，用在教育或文具上，心情會因此變好。這就是「洗錢」——做正確的事情，把錢帶有的負面情緒給洗掉。

在真實世界裡，我們處處都可以看到貼著不同情緒標籤的金錢。貼著快樂標籤的錢會花得更快，經常用於享樂。例如，1949年 11 月，美國行政管理和預算局宣布發一筆錢給那些光榮的、為勝利做出巨大貢獻的二戰退役老兵。因為這些老兵在二戰期間購買了軍事保險，當時預估的死亡人數比較多，所以收到的保險費過高，因此要把這筆錢及產生的收益（共有 28 億美元）退還給老兵們，平均每人可以拿到 175 美元。想必每個收到這筆錢的老兵

都開心死了。這筆錢的情緒標籤是開心的，是因為死亡率很低所得到的錢。那麼這筆錢是花得快，還是慢呢？賓州大學的博多金（Bodkin）透過調查 1,414 名收到意外之財的老兵家庭後發現，他們花掉這筆錢的速度比平常花薪水的速度快得多。

但是貼著痛苦標籤的錢，人們通常不願意去花它。例如，二戰後，以色列的二戰倖存者收到了一筆來自德國政府的賠償金。有 4% 的以色列人收到了德國政府發放的平均每人 2,000 以色列鎊的賠償，對比當時一家一戶平均 3,400 以色列鎊的可支配收入，這絕對是一筆不小的意外之財。然而研究者發現，收到這筆錢的以色列人並沒有立即把它花光，事實上，他們根本就不去動用這筆錢。

金錢自己當然不會哭或笑，它本身不具有人類的悲歡喜樂，可是它卻能夠承載你的情緒、影響你的消費行為。當你有一大筆貼有「開心」標籤的錢時，用來享樂是人之常情；當你有一筆貼有「悲傷」標籤的錢時，也不必鬱悶。贈人玫瑰，手留餘香。不妨從這個情緒帳戶裡抽一些錢出來幫助他人，把悲傷的金錢洗滌成快樂的金錢。

07

小心用炫耀性消費吸引你的男生

用炫富方式吸引女生注意的男生，只是在找一個短期曖昧對象，而不是結婚對象。

「炫富」是男生經常用的一招吸引女生注意的方法：耳機、名車、名表……不同的人有不同的炫耀法。但是，如果女生看到有人在你面前這樣花錢，一定要警惕──因為他可能沒想著和你白頭到老。

2011 年，由德州大學市場行銷系的桑迪（Sundie）教授領銜的研究團隊發現，男性的燒錢行為，其實只是為了吸引曖昧對象，並不是想要跟她廝守一生。這一研究發表在《人格與社會心理學》（Journal of Personality and Social Psychology）雜誌上。

研究者首先從一所大學裡募集了 243 名大學生參加實驗。這些充滿荷爾蒙的大學生被分成兩組。研究者告訴其中一組人，學校想建立一個官方的線上約會平臺，率先讓他們體驗一下，看看是否還有改進的地方。然後，每一名大學生都會在約會平臺上看到 8 名有魅力的異性照片，並且需要評價他們的吸引力。另外一組人則被告知，學校要搭建一個宿舍分配平臺，而他們會在平臺上看到 8 張宿舍照片。

隨後，每一名大學生都要想像自己得到了一張 2,000 美元的現金券，當天不花掉就過期了。這張現金券可以兌換 36 種不同的商品，其中既有高檔太陽眼鏡這樣的炫耀性商品，也有烤箱這種很常見的日用品。他們需要從中選擇自己想要兌換的產品。

　　最後，研究者還測試了每一名大學生對待感情的認真程度。他們只是想要玩一玩，還是想要找個伴侶共度餘生？

　　結果發現，那些在感情上認真的男生，無論是看到了約會平臺，還是宿舍分配平臺，炫耀性消費意願都保持在 5.5 分上下（滿分 7 分）；而那些談戀愛只是為了玩一玩的男生，如果被點燃了約會的衝動，他們的炫耀性消費指數會上漲到 5.9 分。但是，跟男生完全不同，對於女大學生來說，她們的炫耀性消費不受影響。

　　在接下來的一項研究中，240 名大學生被分成三組。

　　第一組大學生讀到了一個類似「一夜情」的故事：在假期的最後一天，你和校花（校草）一起，躺在異國海島的沙灘上……你們在月光下相擁、親吻。但在以後的日子裡，你們很可能見不到彼此。

　　第二組大學生讀到了一個廝守一生的故事：你和校花（校草）度過了一個難忘的夜晚，並相互約定終身。

　　第三組大學生作為對照組，只是讀到一個很普通的、沒有浪漫情節的故事：你在自己的房子裡到處找東西。

　　讀完故事之後，研究者測試了每一名大學生的炫耀性消費傾向，以及他們對於感情的認真程度。結果發現，對待感情認真的

男生無論讀到什麼故事，都不太會影響他們的炫耀性消費傾向，得分在 5.0 左右。但是，那些只想搞曖昧的男生，讀完平淡故事之後的炫耀性消費傾向得分只有 4.7；讀完「約定終身」故事後就上漲到 5.3；而他們讀完了「一夜情」的故事後，炫耀性消費傾向的得分會上升到 5.9。

所以，如果一個男生用炫富的方法來吸引女生注意，那他很可能沒想和她過一生，而只想著和她度過一段短暫的浪漫關係。

為什麼會這樣呢？我們先來思考一個問題:為什麼會有渣男？

哈佛大學的泰弗士（Robert Trivers）教授指出，這是因為男女雙方在生育上付出的代價不同：男性在交配後，可以直接拍拍屁股走人，而女性卻要經歷痛苦的「十月懷胎」才能生下小寶寶。因此，在求偶的過程中，一般是男性發動追求，而女性需要謹慎選擇。

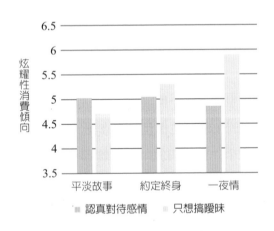

不同情況下的男性炫耀性消費傾向

自然界也是如此，外表光鮮亮麗的常是雄性動物：雄孔雀有色彩鮮豔的大尾巴、雄獅有威武的鬃毛、雄性麋鹿有更大的角……因為牠們都需要努力展示自己的優良基因，才會有雌性願意委身下嫁。

　　然而，基因是自私的，它會讓自己盡可能多地傳遞下去。因此，「聰明」的男性就想出一個辦法：吸引盡可能多的女性來給自己生孩子，然後一走了之。因為一次成功受精就足以產生新的後代。

　　這些男性在人類社會被稱作「渣男」，他們所採取的這種策略，被叫作「短期擇偶策略」。那些被始亂終棄的女性，就是他們的「短期配偶」。但是，對人類來說，這種策略有很大的副作用：更容易染上性病，更容易被其他男性攻擊，「渣男」的名聲會讓他們更難找到好的長期配偶……所以，並不是所有的男性都會傾向短期擇偶，只有一定比例的男性會採取這種策略。

　　雄孔雀是動物界「渣男」代表，在交配結束後，雄孔雀就會拋棄雌孔雀，讓雌孔雀變成單身母親撫養後代。而**男性的炫耀性消費，和雄孔雀漂亮的大尾巴一樣，也是為了吸引短期配偶**。

　　桑迪教授解釋，男性的炫耀性消費會讓他們顯得「有錢又任性」。所以，當男性想吸引一個短期曖昧對象時，他才會在女性面前「燒錢」。而如果他想吸引的是相伴一生的人，就不會做出這種炫耀性消費行為——要是一輩子花錢都這麼大手筆，正常人怎麼吃得消啊！

女性也會意識到，進行炫耀性消費的男性最好只停留在曖昧對象這一層。

在另一個實驗中，研究者讓女性閱讀一名追求自己的青年男性的資料。其中一半的女性看到資料上寫著，這名男性剛剛買了一輛本田喜美，而另一半的女性看到的資料寫著，這名男性買的是保時捷跑車。閱讀完資料後，女性需要評價這名男性是想跟自己約會，還是想跟自己結婚。結果發現，女性認為買保時捷跑車的這名男性只想跟自己短期約會，而不是想跟自己結婚。也就是說，女性似乎也沒那麼容易上當。

所以，男生們，如果你真心想追到心儀的女生，並給她長久的幸福，就不要像電影《夏洛特煩惱》中的男主角一樣，開著從洗車店「借」來的瑪莎拉蒂在她面前炫耀。你應該展示的，是你對她的真誠與關心。而女生們，如果有男生用「燒錢」的方法吸引你，一定要多留個心眼，因為他很可能是個「花心渣男」！

08

以「貌」取錢，金錢的外在會怎樣影響你？

金錢變得「骯髒」時，也會讓你變得更加自私和貪婪。

大家應該都拿到過那種髒兮兮的紙鈔，可能是菜市場的小販找給你的，也可能是計程車司機的找零。

理性來說，錢會變「髒」、變「醜」，但價值不會改變。有研究者發現，當你拿到一張髒錢時，你的行為會發生一些意想不到的變化。

加拿大溫尼伯大學工商行政管理系的穆拉（Muro）和貴湖大學管理與經濟學院的諾斯沃西（Noseworthy）於2013年做了一項實驗，他們發現，人們真的會以「貌」取錢。

研究人員首先讓參與實驗者玩一個猜字謎遊戲，然後提供10元作為報酬。其中一組人得到的是乾淨的10元，另外一組人會拿到髒髒的10元。當錢到手之後，研究人員問他們是否願意用這10元參加一個賭博遊戲。結果發現，拿到髒錢的人中有80.1%的人選擇參加，而拿到乾淨錢的人中只有22.7%的人願意參加。也就是說，**人們嫌棄髒錢，不想保留自己手裡的髒錢。**

人們想盡快花掉髒錢，聽起來很合情合理，你可能覺得根本沒有研究的必要性。但是接下來的一項研究恐怕會讓你有點意外了。這項研究顯示，你用髒錢和乾淨的錢來買的東西很不一樣。

同樣的 50 元，人們真的會用髒錢和乾淨的錢買不同的東西嗎？美國西北大學行銷系的蓋隆尼（Galoni）和諾斯沃西，在 2015 年將他們關於這個問題的研究發表於《消費者心理學報》（*Journal of Consumer Psychology*），文章提到其中一項實驗；一半的人拿到一張破舊的 50 美元，另外一半的人拿到一張嶄新的 50 美元，並且讓這些人拿這個錢去一家超市隨興購買東西，所買的東西和剩下的錢都歸各自所有。結果發現，拿到髒錢的人平均會花掉 5.85 美元，購買 2.89 件商品；而拿到新錢的人平均會花掉 4.25 美元，購買 2.14 件商品。也就是說，人們在花髒錢時不但花得更快，而且買東西的數量也更多。

　　此外，還有一個有趣的發現，就是用髒錢購物的人們，雖然買得更多，但是他們覺得買到的東西更加不值錢。例如在上面的實驗中，用髒錢買東西的人認為自己買到的物品價值 5.39 美元，而使用新錢的人認為自己買到的東西價值 5.8 美元。

　　上面的研究表明，人們會把手頭的髒錢更快地花掉。但是研究者還發現，有時人們會反過來，不願意花髒錢，而是先花乾淨的錢。你可能覺得難以置信，怎麼會這樣？

　　研究發現，當人們覺得有其他人正在觀察自己時，他們較不願意用髒錢付款。參與實驗的消費者的錢包裡放了 5 張新的 1 元和 1 張新的 5 元。除此之外，其中一半的消費者，還有 1 張破舊的 10 元，而另外一半的消費者有一張嶄新的 10 元。所有的人都擁有 20 元紙鈔，他們需要用這些錢來買東西。其中一組人以為自

己的購買過程會被錄影，會被其他人看到；另外一組人則不知道會被錄影這件事。結果發現，當人們不知道自己被錄影時，大多數人都願意先花掉髒錢，有 36.7% 的人會優先使用破舊的 10 元，只有 10% 的人會選擇先花掉嶄新的 10 元。但是，當人們以為自己被錄影時，這一現象發生了反轉——有 23.3% 的人選擇先使用嶄新的 10 元錢，而只有 3.3% 的人選擇先花掉破舊的 10 元。

髒錢會讓我們更快地把它花掉，還會讓我們覺得買到的東西更加不值錢。髒錢還會影響我們哪些行為呢？接下來的研究表明，**接觸到髒錢會讓我們做出更多不道德的行為。**

我們的研究團隊在菜市場進行了實驗。一名女博士生去果菜市場買一斤蔬菜，然後遞出一張又髒又舊的 10 元鈔，然而當攤主剛拿到這張錢時，她就把錢要了回來，表示要再多買一斤蔬菜，並且拿出一張正常的 20 元付錢，於是攤主就又秤了一斤蔬菜給她。離開市場後，她會秤一秤買回來的蔬菜重量，看是否缺斤短兩。研究團隊在不同的攤主身上多次進行實驗，有時最開始遞給攤主的是髒的 10 元，有時遞給攤主的是乾淨的 10 元。結果發現：接觸過髒錢後，攤主更容易虛報蔬菜的重量。接觸過髒錢的攤主一斤蔬菜平均會少給 4%，而接觸過乾淨錢的攤主一斤蔬菜平均會多給 3%！

也就是說，**接觸乾淨的錢會激發公平、誠實的行為，接觸髒錢則會引發自私、貪婪的行為。**

我們還做了幾個實驗來進一步驗證這項結論。我們告訴參與

實驗的大學生，他們需要完成一個手指靈活度的測試。其實他們不知道自己已經被分配到四組中的一組。第一組數乾淨的錢，第二組數髒錢，第三組數髒紙，第四組數乾淨的紙。

　　接下來，每位大學生都會玩一個分錢的經濟遊戲。在這個遊戲中，他們需要將 30 元分給自己和另一位陌生人。之前數髒錢的大學生在遊戲中表現得更加自私，而數乾淨錢的大學生在遊戲中更加公平。數乾淨錢的大學生平均分給遊戲夥伴 17.78 元，而數髒錢的大學生平均只分給遊戲夥伴 13.69 元。

　　另外，如果數的是髒紙和乾淨的紙，就不會產生這樣的結果。

　　在接下來的實驗中，接觸過乾淨錢的大學生表示，至少要 100 萬元才願意在與陌生人玩牌時作弊，而接觸過髒錢的大學生只需要 10 萬元就願意做這件壞事；接觸過髒錢的大學生認為，自己為了 100 萬元願意在一個陌生小孩的手掌上扎一根針，而接觸過乾淨錢的大學生就不願意為了 100 萬元做壞事。也就是說，髒錢可以使人們的道德水準降低，為了更少的錢做出道德敗壞的事情。

09

長得好看能讓你賺更多的錢嗎？

....

「顏值」一詞是近年來最具影響力的新興詞語之一。從古代的「容顏」到今天的「顏值」，這兩個字一直保持著特殊的吸引力。「顏值」代表一個人的容顏的數值與價值，通常指的是外貌、體型、皮膚、氣質等身體特徵的組合。

那麼顏值到底有多重要呢？1831 年，達爾文得到了改變人生軌跡的機會——乘坐「小獵犬號」軍艦遠行。然而，船長費茲羅在端詳了達爾文之後，竟然說他的鼻子太難看，恐怕會影響出航，達爾文差一點因為顏值不夠而被拒絕登船。可見一個人的顏值有多重要。

①顏值可以預測你的賺錢能力

擁有一張漂亮的臉，不但賞心悅目，還可以真的為你帶來更多的錢。美國經濟學家丹尼爾・漢默許（Daniel S.Hamermesh）和比德爾（Biddle）就認為顏值和個人收入直接相關。他們的研究表明，顏值低於水平會導致人們平均每小時少賺 9% 的薪水，而顏值高於平均值，則每小時會多賺 5% 的薪水。也就是說，顏值高的人和顏值低的人之間的收入差距是 14%。終其一生來看，14% 的收入差距難以衡量。因此，《經濟學人》也發文稱，「權力屬於顏

值更高的領導人，不管在大猩猩社群還是今天的西方發達國家，領導人要達到職業生涯的最高點，長相和成就一樣重要。」

有人說現在是一個看臉的時代，在職場上，顏值對就業、收入、地位等成功的衡量指標也有重要影響。顏值不僅影響個人的就業機會，還會影響個人在特定工作中的成功程度。德國某大學的研究人員曾經做過一項調查，他們蒐集了 3,000 多名上班族的事業發展情況，並給他們的顏值打分數，再將二者進行比較。結果發現，薪資、津貼和晉升都和一個人的顏值相關，顏值比平均分高出 1 分，被僱用的機率增加 3%。

更高顏值能帶來更高的收入，這在經濟學上叫作「美貌溢價」（Beauty Premium）。奎恩（Quinn）採用美國勞動力市場指數研究發現，**高顏值的人不論是被錄取機率，還是初始薪資的水準都比較高**。羅斯澤爾（Roszell）等人研究加拿大的資料發現，顏值與收入成長率之間呈正比，高顏值的人不但收入更高，而且收入增加得也更快。弗里茲（Frieze）等人研究 MBA 畢業生的資料發現，好看的男人不但起薪更高，而且加薪速度也快；而好看的女人一開始的薪水並不會更高，但是她們的薪資成長得更快。

還有研究表明，CEO 的顏值能預測公司利潤！2008 年，美國塔夫茨大學的魯萊（Rule）和阿姆巴迪（Ambady）在《心理科學》發表的研究發現，CEO 的臉部特徵與公司盈利能力有關。研究者從 2006 年《財富》世界 500 強的榜單中找到了排名最高和最低的 25 家公司的 CEO 照片，以及每家公司的財務資料。接著，研

究者讓 50 名大學生只看 CEO 照片，並評價他們的總體領導力。結果發現，CEO 的長相和公司利潤相關，那些照片被認為更有領導力的 CEO，其公司的盈利能力也的確更高。2009 年，魯萊和阿姆巴迪這兩位學者又發現，女性 CEO 的顏值也能預測公司利潤。也就是說，**無論男女，CEO 的顏值都和他們公司的賺錢能力緊密相關。**

顏值會在整個生命週期中影響我們對一個人的印象，並影響他人的行為。不管是年輕時的容顏，還是老了之後的容貌，都可以用來預測你的賺錢能力。例如，一項研究找了美國 100 強律師事務所管理合夥人的照片，結果發現，這些人的顏值可用來預測公司利潤。更有趣的是，如果用的照片不是這些人現在的照片，而是他們在大學畢業紀念冊上的照片，也可以預測現在公司的利潤。因此，魯萊和阿姆巴迪兩位學者在 2011 年的研究認為，在整個生命週期（20~50 年）內，不管你是年輕人，還是老人，**顏值都可以預測你現在賺多少錢，也可以用來預測你將來賺多少錢。**

②顏值可以預測你的領導能力

什麼樣的長相更好呢？對男性來說似乎是越陽剛越有男子氣概的長相越好。那麼對於女性來說是否也是這樣呢？ 2006 年，來自瑞士伯恩大學的斯齊斯尼（Sczesny）等研究者在《瑞士心理學》（*Swiss Journal of Psychology*）雜誌上發表的研究發現，人們認為長得比較男性化的人領導力更強。研究者在大學招募了 72 名參與者，

讓他們隨機看一張人臉照。人臉照有四種：長相男性化的男性和女性，以及長相女性化的男性和女性。然後，參與者評價了照片中那人的領導力。結果發現，**人們認為長得比較男性化的人比長得比較女性化的人有更高的領導力**。也就是說，不單單男性長得有男子氣概會加分，女性長得比較男性化也被認為領導能力更強。

因此，女性化外表的女性通常被認為顏值更高，但也經常被認為是更糟糕的領導者，而男性化外表的女性雖然看上去沒有那麼漂亮，卻會被認為是更好的領導者。

顏值對領導者成功的影響存在著性別差異。雖然總體來說，好像都是長得越好看越好，但在商業界女性領導者中卻存在著顏值與成功之間的反向關係。

1985 年，紐約大學的海爾曼（Heilman）和托佩克（Stopeck）曾在《應用心理學》（*Journal of Applied Psychology*）雜誌發表了一項研究，針對人們的顏值和成功的關係進行了探索。研究者找了 113名上班族，首先讓他們閱讀關於一名高階主管工作經歷的簡短描述，並看了這名高階主管的照片。參與者被隨機分成 8 組，他們需要評估一些因素對這名主管升遷的重要性（如工作能力、努力、運氣等），並評估哪個因素最重要。結果發現，顏值和成功的關係受到性別影響。男性領導者顏值越高，會被認為能力越強，工作更成功；但是女性領導者顏值越高，反而會妨害人們對她們領導能力的感知。

③顏值太高不一定是好事

當然，顏值並不總是起到正面作用。2011 年，德國慕尼克大學的阿格斯（Agthe）等學者在《人格與社會心理學公報》（*Personality and Social Psychology Bulletin*）發表了一項研究。他們透過實驗發現，當評估者和被評估者為同性時，高顏值可能起到負面作用。也就是說，如果讓男性去評估一位帥哥，或讓女性去評估一位美女時，他們就可能因為對方長得好看而給對方更低的分數。

另外，男性的顏值雖然很重要，但顏值太高也不一定是好事。2012 年，德國呂訥堡大學的普法伊費爾（Pfeifer）在《應用經濟學快報》（*Applied Economics Letters*）發表了一項研究。研究者採用德國 2008 年一項針對 3,000 多名上班族的調查資料，資料中包括這些人的顏值評分（範圍是 1~11 分）、工作和收入情況。結果發現，顏值在 7.8 分左右的男性收入最高，顏值超高的男性的收入反而低於顏值較高的男性。也就是說，男性的收入和顏值並不是直線關係，長得最美的一群男性的收入反而會低於次美者。

綜上所述，顏值到底值多少錢？有幾個重要的結論：①長得好看的人一般收入更高，收入增加得更快；②女性領導者不一定要特別好看，如果長得比較男性化反而會加分；③如果你的主管跟你是同性別，長得好看反而會變成你的缺點；④男人的顏值很重要，但是如果高出天際，那反而不是一件好事，除非你從事的是演藝事業。

10

身高與賺錢能力的潛在關係

....

　　每超出平均身高 1 公分，收入就可增加 0.6%。那麼你的身高值多少錢？

　　2019 年 6 月，優衣庫的門外上演了一齣大戲：還沒開始營業，店外就排起了長龍，開門的一瞬間消費者蜂擁而入……就爲了搶一款優衣庫新推出的 T 恤。優衣庫於 1984 年在日本廣島開業至今，已在全球 15 個國家擁有了 2,000 多家門市。光是中國就高達 600 家。創始人柳井正不論是在打造品牌、門市經營、零售效率……方方面面都影響著當代的零售業，可說是令優衣庫風靡全球的最大推手。但，如果我告訴你，他的身高只有 155 公分，你會不會有些失望？這些遠大的戰略、數不盡的財富，竟然出自一個身高只有 155 公分的人？！

　　「美國隊長」是一個深入人心的超級英雄，可是主角史蒂芬‧羅傑斯在變成身材魁梧、肌肉發達的萬人迷英雄之前，長得又瘦又小，面對心儀的女生時毫無自信。

　　這年頭，做什麼都要求身高。相親節目裡女嘉賓紛紛要找身高 180 公分的老公，就連飯店招聘服務員時也強調「身高不得低於 160 公分」。身高真有這麼重要嗎？

　　1990 年，匹茲堡大學心理系教授艾琳‧漢森‧弗里茲（Irene

Hanson Frieze）曾和他的同事透過調查來自亞特蘭大大學的 MBA 畢業生，蒐集了上千份樣本。他們發現：**對於男性而言，身高會直接影響基本薪資**。資料顯示，在控制年齡、體重、社會階層、宗教信仰之後，一名男性的身高每增加 1 英寸（2.54公分），第一份工作的年薪就能上漲 570 美元。雇主願意為身高更高的男性支付更多的薪水。

不光普通工作如此，就連在「世界巔峰」的工作也一樣。1998 年，內布拉斯加大學的湯瑪斯・楊（Thomas J. Young）與西新墨西哥大學的教授勞倫斯・富蘭克（Laurence A. French）曾針對 1948 ～ 1996 年的美國總統身高進行分析，發現總統身高出現持續增長的趨勢。1948 年起，透過電視競選普及下，候選人需要頻繁地拋頭露面，向民眾傳達自己的遠大抱負。在這樣的環境下，候選人的身高就變得很重要了。他們在電視裡的形象越高大挺拔，得到的民眾支持就越多。

如此看來，長得高的人似乎掌握了一定優勢，總是更容易在選拔中脫穎而出，並從中獲得更多的薪資、獎賞。

但是，我們是否真的能夠信賴這些個子高的人？身高越高的人真的就有更好的工作表現？他們真的值得我們為他砸錢嗎？來看看下面幾項研究。

1989 年，匹茲堡大學的唐納德（Donald）和勞埃德（Lloyd）教授調查了 201 名來自世界 500 大企業的雇員，並蒐集了他們的職位和身高資訊。結果發現：管理階層員工的身高的確高於同性別

的基層員工。例如，女性基層員工平均身高為 162.56 公分，而女高階主管的平均身高為 165.10 公分；男性雇員中，基層員工的平均身高為 177.90 公分，而身處於管理階層的雇員則平均身高為 181.10 公分。

1996 年，湯瑪斯・楊與勞倫斯・富蘭克對比了美國民眾心目中「最成功的總統」（林肯、羅斯福、華盛頓、傑佛遜）和「最失敗的總統」（詹森、布坎南、格蘭特、尼克森、哈定）的實際身高，發現一個有趣的現象：四位深得人心的總統平均身高約為 189.6 公分，而五位在民眾心中糟透了的總統平均身高竟然只有大約 179.8 公分。

到了 2016 年，來自埃克塞特大學醫學院的潔西卡・泰瑞爾（Jessica Tyrrell）和同事們採用了更先進的基因分析技術——「孟德爾隨機化」（Mendelian Randomisation）探究身高的魔力。藉以避免一些誤差和無關因素的干擾，使結果更加可信。他們從英國生物樣本庫（UK Biobank，一個存有 50 萬筆成人資訊的生物資料庫）中選取了年齡在 37 到 73 歲之間的 119,669 人，重點關注了與身高、BMI（身體質量指數）有關的基因。為了考查身高和 BMI 是否對社經地位有直接影響，研究者使用了五個指標來衡量社經地位：完成國民義務教育的年齡、最後學位、職業類別、家庭年收入和匱乏指數。

結果顯示：控制了其他因素後，身高與收入有直接關聯；男性中，兩者的相關性高達 50%。在這份樣本中，男性的身高標準差為 6.3 公分，而當男性的身高每高出一個標準差，他們的年收入就會上漲 2,940 歐元。當然，你可以說，這兩者之間的相關性

可由很多其他因素造成，比如這個人的家境優渥，因此營養充足，自然長得高，而且家庭經濟條件好的孩子本來長大之後就更會賺錢。也就是說，身高跟收入的關係可能是後天環境造成的虛假關係。

為了排除後天環境因素的干擾，研究者還透過基因分析來看由基因決定的那部分身高，而非由後天環境決定的身高。結果發現：只看基因決定的身高，男性身高依舊和年收入存在正相關。他們每長高 1 公分，年收入就上漲 179 歐元。

長得高大本身就是一種優勢，它讓你備受關注、讓你脫穎而出、讓你賺到更多的錢。為什麼？

2009 年，阿姆斯特丹自由大學的彼得（Petter）教授等人對 45 萬名瑞典男性進行採樣，再次為身高和收入的正比結論提供了新的證據。此外，為了解釋身高和收入之間的聯繫，他們用三類變數和身高做對比研究。

這三類變數為：

①控制因素：家庭背景和認知

選擇家庭背景和認知作為控制因素變數，是因為家庭背景和認知可以在孩子年幼時進行干預，例如營養、教育及父母造成的家庭環境等因素。這些因素對孩子的身高和認知能力都有正向影響。

②仲介因素：非認知能力

選擇非認知能力作為仲介因素變數，是因為諸如行動力、堅持、魅力、領導力等個性對孩子成年後的工作收入都會有正向影響。

③選擇傾向：接納歧視

選擇接納歧視作為選擇傾向變數，是因為往往矮個子的男性會顧慮到某個職業類別傾向於僱用高個子的人，而決定不找這類工作。當然，也有可能是因為某些公司會歧視矮個子的求職者，而往往只僱用高個子的員工。

這些從瑞典蒐集的 448,702 筆資料和前面的發現一致：男性身高每增加 10 公分，收入就增加 6%。而且，彼得還用這些男性的兄弟的情況來進行對比。結果發現：這些兄弟樣本所得出的身高和收入的相關性與原樣本的調查結果一致。再次驗證了，在瑞典，男性身高每增加 10 公分，收入就增加 6%。

但是研究顯示，身高和收入的正向關係其實會受家庭背景影響：家長的政治經濟因素（如家長的收入和受教育程度）每增加 1 個係數，身高和收入的正向關係就會減少 1/6 個係數。所以，只要你的父母受教育程度高或收入高，即使你個人不太高也沒關係，你不會因為身高而受到限制。

這項研究還有一個結果：收入受身高影響最大的人群是低於平均身高樣本的男性。也就是說，對於身高超過平均數（在這個國家是180公分）的男性，再高一點也不會帶來更高的收入。但是對於身高低於平均數的男性來說，身高每增加1公分，收入就會上漲0.5%。

有趣的是，那些成功的人，在人們心目中的形象會更加高大。所以如果讓你猜測一下比爾・蓋茲或馬雲這些人的身高，你會猜測一個比他們實際身高更高的數字。也就是說，**人們會透過成功的程度來判斷一個人的身高。**

來自澳大利亞國立大學的心理學教授保羅・威爾遜（Paul R. Wilson）在1986年做過一個實驗，他將參加課程的110名大學生隨機分成五組，並分別向他們介紹下次課堂的主講人：

英格蘭先生是一位來自劍橋大學的學生⋯⋯

英格蘭先生是一位來自劍橋大學的助教⋯⋯

英格蘭先生是一位來自劍橋大學的講師⋯⋯

英格蘭先生是一位來自劍橋大學的副教授⋯⋯

英格蘭先生是一位來自劍橋大學的教授⋯⋯

威爾遜告訴學生：由於下節課將涉及一些資料統計的知識，請根據所提供的英格蘭的資訊估計一下他的身高。

結果發現，當英格蘭的身分是一名學生時，身高被估計為176.53公分；而隨著英格蘭的學術地位不斷上升，其身高也逐步

上升；當英格蘭被描述爲一名造詣深厚的教授時，他便被認爲應該有 183.64 公分左右。

所以，長得矮不可怕，只要你的學術能力夠強、文章發得夠多，你在人們心目中的形象就會變得高大。

現在，請回想一些政治家，想想他們的治理能力。接著，分別估計一下他們的身高。你是否意識到了什麼？

1992 年，加拿大麥克馬斯特大學的菲力浦・哈曼（Philip A.Highman）教授與威廉・卡門特（D.William Carment）教授做了一項研究，巧妙地展示了政治成功如何影響人們對於政治家身高的判斷。

他們蒐集了渥太華的官方資料，囊括 1988 年加拿大大選前後，民眾對加拿大總理身高的估計。對比發現，在落選前，人們對特納（Turner）和布羅德本特（Broadbent）的身高估計分別爲約 182.85 公分和約 177.27 公分。可是當競選失敗的消息傳出，民眾對他們的身高估計竟然變成約 181.58 公分和 175.56 公分。相反的，當選人穆龍尼（Mulroney，1984 年 9 月選上）的身高估計從選前的 181 公分，變成 183 公分。人們的印象中，擁有遠大謀略、深得民心的人似乎也擁有著高大身軀。

這大概就是「拿破崙情結」的由來。第二次反法同盟戰爭期間，拿破崙率領 4 萬大軍登上險峻的阿爾卑斯山，奇襲奧地利軍隊。拿破崙面容冷峻，不僅完全駕馭了他那匹前腳騰空的戰馬，也控制了整個戰勢。儘管身高不足 170 公分，拿破崙還是驕傲地

說：「我比阿爾卑斯山脈還要高！」

「拿破崙情結」指的是一些小個子男人的成就動機特別高，非常渴望成功。因爲他們想要用事業上的成就來讓自己在別人眼中顯得高大。這樣一來，即使你個子矮小，只要你足夠強大，政治、文化、藝術⋯⋯任何領域的任何成就都將爲你帶來令人矚目的榮耀，將你襯托得更高大。

綜合上述，你就可以理解爲什麼在各種場合都能看見對身高的要求了。**「越高即越好」會讓別人對你形成更好的第一印象，進而幫助你獲得更好的職位，甚至收穫更多的財富。**

當然，如果你不是很高，也可以透過努力拚搏來彌補身高的不足。當你的地位或成就變得更高時，自然就會顯得高大無比。

11

不懂花錢，會讓你成爲金錢的奴隸

購物可帶來短暫的興奮，卻無法帶來長久的快樂。購物成癮無異於飲鴆止渴。

馬雲曾說：「花錢比賺錢還難！」聽了這句話，很多人都想去幫他把錢花掉了。我們都以爲自己是花錢小能手。

其實我更喜歡馬克・吐溫說的一句話：「如果你會花錢，你就是金錢的主人；如果你不會花錢，你就是金錢的奴隸！」你可能以爲，花錢是一件快樂的事。有些人心情低落時，就會去買買買。不是有一個詞叫作「購物療法」嗎？

讓人上癮的不是物品，而是「買」當下的快感

你可能不相信，花錢也能讓你陷入痛苦，不可自拔。來看看一種叫作「購物狂」的心理疾病。

「購物狂」可不是近期才有的現象。歷史和文學作品中充滿了著名的購物狂人，富凱、路易 16、米拉波伯爵、巴爾扎克，還有超級「剁手黨」包法利夫人都是這類型人。19 世紀時，心理醫生就稱他們爲「購物成癮」（Oniomanes）。

就像酒精成癮的人無法擺脫喝酒的欲望；賭徒無法擺脫賭博的欲望；購物成癮的人也無法控制買買買的衝動。大腦獎賞區受

到刺激會讓人產生一種狂熱的欲望，驅使人們去喝酒、賭博和購物。這時人就會被物質控制，失去自由。

根據克里斯坦森（Christenson）和法勃爾（Faber）等人在 1994 年的研究，大多數購物成癮者最喜歡買衣服、鞋子、玩具和美容護膚品，而且以女性為主，占全體的 90%。你可能以為女性真的喜歡衣服和鞋子，才會患上這種病。事實上，她們依賴的不是衣服和鞋子本身，而是為買到東西時的快感癡迷。然而這種快樂能持續多久呢？

2013 年，瑞金斯（Richins）調查了 174 名密蘇里大學的學生。研究者首先根據他們的價值觀把他們分成高物質主義者和低物質主義者。簡單來說，高物質主義者認為金錢和物質是唯一能給自己帶來幸福的東西，而低物質主義者的價值觀則否。

研究者追蹤了這些學生在購物前、購物時，以及購物後的情緒變化。在學期初，研究者讓學生們寫下這學期計畫要買的一件對自己來說比較重要的東西（買了之後至少要保留六個月），並記錄了學生們在購買前和購買後的情緒。在學期中和學期末，研究者又詢問這些學生是在哪一天買到自己想要的東西，而且買到之後又有多開心。

結果發現，在購物前，高物質主義者會比低物質主義者更快樂，他們一想到自己即將擁有某件東西，就興奮無比。而且高物質主義者在這時候更加容易相信，一旦買到這件東西，他們的人生就會發生某種改變，而變得無比期待。

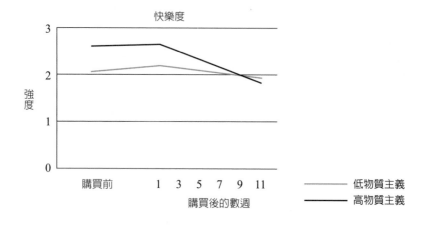

購物的快感從刷卡的那一刻起斷崖式下跌

但問題是，這種快樂會從他們付款的那一刻起跌落谷底。高物質主義者在東西到手的那一刻就會感到空虛，漸漸落入失望。因為買到這件東西似乎沒給自己帶來什麼改變。比起低物質主義者，高物質主義者在購物之後幸福感下降得更快！

可怕的是，這種興奮的高峰和低谷的迴圈會一再出現。高物質主義者在情緒低落時，會尋找下一個目標，再次讓自己興奮起來。因而掉入不停買買買的惡性循環，卻永遠也買不到自己想要的幸福生活。正如《還要更多：賭博、性、工作、錢》這本書裡說的，人們感到憂鬱，所以試圖用購物治療自己的憂鬱，之後立即陷入更深的憂鬱。

購物成癮類似強迫症。這種強迫念頭產生的焦慮感會在購物時得到平復，但是很快又捲土重來。大多數有病態依賴的人都是

焦慮感很重的人。他們用不停查銀行帳戶、不停購物、不停看手機這些依賴行為來暫時緩解緊張和焦慮。購物狂、賭徒、卡奴都知道，懲罰一定會到來。一旦意識到自己已經透支了卻還在購買，就會產生犯罪感和情感顫動。有趣的是，這種犯罪感也是快感的一部分，但也會令他們陷入深深的自我厭惡中。有些人在購物之後會馬上遠離這些「戰利品」，我的一個朋友把自己買的包包都堆在衣櫃最深處，好讓自己不要看到。很多購物成癮者會把一大堆吊牌都沒剪掉的衣服藏在某處。**購物成癮者從購買中感受到的是一種愉悅和厭惡混合的感覺。**

為什麼自卑的人很容易變成購物狂？

貝爾克（Belk）1988 年的一項研究說明，我們會用購買的東西來彰顯自己的身分，滿櫃子的衣服、鞋子、手表、帽子，都是我們的「保護色」。

在羅馬尼亞，懂英語的人非常少，但是可口可樂投放在羅馬尼亞的廣告一直都使用英文。為什麼不用當地語言呢？格爾（Ger）和貝爾克研究了這個問題。他們發現，羅馬尼亞消費者對西方品牌的評價非常高，他們認為西方的消費文化象徵「高水準」。羅馬尼亞消費者的這一心理特徵，讓可口可樂公司放棄用當地語言做廣告，轉而採用全英文。因為那裡的人買的不是可樂，而是「地位」，只有用純正英語打廣告才能滿足當地消費者身分認同的「保護色」心理需求。

需要「保護色」的還有另外一種人，就是自我評價低的人。這也是爲什麼自卑的人很容易變成購物狂。因爲他們感覺不到自己的價值，而購物爲他們提供了一項工具，讓他們在買買買當中感到自我的重要和強大，躲在物質堆砌的堡壘下讓自己更有安全感。

越是崇拜物質，幸福感越低

曾經有一位中年男子來找我諮詢。他老婆非常會賺錢，但是他卻因爲公司破產而失業，於是他開始花很多錢買各種東西。這是他不滿妻子強勢地位的一種發洩，把攻擊性轉移到了物質上。本質上這只是一種自我防禦機制。

那些崇拜物質的人在「保護色」的庇護下其實並不幸福。已經有大量的研究表明，越是崇拜物質，幸福感越低。與正常消費者相比，購物狂會更多地感到憂鬱和焦慮，也更容易罹患其他心理疾病，例如飲食障礙。

購物成癮者就像是金錢的奴隸，他們沉迷其中無法自拔。但是**購物成癮是可以被治癒的**，以下介紹幾個有效的方法。

首先，識別什麼情境會讓這類患者燃起購物欲。例如，和配偶爭吵之後就想要進行補償性購物者，就要從吵架這個源頭來解決。

其次，需要建立起個人的價值觀，讓這類患者從其他途徑找回自己的價值。

最後，應該給這類患者更多的關愛，讓他們擁有傾訴的對象。如此能幫助他們找回安全感，而不是從物質上去尋求安全感。

　　除此之外，轉移注意力也是一個好辦法，有強迫性購物念頭時可以去聽聽歌、跑跑步，做點別的事情。歌，就從這首聽起吧。

Lately I've been, I've been losing sleep

最近我總是輾轉反側，難以入眠

Dreaming about the things that we could be

對我們曾有過的願景，浮想聯翩

But baby, I've been prayin' hard

但親愛的，我早已在內心深處祈禱著

Said no more counting dollars

祈禱自己不再迷失於金錢的追逐中

We'll be counting stars

我們可以細數滿天繁星

——節選自歌曲〈*Counting Stars*〉

　　下面的表格可以幫助你清楚自己的物質欲望，了解自己是不是高物質主義者。

請根據你的實際情況打分數（1= 完全不同意，3= 中立，5= 完全同意）

1. 我羨慕那些擁有昂貴的房子、汽車和衣服的人。	1	2	3	4	5
2. 我通常只買我所需要的東西。	1	2	3	4	5
3. 如果能擁有一些我現在還沒有的物品，我的生活將會更好。	1	2	3	4	5
4. 比起我認識的大多數人，我並不那麼重視物質的東西。	1	2	3	4	5
5. 在物質生活方面，我試圖保持簡單樸素。	1	2	3	4	5
6. 即使我擁有更好的物品，我的生活也不會因此而更加幸福。	1	2	3	4	5
7. 獲得物質財產是生命中最重要的成就之一。	1	2	3	4	5
8. 我喜歡花錢買一些不實用的東西。	1	2	3	4	5
9. 如果我能買得起更多的東西，我會更加幸福。	1	2	3	4	5
10. 我不太強調將人們擁有物質的多寡作為他們成功的標誌。	1	2	3	4	5
11. 購物能為我帶來許多快樂。	1	2	3	4	5
12. 一個人所擁有的物質在很大程度上可說明他有多麼成功。	1	2	3	4	5
13. 我喜歡我的生活中有許多奢侈品。	1	2	3	4	5

計分方法：2、4、5、6、10 為反向計分題。

總分越高，表示你的物質主義程度越高。

12

什麼樣的人會變得拜金？

當我們對別人失望時，就會投向金錢的懷抱。

在電影《大亨小傳》中，主角蓋茲比是北達科他州的一個貧窮的農家子弟。在一個軍營裡擔任中尉時，與南方的大家閨秀黛西陷入愛河。可是當戰爭結束歸來時，黛西已嫁給了一位極為富有的紈袴子弟湯姆。愛情夢碎的蓋茲比艱苦創業，從貧窮軍官奮鬥成為百萬富翁。他在長島西端買下了一幢豪華別墅，揮金如土，徹夜笙簫。這部作品被多次搬上銀幕和舞臺，作者敏銳地刻畫了「美國夢」裡人們對金錢的追逐。

那到底是什麼讓人們如此拜金呢？很多人可能覺得這個問題很簡單；我們愛錢，是因為金錢可以幫助我們得到我們想要的東西。經濟學家解釋說，金錢的魅力在於，它是一種強大的工具。而心理學家則發現事實沒那麼簡單。首先並不是所有人都同樣地愛錢，有些人其實要比另外一些人更加拜金。其次，如果我們只是簡單地把錢當作一個工具來愛，就不會出現一些已經非常有錢的人，還會為了多賺一些錢而出賣靈魂。

金錢不僅是一個工具，甚至有心理學家把它比喻成一種「毒品」。那麼，為什麼有些人會變得如此拜金呢？心理學家發現，這是因為他們對人缺乏安全感。

想像一個學步兒。下午，孩子正在房間裡玩玩具，媽媽坐在一旁陪著他。突然，一位客人來訪，在門口敲門。媽媽離開房間，開門，和客人交談。在沒有媽媽陪伴的這段時間裡，孩子會心煩、焦慮，甚至表現出強烈的哀傷和憤怒，哇哇大哭。媽媽是他來到這世界最親近的人，他依賴著她；而現在，他不知道自己的媽媽去了哪裡，多久會回來，是否會回來。這種不確定帶來的便是人與人之間安全感的喪失。

一系列研究表明，**人們對生命中重要的人缺乏安全感時，也就是缺愛時，人們就會更愛錢**。2015 年，北京師範大學的心理學教授蔣獎做了一項研究。他們讓 149 名 13~15 歲的中學生中的第一組人回憶並寫下自己「被同學們排斥」的一次經歷，第二組則寫下自己「被同學們接納」的一次經歷，第三組作為控制組寫下上週末的一件普通事件。

接下來，所有的學生都會看到一份清單，列表中有一些興趣活動，例如繪畫、閱讀，也有一些社交關係，例如媽媽、朋友，還有一些物質產品，例如新衣服、錢。這些學生要從這份清單上選出能讓自己覺得開心的東西。

接著，研究人員又告訴他們：「現在，你必須從你剛剛選的東西當中除掉一半，留下你最想要的那一半。」

研究結果發現：在回憶了自己被同學們排斥的經歷後，學生們更多地選擇了物質產品來讓自己開心。他們不僅一眼就相中了這些物質產品，而且，當需要刪掉一半時，也更加願意保留物質

產品；衣服、球鞋、錢是他們無法割捨的快樂。**當人們被他人遺忘，被同伴孤立，金錢、物質便成了人們唯一的救命稻草。**

明明缺失的是他人的愛，為什麼人們要寄希望於冰冷的物質產品？

英國曼徹斯特商學院的伊沙克生（Isaksen）和羅珀（Roper）教授，他們在 2012 年對超過 100 位年齡介於 15~16 歲之間的英國青少年進行了探訪。探訪以六人一組的形式進行，經過 50~60 分鐘的交流，研究者發現：擁有多少零用錢、多少好玩的東西深深影響著青少年的自尊。在這些青少年的世界裡，擁有怎樣的東西決定了你是怎樣的人，而你是怎樣的人決定了你會被這個團隊排斥或接納。因此，當青少年被同學們排斥時，他們能想到的第一個解決辦法就是透過物質產品獲得自我價值感。最新流行的帆布鞋、名牌書包，有了這些東西，即使沒有友誼，也能感覺自己是一個有價值的人。

就像蓋茲比在失去黛西之後對財富的追求：購買豪宅，添置名車，夜夜笙歌。他將物質主義發揮到了極致，只為了證明自己的價值。

金錢是成年人的奶嘴

在經歷人際關係的分崩離析之後，人們會表現出對金錢的追求，這是人類的一種補償機制。人類一生都在對安全感進行孜孜不倦的追求。當人際關係不能滿足這一點時，人們就會去找別的

東西──物質產品的意義於是凸顯出來。它們沒有生命，完全受到主人的控制。人們非常確定：它們永遠聽命於自己，永遠不會像其他人那樣拋棄自己。就像嬰兒斷奶之後用的安撫奶嘴一樣，根本沒有營養，但嬰兒還是拚命地吸吮，因為這讓他覺得安全。在某種程度上，嬰兒對安撫奶嘴的依戀跟成人對金錢的依戀非常相似，**金錢就是成年人的奶嘴**。

2012 年，來自美國堪薩斯大學的基費爾（Keefer）教授等人發表在《實驗社會心理學》（*Journal of Experimental Social Psychology*）雜誌上的文章彙報了這樣一項研究：參與實驗的一群大學生被分成四組，第一組被要求寫下最近發生的、在自己特別需要幫助時，親近的人讓自己大失所望的三件事；第二組被要求寫下在自己特別需要幫助時，最親近的人陪在身邊的三件事。

接著，這些大學生填寫了「物質依戀程度」測驗卷。問題如「我可以從擁有的東西上面獲得安慰、鼓勵或者安全感」「當我不能擁有什麼東西時，我覺得自己很脆弱」。

研究者發現：當人們想到在自己最需要支援的時刻，最親近的人卻不能及時出現時，便對物質表現出更高程度的依戀，平均分為 3.16（滿分為 4 分）；如果人們回想起的是親近的人在自己最需要的時刻也恰好在場的情景，他們的物質依戀得分降低許多，只有 2.66 分。這一實驗再次表明，當人們無法在親密關係中獲得安全感時，物質便成了他們的依靠。就像亦舒在《喜寶》書中說的：「你要很多很多的愛。如果沒有愛，那麼就很多很多的錢。」

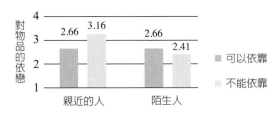

四組被試者對物品的依戀程度（分數越高，表示對物質的依戀越強烈）

當我們的人際關係破裂時，我們更看重金錢，但是金錢真的可以緩解人際關係破裂造成的痛苦嗎？我們在 2009 年做了一項研究：讓一組大學生數 80 張 100 元面額的鈔票，而另一組大學生需數 80 張同樣尺寸的白紙。

接下來，這些大學生在電腦上玩了一個拋球遊戲，每位大學生都跟另外兩位玩家玩拋球遊戲。結果玩著玩著，另外兩位玩家開始互拋，再也不把球傳過來了。這就跟小時候別的小朋友不肯跟自己玩一樣，人們受到了深深的傷害。結果發現，被隊友孤立會讓被試者心情變差，而且自尊心明顯下降。

有趣的是，如果在遭遇排擠前這些人數的是錢，那麼排擠就不會產生負面影響。也就是說，想到錢，人們會不在意被排擠，而且自尊心也不會受到傷害。**金錢能抵禦人們在破裂的人際關係中遭受傷害。**

錢買不到我的愛

金錢可以保護你不受別人所傷，但是對金錢的愛也會損壞你

的人際關係。因為金錢會讓你覺得人際關係不重要，從而讓你不願意花時間和精力去維繫重要的親密關係。美國楊百翰大學家庭生活學院的迪恩（Dean）教授等人，在 2007 年調查了 600 名已婚夫婦，他們研究發現，夫妻間一方越愛錢，婚姻滿意度就越低。猶如披頭四的歌曲所唱的：「錢買不到我的愛。」對錢的愛會傷害到真正的愛。

當人們沒法得到愛時，就會轉而更加愛錢。那麼你可能想問：如果給人們以愛，人們真的就能夠擺脫金錢的誘惑了嗎？的確是這樣的。

說起那些愛財如命的人，你腦海裡浮現的畫面總是一些很小氣的人。讓他們請客很難，找他們借錢很難，他們有時連對自己都斤斤計較。巴爾扎克小說《歐也妮・葛朗臺》中，老葛朗臺擁有萬貫家財，卻依舊住在陰暗、破爛的老房子裡。這是因為錢對他們來說太重要了，以至於撒手把錢送出去會讓他們感到一股真切的痛苦，這就是心理學家常說的「支付的痛苦」（the Pain of Payment）。而愛能改變這項毛病。

我們在 2015 年做了這樣一項研究。在一家購物商場的門口，隨機找了 80 名剛剛採購完的消費者。首先，我們讓其中一半的消費者寫下三位曾經給予他們支持的人的名字，這些人給過他們幫助、指導；另一半的消費者則寫下三位他們喜歡的名人，例如歷史人物、明星等。這樣，一半的消費者會因為想到了那些關心、幫過他們的人，覺得自己被關愛著，而那些想到名人的消費者則

沒有這樣的感覺。接著，我們會問：「此時此刻，你覺得錢對你來說有多重要？」他們可以按 1~10 分對錢的重要性進行評分，分數越高，就意味著他們覺得錢至關重要。最後，我們讓他們按 1~10 分對此刻感受到的花錢後的痛苦進行評價，分數越高，則表明他們對於剛剛在商場裡的消費越感到後悔、焦慮、痛苦。

結果發現，那些感受到了人際溫暖的人並不覺得花出去的錢讓他們有多痛苦，分數為 5.10 分，而那些沒有感受到社會支持的人，卻在這個問題上得到 6.75 的平均分。

這是為什麼呢？「金錢重要性」給了我們答案。當人們感受到濃濃的愛意時，會覺得自己是安全的、被保護的。就像被媽媽抱在懷裡後，嬰兒便不再需要安撫奶嘴了。當人們聯想到那些關愛自己的人時，金錢對他們而言也不再那麼重要了。他們在「金錢重要性」上的給分為 5.65 分，遠低於那些聯想到其他人的名字的人給出的分數 7.23 分。而當金錢變得無關緊要時，把它花出去以購買自己需要的事物也就不會讓人感到那麼痛苦了。因此，**愛是一張保護網，它讓我們遠離「金錢的陷阱」**。

當人們缺愛時，會有一種不安全感，這種不安全感會點燃人們對金錢的欲望。但是，當人們擁有了愛，有勇氣戰勝一切時，金錢便失去了魔力。

13

什麼樣的人最容易有中產焦慮？

男性荷爾蒙水平越高的人越關注地位，也越容易擔憂自己地位不保。

這幾年出現了一種新的焦慮，叫作「中產焦慮」。胡潤百富榜發布的《2018中國新中產圈層白皮書》顯示，源於對中產身分的焦慮，中國新中產階級擔心「不進則退」。他們擔憂自己擁有的金錢會縮水，而導致自己從中產階層跌落；他們有高薪、有房產，卻有朝不保夕的憂慮，不敢生娃、不敢生病；擔心自己會因為「房貸」或「孩子」而變窮。

資深媒體人肖鋒認為，中產階級風光的背後其實還有「中殘」的一面，而這一面往往被大家所忽略。他在《財經奇咖說》這樣說：「現在我們講的五子登科，是車子、房子、兒子、票子和位子。對於中產而言，這五子每一科都不能掛科，哪一科掛科了都會變成中殘。」任何經濟趨勢的變化、家人健康上的變化，隨時都可能讓中產階級一夕返貧，因此中產階級確實不堪一擊。

那麼，什麼樣的人更容易產生中產焦慮，日夜擔憂地位不保呢？德州大學奧斯汀分校的心理學家約瑟夫斯（Josephs）、塞勒斯（Sellers）和巴德學院的心理學家馬修·紐曼（Matthew Newman）發現，男性荷爾蒙會導致人們關注地位，讓人產生中產焦慮。這一研究

於 2006 年發表在《人格與社會心理學》雜誌。

①男性荷爾蒙水平越高，人們越關心地位

在一項研究中，73 位大學生參加了實驗，其中有 39 名男生與 34 名女生。研究者首先採集了他們的唾液樣本，用來測定體內最主要的男性荷爾蒙——睪固酮的水平。

隨後，這些學生需要闖過研究者設置的四道關卡。

在第一關，一部分學生被兩兩配對，在一個叫作「看誰猜得準」的遊戲中「單挑」。這個遊戲的競爭性很強，並且會給學生排名，因此輸的學生會覺得「我比別人弱」，而產生「我的地位低」的感受。贏的學生則會有「我比別人強」的高地位感受。另外一部分學生則是一個人玩這個遊戲，因此他們並不會有輸贏的感覺。

第二關叫作「比誰看得準」，學生們需要在一堆詞語裡又快又準地找出特定詞語。其中，研究者會偷偷放入一些比如「總統」「主任」這類高社經地位的職業名詞，用來測試他們潛意識裡對地位的關注程度。

接下來的第三關，學生們還要完成源自 GRE（美國研究生入學考試）的 10 道題目，來測驗他們的認知能力。

最後，所有人都需要報告自己當下的心情，是激動，還是很平靜。

結果發現，如果在第一關就打敗對手，那些男性荷爾蒙水平

較低的學生會更加關注自己的地位。這會導致他們的認知能力下降，表現在他們的 GRE 分數會平均降低 3.92 分。這些人在情緒上也更為亢奮。也就是說，成功，讓男性荷爾蒙水平低的人更加關注地位。

但是對於那些男性荷爾蒙水平很高的學生來說，如果在第一關輸給對手，他們就會變得更加關心地位、頭腦更不靈活（GRE 得分比低男性荷爾蒙的學生低 2 分）、情緒更亢奮。也就是說，失敗，讓男性荷爾蒙水平較高的人更加關注地位。

對於那些一個人玩遊戲，沒輸沒贏的學生來說，男性荷爾蒙水平越高，他們越關心地位。

綜合結果，這個研究表明：男性荷爾蒙水平越高，人們越關心地位。而且，一個充滿男性荷爾蒙的人，如果不小心身處在較低的位置，那他就會非常焦慮不安。不但情緒更加低落，而且頭腦也變得更不清楚。就像一隻本應在天空翱翔的雄鷹被關到籠子裡，可能會瘋狂地亂撞籠子。

②男性荷爾蒙水平越高，人們越想追求高地位

在接下來的另一項研究中，研究者換了一種方式來操縱人們的地位。研究者先將新招募的 17 名女生與 45 名男生按照男性荷爾蒙水平分成兩組。在被蒐集完唾液樣本後，這些學生首先要和一個對手比賽——看誰能在 20 分鐘內答對更多的 GRE 題目。其實，這個對手是研究者假扮的。在比賽前，對手會用語言影響學

生的心情：「哇，GRE 題目，我剛複習了一個月，這些題目對我來說太簡單了！」或者：「呃，GRE 啊，我在這方面真的完全就是個渣渣呢！」

這樣一來，參加實驗的學生們聽到之後就會覺得：「糟糕，對方看起來是個高手，可能贏不了。」或者：「對手好像水平不高，這次有希望贏。」也就是，一種情況下，學生們以為自己可能會贏；另外一種情況下，學生們認為自己可能會輸。

接下來，在做 GRE 題目的過程中，研究者還會監控學生們的心率和血壓變化。

結果發現，男性荷爾蒙水平不一樣的學生，在聽到對手「逞強」或「示弱」之後的反應也不一樣。當他們以為對手很強時，男性荷爾蒙水平高的學生會表現不佳：他們的 GRE 成績是 11.81 分，血壓升高，心率加快。男性荷爾蒙水平低的學生更加平常心，發揮得也更好：GRE 得分為 15.52，血壓、心率也很正常。

然而，如果對手示弱，男性荷爾蒙高的學生就像有了靠山，面對弱者，成績更好，也更加冷靜：他們的 GRE 得分提高到 14.13，心率放緩，血壓降低。有趣的是，對方示弱對男性荷爾蒙低的學生來說反而不是好事，他們的 GRE 分數下滑到 13.67，心率加快，血壓升高。

這個結果說明，當男性荷爾蒙水平高的人處於支配者位置，也就是地位更高時，他們會更舒服：情緒更穩定，在任務中表現也更好。但是男性荷爾蒙水平低的人處於被支配者地位，反而更

加如魚得水。所以，男性荷爾蒙水平高的人更想要讓自己處於高地位，而男性荷爾蒙水平低的人更想走向平凡。在人類社會，獲取高地位最基本的主要方式是什麼呢？當然是變得比別人更屬害，讓別人崇拜自己！因此，**人們對自己地位的焦慮，罪魁禍首就是男性荷爾蒙。**

③為什麼男性荷爾蒙會讓人產生地位焦慮？

男性荷爾蒙是人體激素，為什麼能和地位聯繫得這麼緊密呢？我們需要將目光轉向非洲大草原。一群獅子正在樹陰下乘涼，看起來非常安靜。但是，你絕對不會想去打擾牠們，特別是體格最健壯、最有攻擊性的獅王。

獅王的這些特徵得益於雄激素。男性荷爾蒙水平越高，肌肉越結實，骨骼越健壯，也越具攻擊性。1996 年，巴塞隆納大學的生物學家路易茲德拉托雷（Ruiz-de-la-Torre）和曼特卡（Manteca）發現，給羔羊注射睪固酮，會讓牠更喜歡和同伴打架。在動物界，「打架屬害」意味著能更容易捕到獵物，對抗天敵時更有優勢，也更不容易被同類欺負。這麼屬害的基因，當然不容易被自然選擇淘汰，更需要被傳承下去。於是，男性荷爾蒙水平高的生物，就在族群中獲得了更多異性的青睞，也獲取了更高的地位。

人類社會也是如此。特別是男性，會透過攻擊行為搶奪他人的資源，或防止自己的資源被搶走。而男性荷爾蒙水平高的男性，

身體更強壯，能表現出更強的攻擊性、支配欲和控制欲，在資源搶奪戰中也更容易出人頭地。小到鬥毆，大到戰爭，那些勇猛作戰的人們（絕大多數是男性）總能獲得更多的榮耀、地位與女性的青睞。

在當代社會，職場就是新的戰場，其中的佼佼者也經常是那些男性荷爾蒙水平高的人。喬治亞州立大學心理學家達布斯（Dabbs）教授等人研究了一群律師，他們發現這些律師當中，男性荷爾蒙水平高的人通常地位也更高。

有趣的是，不止男性律師，女性律師的男性荷爾蒙水平越高，地位也越高。這是為什麼呢？因為雖然女性的男性荷爾蒙水平只有男性的 1/20，但是科學家依然發現，她們血液中的睪固酮含量也會與攻擊行為有正相關。多數情況下，女性的攻擊方式比男性文明多了，她們會採取社交攻擊，而不是暴力攻擊。宮鬥劇裡的各種花招就源於此。但是我們也能看到《冰與火之歌：權力遊戲》裡一些女性角色，更加反傳統，也善用暴力攻擊，例如，龍女就摧毀了整座城市以圖霸業。

在人類社會中，男性荷爾蒙水平高的人攻擊性更高，從而導致他們社會地位也更高。就像《冰與火之歌：權力遊戲》中的龍女，一心想要坐上鐵王座。一旦遇到挫折，被人蔑視，就會變得頭腦不清楚，反而容易做出不明智的舉動。這跟前面實驗裡那些男性荷爾蒙水平高的學生一樣，在遇到對手趾高氣揚時，會自亂陣腳，表現一落千丈。

而如果男性荷爾蒙水平低的人身居高位會發生什麼呢？大概就跟《冰與火之歌：權力遊戲》裡的雪諾一樣，明明可以權傾天下，卻頭腦發熱捅死了龍女，從而導致自己只能被流放去邊境長城。

　　有一句話叫「當你的才華支撐不了野心時，你就該認真學習了」。不過，看完了這些研究，我們應該說：「當你的地位支撐不了荷爾蒙時，你就該努力奮鬥了。」在一些公司中，主管總會給員工「灌雞湯」，讓他們激情澎拜，目的就是激勵員工分泌出更多的男性荷爾蒙，讓他們不甘人後，拚命工作。

14

貧窮限制想像力，有錢會限制「視力」

　　有錢可能會讓你「視力」變差，忽視他人的存在，彷彿這世界就只有你一人。

　　人們常說「貧窮限制了想像力。」其實有錢也會限制我們的視力。

　　狄更斯的小說《雙城記》中描繪了這樣一幕：

　　那些王公貴族，時常在沒有人行道的狹窄巷弄內驅車直闖，野蠻地危害小老百姓，致傷致殘的所在多有。侯爵的馬車當街壓死了一個窮人家的孩子，他一面破口大罵人們沒管好自家孩子，一面從車裡拋出一枚金幣。「好像偶然打破一件平常東西，賠了錢就夠抵償似的。」

　　王公貴族驅車行駛時，彷彿看不到路人的存在。

　　接下來我要講述的一系列研究就是基於這個主題：**有錢，會讓你更加「目中無人」**。

　　2016 年，紐約大學心理學家迪亞茲（Dietze）和諾爾斯（Knowles）找了 61 名紐約市民，讓他們戴上新潮的谷歌眼鏡走過曼哈頓街頭。他們想知道：人們在街上走動時是否會把目光投向

其他路人。研究者分析了谷歌眼鏡的影像紀錄後發現——有錢人對路上的其他人根本視而不見。也就是說，他們看路人的時間比窮人看路人的時間短。有錢人會更加「目中無人」，只有窮人才會花時間去關注他人。明明是在同一條街上行走，有錢人和窮人卻好像是生活在不同的世界一樣。

接下來這個團隊又做了一項實驗，他們招募了 397 人玩一個類似「大家來找碴」的遊戲。首先，每個人會看到一張圖片，圖片上包括六樣東西：一張人臉和其他五件物品。對著這張圖片觀看 0.5 秒之後，就會出現一張新的圖片。新圖片跟舊圖片雷同，只是六樣東西裡的一種換成新的物品。這時觀察者需要判斷出新圖和舊圖的不同之處。實驗結果發現，如果前後兩圖的不同點是人臉的話，那麼有錢人通常不易發現兩張圖有差異。也就是說，窮人對人臉有更多的關注和記憶，但是有錢人就不太注意別人的臉了。

「大家來找碴」實驗素材；這兩張圖中的人臉是唯一不同處。

這其實是一個很奇怪的現象。因為一般來說，人們對別人的臉特別敏感。相對於看到其他東西，看到一張臉會讓人們的大腦更加興奮、記憶深刻。有很多研究發現，出生幾小時，甚至幾分鐘的嬰兒會更注意人臉而不是其他東西。

　　例如，1996 年義大利帕多瓦大學的瓦倫扎（Valenza）等人給出生約 3 小時的 20 名嬰兒看了兩張圖，分別用三個黑方塊表示嘴巴和兩隻眼睛，其中一張圖比較像正常的人臉，而另一張則把隱喻眼睛和嘴巴的黑方塊位置顛倒過來。嬰兒坐在實驗者的大腿上，並且在距離 20 公分遠的螢幕上放映這兩張圖，螢幕後方的鏡頭會記錄嬰兒的眼睛到底看向哪裡。結果發現，當嬰兒第一次盯著人臉圖片看時，平均看了 8.8 秒才去看別的東西；第一次把目光投向非人臉圖片時，平均只看了 2.6 秒就去看別的東西了。

　　初生兒來到這個世界時會對臉孔更加關注，是與生俱來的本能。然而當我們有錢以後，似乎就忘記了這個習慣。金錢彷彿擁有改變人們「本性」的力量，讓有錢人更加「目中無人」。

實驗使用的圖片，左圖比較像正常人臉，右圖則不像人臉

還有一些研究發現，金錢不但會讓人們變得目中無人，無視他人的存在，還會讓人變得以自我為中心，拒絕站在他人的角度考慮問題。

　　美國西北大學的亞當・加林斯基（Adam Galinsky）和他的合作者曾經做過一個「額頭畫 E」的實驗，想要看看社會地位高的人到底能不能站在別人的角度思考問題。分別有下圖這兩種畫法，左邊的畫法，很難看懂是 E；若要別人一眼就懂，就要像右邊那樣去畫。也就是說，左邊的畫法是以自我為中心的表現，右邊的畫法是站在別人的角度思考的表現。那你會怎樣畫這個 E 字呢？

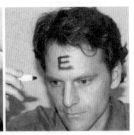

左邊的畫法是以自我為中心的表現；右邊的畫法是換位思考的表現

　　在這項實驗中，研究者讓大學生們想像自己有權有勢或者無權無勢，之後讓這些學生在自己的額頭上畫一個 E。結果發現，把自己想成有權有勢之後，學生變得傾向以自我為中心，而更可能畫出一個別人看不懂的 E。

　　為什麼有錢人不會換位思考，更加目中無人呢？當缺乏資源時，我們關注他人是因為對我們來說，跟他人的關係至關重要。

他人可能會傷害我們，但也可能聯合起來保護我們，給我們帶來益處。但是，如果我們有錢、有地位，他人對我們來說就沒那麼重要了。

在金錢的武裝下，人們的內心會變得足夠強大，覺得沒必要浪費時間去關注他人，因為他人微不足道。這樣一來，金錢會讓人們更加不關注他人，更加不願意站在他人的角度想問題。有了錢，我們看到的世界也會變得不一樣。

15
「口紅效應」的勵志理由

經濟不好時女性更愛購買化妝品，這不見得是爲了取悅男人，更可能是在表達自己的價值。

有一種現象很奇怪：在經濟不景氣、薪資縮水、失業率上漲時，女性反而更容易花錢，買口紅、眼影、新衣服。某些經濟學家將這種反常的「口紅經濟」視作不理性消費的例子之一。明明景氣低迷下，節約才是理性的做法，然而心理學研究卻發現，其中有個十分勵志的理由。

2008 年的金融海嘯席捲了全世界。但是，美妝界的龍頭企業之一，巴黎歐萊雅卻驚奇地發現：當年的營業額不但沒縮水，反而增長了 5.3%。記者們將這一反常現象稱作「口紅效應」。德州基督大學的心理學家希爾（Hill）教授和她的研究團隊用實驗的方式，證實了「口紅效應」的存在。他們發現，女性對經濟危機產生焦慮時，就更想購買化妝品。相關研究 2012 年發表在《人格與社會心理學》。

他們招募了 154 名學生參與實驗，其中女生有 82 名，男生有 72 名。首先，他們被要求閱讀一篇文章。一半的學生會看到《紐約時報》關於 2008 年金融海嘯的報導，目的是使他們對經濟危機產生焦慮。而另一半的學生看到的是《華爾街日報》一篇

介紹當代建築的文章。接著，研究者會給學生們看兩類商品，一類是能讓他們看起來更帥氣或美麗的衣服或化妝品，比如男生的貼身牛仔褲和女生的口紅。而另一類只是普通的日用品（滑鼠、釘書機等），和個人形象沒多大關係。學生們需要向研究者彙報他們有多想買這些東西。

結果發現，看過經濟危機的新聞後，其中男生對所有商品的購買意願都降低了，而女生可不是這樣；沒讀過經濟危機新聞時，她們對普通日用品的購買意願是 3.98 分（滿分為 7 分），對美妝產品的購買意願是 4.97 分。閱讀了經濟危機新聞之後，她們對日用品的購買意願下降至 3.47 分，但是對美妝產品的購買意願反而大幅上漲，達到了 6.19 分。這意味著，經濟不景氣時，女性反而會買更多的美妝產品。

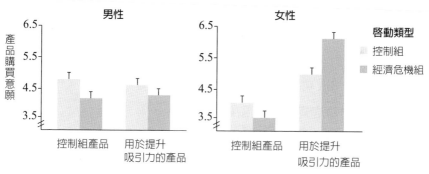

經濟危機對不同類型商品購買意願的影響

為什麼經濟危機來臨時，女性不但不節制，反而更愛花錢打扮自己呢？希爾教授和她的研究團隊猜測，這是因為不景氣時，

女性覺得自己需要加強魅力以獲得經濟支持。當我們的老祖先還在非洲大草原披著獸皮撒歡時，就遇到過那個年代的「經濟危機」——旱季。由於生理結構的差異，旱季時女性原始人要依靠身體強壯的男性原始人，才能獲取足夠的食物。而男性原始人喜歡幫助什麼樣的女性原始人呢？當然是長得漂亮的。所以，研究者提出，在經濟情勢不好時，女性需要用美貌吸引經濟狀況較好的男性，所以更加青睞購買化妝品。

但是博科尼大學的內特查耶娃（Netchaeva）教授和美國聖母大學的里斯（Rees）教授提出了不同的觀點：當代社會不是非洲大草原。在現代社會，傳統的性別分工被打破，越來越多的女性走出家門，走上各行各業的工作崗位，靠自己的努力奮鬥養活自己。如果真的有經濟危機，女性也完全可以不依靠男性，靠自己的雙手生存。

那麼內特查耶娃教授和里斯教授怎麼解釋「口紅效應」呢？他們認為，對女性來說，美麗不但可以吸引異性，而且可以幫助自己取得職業成功。來自哈佛醫學院的心理學家埃特考夫（Etcoff）教授和他的研究團隊曾經做過一項實驗，發現人們會認為化了「自然妝」或者「職業妝」的女性有更強的工作能力，並且，妝化得越好看，人們越覺得這名女性能力強。長得美，在職場上就能順風順水。因此，內特查耶娃教授和里斯教授認為，經濟趨勢轉壞時，女性買化妝品，不是為了吸引男性，而是為了讓自己在職場競爭中更有優勢。他們的研究於 2016 年發表在《心理科學》。

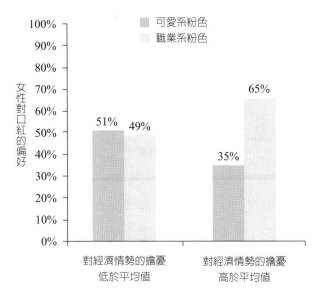

對經濟形勢的擔憂影響了女性購買口紅的偏好

　　內特查耶娃教授和里斯教授募集了 104 名女性，用實驗來證明自己的解釋。這些女性首先需要彙報自己對當前經濟趨勢的看法：明天的經濟會更好，還是會更差。隨後，研究者會給這些女性推銷兩種口紅。一種口紅主打的是「吸引男性的可愛粉色」，它的廣告詞是「這支口紅，它不能讓你升職加薪，卻能讓你拿下夢中情人」；而另一種口紅則強調「提升工作能力的職業粉色」，它的廣告詞是「有了這支口紅，你也許會錯過愛情，卻能讓你升職加薪」。參加實驗的女性需要告訴研究者，自己更想買哪一款口紅。

　　結果發現，那些對經濟情勢不怎麼擔憂的女性，對兩種口紅

的選擇基本是一半一半，選擇「升職加薪」與「吸引男性」口紅的人數，分別占 49% 與 51%。但是，那些覺得經濟趨勢會轉壞的女性，選擇「升職加薪」口紅的人數達到了 65%，選擇「吸引男性」口紅的女性則只有 35%。也就是說，在面對經濟壓力時，女性更傾向於透過化妝來提高自己在職場上的競爭力，而不是吸引高收入的男性。這完全推翻了希爾教授之前關於女性依靠男性的假說。

所以，如果有這樣一位女性，明明今年經濟情勢看壞，她卻還在化妝品上花了很多錢，那有可能代表她在投資自己。**女人的打扮，不見得一定是為了取悅男人，更有可能是在表達自己的價值，**向世界宣示一個態度：「我是一個優秀的女人，我配得上更好的生活！」

16

「運氣投資」，你可以試試花錢做善事

想要幸運之神眷顧你，你可以試試這樣花錢。

錦鯉這個形容走紅、運氣極佳的流行詞橫行朋友圈，已非一天兩天。「中國錦鯉」「名校錦鯉」「地方錦鯉」……他們歡快地在社交軟體上游來遊去。

我們似乎相信有運氣這件事，相信有一些行為能為我們帶來好運，而有一些行為會招致厄運。

前 NBA 球星傑生・吉德（Jason Kidd）在罰球前總會摸一下自己的屁股然後對著籃框拋出飛吻，以期投中球。

網球名將拉斐爾・納達爾（Rafael Nadal）會在場邊擺放兩水瓶，水瓶的商標必須對著他所在一邊的底線。

阿姆斯特丹自由大學的心理學教授保羅・范・蘭格（Paul van Lange）等人，2006 年發表於《應用社會心理學》（*Journal of Applied Social Psychology*）期刊上的一項研究，針對 197 位來自足球、排球、曲棍球俱樂部的頂級運動員進行了問卷調查。這項研究發現，**比賽越重要，越需要好運氣，運動員們也越迷信**。

哈佛大學的艾倫・蘭格（Ellen Langer）教授將這些奇怪的迷信行為比喻為心理安慰劑。它們讓運動員覺得自己能控制自己的運氣。足球教練米盧每逢重要比賽就穿上紅上衣，他似乎覺得：只

要我穿上紅色的衣服，我的球隊就能擁有好運氣，球員們就能在比賽中穩定發揮，獲得勝利。「錦鯉」背後，是人們內心按捺不住的對好運氣的渴望。

有趣的是，研究發現，**我們還有一種方式來「存運氣」，那就是花錢做善事。**

2012 年，維吉尼亞大學的心理學教授班傑明・匡威（Benjamin A. Converse）對此進行了研究。

在一個真實的招聘會上，擠滿了焦慮的求職畢業生。匡威教授找了 77 名正在找工作的人，讓他們填寫一份問卷。一半的人填寫的問卷是「高控制」版，問卷中的問題都引導他們去思考那些自己能控制的事情。例如，「為了進入心儀的公司，你能不能多打聽一下這家公司的文化？」「你能不能找到他們的面試流程？」「你能不能找到一些在公司就職的學長或學姊進行諮詢？」

而另外一半的人看到的問卷是不同的版本，裡面包括的問題都引導他們去想那些無法控制的事。例如，「你心儀的公司有沒有足夠的工作職缺？」「今年的就業情勢如何？」「你會不會遇到強勁的競爭對手？」「面試官今天的心情如何？」

回答了第一份問卷的人，覺得自己能在某種程度上控制找工作這件事。但是回答了第二份問卷的人，覺得找工作這件事不是自己能完全控制的，光是努力不見得有用，還需要運氣。

填寫了問卷之後。研究者告訴這些人，會在所有參與者中抽出一人提供 100 美元獎勵。這些人需要回答，如果自己中了 100

美元，願意捐多少錢給一家慈善機構。

結果發現，那些覺得自己可以控制結果的人，僅願意拿出20.71 美元給慈善機構。而當人們意識到找工作需要運氣時，就會變得更加樂善好施，捐款金額上升到 34.57 美元。也就是說，人們願意花錢買運氣。**人們覺得自己花錢做善事，就好像往運氣帳戶裡存錢一樣。**

那麼，為什麼人們會覺得做善事能提高自己的運氣呢？這種心態反映了一種「善有善報」的美好願景。善良的灰姑娘最終嫁給了王子，而惡毒的繼母和姊姊受到了應有的懲罰；奧特曼會打敗怪獸；夜王最終還是被艾莉亞一刀擊潰……無論是童話故事，還是現實世界，「好人有好報、惡有惡報」的信念已深植人心，人們願意相信這是一個公平公正的世界。

1980 年，美國心理學家梅爾文・勒納（Melvin J. Lerner）提出了大多數人「相信這世界是公平的」（Belief in a Just World）。最開始引發這個想法的是這樣一個現象：人們總是會對受害者做出不好的評價。例如，窮人之所以窮是因為他們懶惰。這種信念顯然不一定正確。

當這種信念遭到破壞時，人們會覺得很難受。還記得電影《復仇者聯盟 3》嗎？反派角色薩諾斯一個彈指，一半的超級英雄都化成了灰燼。這樣的劇情幾乎遭到影迷的強烈批判，他們完全無法接受這樣的結局，煎熬地期待下一部電影能出現逆轉。

我們相信，善良的人會被善待，作惡的人遲早會得到懲罰。

這樣的信念讓我們有一種安全感。要是這個信念崩潰，那麼我們該怎麼生活呢？因此大多數人為了維持自己的心安，都會相信「善有善報，惡有惡報」。我們看到一個人遭遇不幸，會試圖去解釋，這可能是因為他過去造了什麼孽；我們看到一個人很幸運，就會試圖去解釋，這是因為他的祖宗積累了福報。事實上，不光會這樣解釋別人的好運和壞運，也同樣會用來解釋自己的好運氣和壞運氣。

　　加拿大西安大略大學的米契爾・凱倫（Mitchell J. Callan）教授於 2009 年做了一項實驗。他告訴 156 位參與實驗的大學生，由於這項研究非常有趣，報酬十分可觀，吸引了很多大學生參加，已經達到人數上限。因此他只能從中挑選一部分人來參與這項實驗。那些學號後三位加起來是奇數的人可以參加，而後三位加起來是偶數的人則得退出實驗。這樣一來，被選中的人覺得自己更幸運，而沒被選中的人覺得自己不太幸運。

　　接著，不管選中沒選中，所有的大學生都需要寫下一些自己做過的好事或壞事。比如，捐錢給一個流浪漢，在背後說同學的壞話等。結果發現，那些被選中的人能回憶起更多自己做過的好事，而沒被選中的人則回憶起很多自己做過的不道德的事。「好人有好報」這一信念再發揮作用，它扭曲了人們的記憶，讓幸運的人覺得自己的幸運是因為之前做了好事，而不幸運的人把不幸運歸結於以前做過的壞事。

　　人們堅信「好人有好報」，因此在極度渴望運氣女神眷顧

時會願意花錢做善事。匡威教授將這種行為比喻成一種「運氣投資」，此刻的善良付出，會換來好運。問題是，做了善事之後人們真的會預測自己的運氣變好嗎？

研究者再次來到一個大型招聘會現場，找了327位正在找工作的人。他讓其中一部分人相信自己參加這項研究後，研究者會用他們的名義捐出50美元給某慈善機構。之後再讓他們預測一下自己順利找到一份心儀工作的可能性有多大。也就是測量這些人找工作的樂觀程度。

結果顯示，那些認為自己剛做了善事的人，會變得更加樂觀，他們更加相信自己能順利獲得一份好工作。

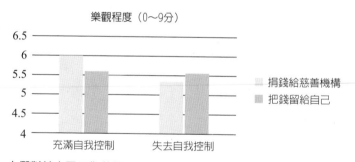

人們對於自己工作前景的樂觀程度（分數越高，表示越樂觀）

當你對未來感到忐忑不安時，當你急需一些好運氣時，除了祈禱，你還可以做點善事，積攢一些運氣。雖然這樣不一定真的可以帶來好運，但起碼會讓你晚上睡得更加安穩。就像把錢存到帳戶裡可以為你帶來安全感一樣，把運氣存起來也會讓你覺得信心滿滿，更加樂觀地面對未知的未來。

17

面對死亡，你可以用金錢來降低焦慮

你怕死嗎？在枕頭底下放點現金會讓你更安心。

如果我問你，這個世界上哪些人更怕死？你腦海中閃現的第一個答案是不是那些更有錢的人？想想電影《鐵達尼號》裡乘坐小船倉皇而逃的未婚夫卡爾；想想斂財無數的和珅臨死前的自怨自艾，貪慕錢財和貪生怕死常被放在一起。似乎在大家眼中，有錢人總是特別惜命。

但是，接下來介紹的研究卻告訴我們，與直覺相反，金錢會讓人更加不怕死。這是真的嗎？

死亡原本離我們非常遙遠，可是有一天，親人朋友意外患病的訊息、新聞裡播報的某次土石流災難、文學作品裡虛構的離世……傳遞到眼前時，我們會突然意識到，對於自己及世界上的任何人，死亡都是不可避免的。想到這一點，我們不免感到難過。我們努力生活，卻也不過是宇宙中的滄海一粟。如何抵禦死亡？如何緩解死亡帶來的焦慮？我們可能想不到的是 —— 可用金錢來降低死亡焦慮。

2018 年 9 月，《實驗社會心理學》雜誌刊登的研究發現：金錢可以抵禦我們在死亡面前的無助與焦慮，防止產生更多與死亡相關的念頭。作者是來自波蘭華沙社會科學及人文學院的阿加莎

（Agata）與美國威斯康辛大學麥迪森分校的托馬什（Tomasz）、佩林（Pelin）。他們招募了 76 名波蘭人參與實驗，這些人平均年齡為 36 歲，被均分成四組。

首先，一半的人被引發了對死亡的恐懼與焦慮。他們會看到一些句子，例如，「我很害怕死去。」另一半的人作為對照組，也會看到一些描述其他焦慮體驗的句子，例如，對於牙醫的焦慮「我很害怕看牙醫。」完成這項任務後，一半的人產生了對死亡的焦慮，另一半的人產生了對牙醫的焦慮。

接下來，研究者讓這些人觀察一張圖片。每個人有 30 秒的時間觀察圖片並記住圖片細節。而且這些人得知他們之後會被問到跟圖片有關的問題，所以需要認真觀察。不同的是，一半的人看到的是一張波蘭鈔票的圖片，另一半的人看到的是一張和鈔票相同大小的普通圖片。

看完圖片之後，研究者首先測試了一下，他們現在是否還會想著死亡這件事。怎麼測試呢？研究者讓所有人完成一份填補單字的波蘭語測試，經過設計，其中的 9 道題目可以反映他們對死亡的恐懼。例如，T R ＿ ＿ ＿ A 可以回答 Tratwa（皮艇）或 Trumna（棺材）。如果他們在這一題寫下的是 Trumna，則表明和死亡有關的想法仍縈繞他們心頭。研究者對所有人寫出的單字進行了統計，他們填寫跟死亡相關的詞彙越多，就表明他們現在更容易想到死亡。

結果發現，如果這些人在第一項任務中回答的是自身對死亡

的焦慮，那他們在第二項任務中寫出的與死亡相關單字就越多，平均為 2.42 個，而牙醫控制組平均只寫出 1.16 個。這個結果也很正常。

重要的是，那些在第二項任務中仔細觀察過波蘭鈔票的人，不管在第一項任務中回答的是對死亡的焦慮，還是對牙醫的焦慮，他們在第二項任務中寫出的與死亡相關的單字都很少，分別為 0.58 個和 0.84 個。

也就是說，看到金錢會讓人們忘掉死亡。

研究者解釋說，這就是金錢的魅力。除了用於交易，金錢其實充滿了象徵意義，它強大，它無所不能，它能建造高樓大廈。以至於有時我們僅是看到它或想到它，都能從中汲取力量。**受到金錢的激勵，我們會獲得自我效能，相信自己，相信自我的存在是有價值的。而之前已經有很多研究都表明，當我們相信自我價值時，我們就不太會想到死亡。**

如果你感到焦慮不安，如果你對生活沒有安全感，那麼或許你應該在枕頭底下，放一些錢。我爺爺這輩經歷過戰亂的人，就常會在床底下放一根金條。

第二章

金錢與社會生活

金錢在一定程度上支撐起人類文明，

與人情構成了這個社會，

但我們需要的還有很多別的東西，

理想、權利、欲望、控制、愛情。

01

你是不是朋友圈裡最窮的人？

看看朋友圈，你會不會覺得很多人比你有錢？他們買著你買不起的衣服，在你覺得很貴的餐廳用餐。

猜猜看，你所在的城市裡，有多少人比你更有錢？你會不會覺得身邊的很多人都比你有錢？

不光你是這樣，大多數人都有這種感覺。英國埃塞克斯大學的威廉·馬修斯（William J. Matthews）教授在 2016 年所做的一項研究揭示了這個現象。研究者招募了 190 位年齡介於 18~67 歲的人，讓他們估計一下，在這次參與實驗的人當中，有多少人比自己有錢，又有多少人比自己更窮。

結果，大多數人覺得比自己有錢的人更多。他們估計有 59.1% 的人比自己有錢，且覺得比自己窮的人只有 37.1%。參與實驗的有年輕氣盛的大學生、有歷經人間百態的花甲老年，也有三十而立的壯年人，可他們都覺得自己的錢不如其他人多。

我們為什麼會錯誤地以為別人比自己有錢呢？一個原因是，我們經常看到和聽到有錢人的新聞和消息。我們的朋友不會把自己縮衣節食吃泡麵、茶脯的照片分享到社交圈，但是買了新車、新房卻會迫不及待地要讓所有人知道。另一個原因是，新聞記者喜歡報導有錢人的生活。媒體往往會以大量篇幅描述富人的奢侈

行為，所以新聞才老是見到富二代一擲千金的故事。

長此以往，我們就形成了一個印象，那就是有錢人很多，窮鬼似乎只有我一個。如果讓我們想一個比自己有錢的朋友，可能一下子可以想到很多個。但是如果讓我們想一個比自己窮的朋友，就需要絞盡腦汁才想得出來。這種很容易提取有錢人資訊的記憶庫，讓我們誤以為身邊的有錢人很多。

我們之所以認為別人比較有錢，除了有錢人的資訊更氾濫之外，還有一個原因是社會比較。我們對事物的認知往往是相對的，是基於事物之間的比較得出的：今天比昨天更冷，飛機比火車更快。而**我們對自己的了解，也需要透過跟人比較來獲得**。如果我們每個月賺 2 萬元（約臺幣 9 萬元），那麼我們到底是一個成功人士，還是失敗的人呢？這就需要跟別人進行比較。如果身邊的人都是每個月才賺幾千元，那麼我們就很成功。如果身邊的人都是年收入上百萬元，那麼我們就不那麼成功了。

密西根州霍普學院的知名社會心理學家大衛‧邁爾斯（David Myers）研究了奧運會上的運動員，他發現贏得銅牌的選手比銀牌選手更快樂，雖然名次較低。為什麼呢？因為比較的物件不同。銀牌選手喜歡拿自己跟金牌選手比，而覺得很失敗，因為差一點就拿到金牌。但銅牌選手喜歡跟沒拿到獎牌的那群人比，感覺自己太幸運了，差一點就沒有名次。

人們透過社會比較來衡量自我價值。美國記者亨利‧孟肯（H. L. Mencken）曾詼諧地調侃：「人生贏家就是比你老婆閨密的老公

多賺 100 美元的人。」

有趣的是，比較收入時，你更傾向和賺得比你多的人比較。你的薪水可能僅是一些同事薪資的幾個零頭，也可能是一些同事全部收入的好幾倍。但你發現了嗎？你總喜歡拿自己跟有錢人比，而不是跟窮人比。儘管你知道拿到的這點錢已經遠勝過那些非洲國家的人們，也足夠應付你偶爾燃起的消費欲望，但是只要想到那些肆意揮霍的暴發戶，你還是會嚥不下這口氣。

1993 年，美國證券交易委員會（簡稱：證監會）發現一件很可惡的事：從 1978 年開始，上市公司 CEO 的薪水就上漲得很厲害，原本是基層員工薪水的 36 倍，到了 1993 年，變成了 131 倍，造成巨大的貧富差距。為了讓 CEO 們停止自肥，證監會想了個好辦法，其實也很簡單，就是要求上市公司在財務報告中公布高階主管的薪水。

他們的想法是，該措施實施後，所有上市公司 CEO 的薪水都被赤裸裸地展示在眾人眼前。比起基層員工，他們的薪水的確高得離譜。這樣一來，CEO 們就不太好意思給自己太高的薪水了。

但是，事實卻出乎意料。自從該條例實施以來，CEO 的薪水一路狂飆，很快變成了藍領工人平均薪水的 369 倍，幾乎是之前的 3 倍。為什麼？

正如前面介紹的，人們總喜歡拿自己跟更有錢的人進行比對。CEO 們根本不會關心比他們收入低的人，他們眼裡注意到的只有別家公司的 CEO 更高、更驚人的薪水。這樣一比，自己的薪

水似乎不足掛齒，甚至少得可憐。於是紛紛上調自己的薪水。

這就是向上比較的力量。即使 CEO 的薪水已是基層員工的 100 多倍，他們還是覺得薪水太低。

這樣的例子比比皆是。根據《紐約時報》報導，Paypal（跨國支付平台）前執行總裁雷德·霍夫曼（Reid Hoffman）再開啟新的事業。經歷了 eBay（跨境電商）以 15 億美元的價格收購 Paypal，他可是早在 2002 年就坐擁上億美元的男人，難道這些錢還不夠他花嗎？但是他仍覺得自己很窮。他說：「你身邊不斷地蹦出一些比你做得更好的人。看著他們就這樣一夜致富，富到超過你，你很難坐視不管。」無論你是貧窮還是富有，無論你是叱吒商場的紅頂商人，還是在基層勤勤懇懇的上班族，總有人比你過得好。而你的關注點，也總會被這些人吸引。

所以，你總覺得別人比較有錢，那是因為你眼裡看到的只有那些比你更有錢的人。同事曬出去大阪環球影城的照片讓你羨慕不已，這件事情掛在你心裡好幾天；但你沒有發現，你國慶日去香港迪士尼時，有些同事宅在家裡哪兒也沒去。

這樣的社會比較不但會使你產生自己很窮的錯覺，還會偷走你的幸福感。2010 年，法國巴黎高等經濟學院的克拉克（Clark）教授與塞尼克（Senik）教授對一項名為「歐洲社會調查」（European Social Survey，ESS3）的第三波資料結果進行了深入挖掘。資料蒐集工作在 2006~2007 年完成，來自 18 個歐洲國家，年齡介於 16~65 歲之間的 1.9 萬名民眾參與了這項調查，他們都有固定的工作收

入。調查中，他們需要回答自己的生活滿意度、工作滿意度，並給出在「收入比較」上的態度與看法。對資料進行分析後，克拉克教授發現：那些喜歡跟比自己有錢的人比較的人，生活幸福感比較低。

正如美國總統羅斯福說的，**「比較就是一個小偷，它會偷走你的快樂。」**

你有沒有覺得，網路時代的人們變得更加不快樂了呢？《紐約時報》曾有一篇報導，講到了這個話題。他們認為根本原因是網路讓人們看到了更廣闊的世界，改變了人們的視野。30 年前，如果你是小市鎮的首富，那麼你的日子相當愜意，覺得自己就像皇帝。但在網路時代，你經常看到郭台銘，就忍不住把自己的財富跟他比，覺得自己簡直是個窮光蛋。在過去，你跟你的同學比成績，跟鄰居比財富。在網路時代，你跟世上最聰明的人比成績，跟「伊隆·馬斯克們」比財富。這樣一來，自然幸福不到哪去。

錯誤估計別人的有錢程度，還可能導致生活中的一些錯誤決策。例如，你開始創業，為產品定價時，如果目標客戶是身邊的人，你會錯以為這些人比較有錢，就可能制訂一個偏高的價格，導致產品無人問津。又比如，拍賣競標時，如果你認定其他競爭者更有錢，會給出更高的價格，你就可能過早地放棄競標或盲目地開出高價。

所以，你絕對不是朋友圈裡最窮的那個人。如果你這麼想，那只是一種幻覺。

02
盲目「秀曬炫」很可能會讓你沒朋友

　　應該「秀」什麼，不應該「秀」什麼，你眞的知道嗎？

　　從我研究金錢以後，常有人問我：「周老師，你爲什麼研究錢？你是不是很愛錢？」

　　聽到這種話我當然很不高興。說我愛錢，這聽起來就像一句罵人的話。事實上，我們說一個人愛錢，就跟罵他道德敗壞沒什麼兩樣。

　　我們在追求金錢的道路上表現得相當虛僞。一方面，爲了賺錢，加班超時，殫精竭慮，出賣時間、身體，甚至生命。另一方面，我們似乎對這件事都諱莫如深。爲什麼人們不敢勇於表達內心的眞實想法呢？心理學研究顯示，那些熱愛金錢的人，的確會被「鄙視」！

　　研究發現：人們覺得熱愛金錢、物質的人，更自私、更加以自我爲中心。

　　美國科羅拉多大學博爾德分校的范博文、康貝爾，以及康乃爾大學的吉洛維奇在 2009 年發表了一項研究。參與實驗的人需要回想起一個自己認識的朋友，一半的人要回憶一個喜歡購買物質產品的朋友（例如衣服、包包、車子等），另一半的人要回憶一個喜歡購買體驗產品（例如旅遊、電影、遊樂園等）的朋友。

自己想起的這個朋友到底具備哪些性格特質呢？參與者評價了所想到的這位朋友是一個什麼樣的人。結果發現，人們認為喜歡金錢、物質的朋友更自私和自我中心，而不是那麼友好。

　　這項研究還發現，人們通常認為那位喜歡體驗的朋友，具備一些積極的人格特質，例如幽默、友好、開放、智慧。可是那一位喜歡物質的朋友，具備的人格特質是趕流行、自私、缺乏安全感等，大多是負面的印象。

　　人們為什麼會對熱愛金錢、物質的人有這樣的負面印象呢？這可能來自「秀曬炫」。朋友圈如今已變成了炫富的競技場，今天的包、明天的名表、後天的名車，巴不得「閃瞎」好友的眼。這就給人一個初步印象，似乎那些熱中物質財富的人，就是為了攀比。

　　德西（Deci）在 1975 年提出，人們的行為動機主要包括內在動機和外在動機。消費行為的動機也一樣，一種目的是基於外在動機，例如，你是為了讓別人讚揚自己，為了讓自己在別人面前更有魅力，為了提升自己的社會地位等。另外一種目的基於內在動機，例如，你是為了充實自己的生活，為了讓自己開心等。

　　如果你的一個朋友買了一個奢侈包，你認為這位朋友是基於外在動機，還是內在動機呢？如果你的朋友去日本旅行，你認為他是基於外在動機，還是內在動機呢？研究發現：如果你看到一個人買了名品，那麼你會推斷他喜歡炫耀攀比；但如果你看到一個人去日本旅行，你就不太會這樣認為。

　　透過這些研究可以發現，人們通常覺得喜歡物質財富不是一

件好事，這種人比較自私自利，而且熱愛攀比炫耀。你可能覺得這樣的結果也不算太嚴重。但是研究者又進一步發現，熱中物質財富，很可能讓你沒朋友。

在另外一項實驗中，范博文等研究者把參與實驗的人分為兩人一組，彼此互不認識，一共有 24 組。研究者首先讓他們在一起聊天，其中 12 組需要跟對方談論與物質消費相關的話題，例如，最近市面上有哪些新產品可以買，或是自己剛買了什麼東西。而另外 12 組需要和對方談論與體驗消費相關的話題，例如，去哪裡旅行，有什麼新鮮的體驗。這樣的談話進行了 20 分鐘後結束。

接下來，每個人都需要給剛剛在一起聊天的對方打分數。結果顯示，如果參與者跟對方談的是體驗相關的話題，那麼他會留下更好的印象，給對方的平均分數是 6.52（滿分為 7 分）；而如果參與者跟對方談的是物質話題，對對方的印象會變差，平均分數只有 5.42。

不僅如此，人們在談論體驗時會覺得這段談話更加愉快，達到 6.52 分，但是談論物質就會導致談話的愉快程度大打折扣，只有 5.69 分。

看到上面這些研究結果，你會明白在約會時該聊什麼、不該聊什麼了。你可以聊聊最近的旅行、看過的電影、讀過的書，但是最好不要提到你買的車、名牌服飾等。盲目「秀曬炫」，小心做一輩子「單身狗」呀。話說回來，難怪我研究金錢之後，朋友都少了好幾個！

03

外貌和穿著如何影響別人對你的身價判斷

三個祕訣，讓你輕輕鬆鬆看起來就很有錢。

有些人看起來很有錢，因此在感情和工作上都一帆風順。如果你想知道他們是如何做到的，那麼這篇文章會成爲你的必殺祕笈。我將介紹三個祕訣，讓你不費力就看起來很有錢。

第一個祕訣：臉

面相學透過看臉就能推算出一個人的貧賤富貴。那什麼樣的臉才看起來有錢呢？雖然現在流行的是「錐子臉」，很多人也因此去打瘦臉針，但是，如果你想讓自己看起來有錢，就必須反其道而行，打「寬臉針」，因爲臉大的人看起來更有錢。

已經有很多研究發現，臉大的人被認爲更具領袖氣質。我們所熟悉的優秀企業家，基本都是大寬臉。

下面來看幾個例子。無論是改革開放初期崛起的老一輩企業家（如王健林），還是新崛起的互聯網青年企業家（如馬化騰），他們全都是大寬臉。如果直接搜尋一下胡潤百富榜也會發現，上榜的企業家幾乎全是寬臉。馬雲就長著一張異乎尋常的大寬臉，看來不是沒有原因的。《富比士》的財富榜，其實就是一個臉寬榜。另外，南開大學一項關於銀行行長臉部寬高比的實證研究也說

明，臉更寬的行長績效更好。

　　不光中國人，美國人也如此。美國研究發現，絕大多數當選總統的人都是大寬臉。

　　爲什麼臉寬會讓人覺得更有錢呢？這是因爲**臉的寬度跟人的男性荷爾蒙有關**。2013 年，英國聖安德魯斯大學的李費佛（Carmen E. Lefevre）和她的合作者，在《進化與人類行爲》（*Evolution and Human Behavior*）期刊上發表了一項研究：臉越寬，男性的雄性激素越多。

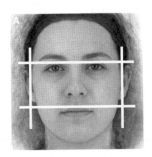

臉部寬長比測量的例子

　　研究者找來了 188 名白人單身男性，透過拍照獲取了他們標準化的臉部圖像，並且測量計算了他們的臉部長寬比，即臉部寬度（兩側顴骨點之間）與臉部高度（從上唇到鼻根或眉心）的比值。

　　然後，這些男性需要參加一個約 2 小時的約會配對活動。在這個配對活動中，平均每位男性會遇到 8~14 位年齡相仿的女性，並與每位女性有 3 分鐘的交流時間。在配對活動前後，研究者採集了這些男性的唾液樣本，測量他們的男性荷爾蒙水平。結果發

現，在控制年齡因素後，男性荷爾蒙的變化與臉寬呈正比。臉越寬的人，唾液裡的男性荷爾蒙越多。也就是說，會讓人感覺這人是條漢子，錢賺得更多。

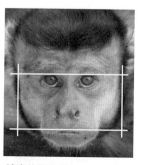

臉寬的猴子看起來更有自信

那在其他非人類物種中，是否也存在這樣的現象呢？

2014 年，李費佛和她的合作者在《公共科學圖書館》（*PLoS One*）科學期刊上發表了一項非常有趣的研究。他們找來了 64 隻 2~40 歲的棕色捲尾猴，研究探討了猴子的臉部寬度與首領地位之間的關係。結果發現，無論性別，猴子的臉寬和領頭猴的自信性格都呈正比。也就是說，臉寬的猴子跟臉寬的人一樣，地位更高。那些猴王通常擁有一張大臉，他們看起來也更自信，擁有更多的資源。

所以，臉寬讓人看起來更有錢。但是如果你不幸長了一張小臉，又不想打「寬臉針」，那還有沒有辦法補救呢？

第二個祕訣：臉寬不夠，身高來湊

女性在找對象時，有時會碰到一個難題：180公分的醜男和160公分的帥哥，要選哪一個？總體來說，女性對男性身高的要求似乎明顯超過了對臉的要求。女性的徵婚啓事中很多都會要求身高，但是很少會提出長相要求。似乎「長得醜不打緊，但長得矮就不行」。爲什麼高個子這麼重要呢？另外，高個子男性眞的比較有錢嗎？

資料顯示，高個子的人在生活中賺錢能力更強。早在2004年，佛羅里達大學的賈奇（Judge）和北卡羅萊納大學的凱布林（Cable）就發現了這一現象。他們在《應用心理學》發表了一項研究：平均來說，高個子的人在職場上會更成功，收入更高。

首先，研究者透過文獻回顧，選取了44篇與身高和職業成就（如領導力、績效、地位、收入等）相關的文獻進行了一項統合分析（即對眾多現有實證文獻的再次統計）。結果發現，高個子的人更具領導力，而且工作績效也更高。對高個子的女性來說，雖然也有這種優勢，但不明顯，在男性身上就非常明顯。高個子男性自尊更高，工作表現更強，自然收入更高、錢賺更多。

接下來，研究者又採用了來自美國勞工部的就業品質調查資料。透過對這些樣本資料的分析發現，在控制了性別、年齡、體重後，四個樣本中的身高和收入都呈現明顯的正相關。結果發現：與一個約165公分的人相比，約183公分的人在未來30年的職業生涯中，會多賺16.6萬美元。這一數字令人震撼，身高原來這

麼重要，怪不得有些女性很在意男性的身高。

但這裡說的是平均數，並不意味著臉長的男性和矮個子男性不能逆轉。**心理學上有一個效應叫作「拿破崙情結」。一些矮子男會因為身高而自卑，而這種自卑會激勵他們做出更大的成就，來超越自卑。**因此，基於平均數的結果不能概括所有個案，也不代表所有人都會遵守這個規律。

臉寬的人、高個子的人看起來更有錢，這些生理特徵都難以改變。但如果你天生是長臉且個子矮，不想尋求醫美打「寬臉針」或穿「增高鞋」，是不是注定就會被看成是窮人呢？當然不是，心理學可以挽救你。

第三個祕訣：藉由穿著來調整別人對你的判斷

這裡說的可不是要你一定穿得光鮮亮麗。恰好相反，你穿得越是奢華，越容易被人看出你心中的不安，所以千萬不能這麼做。你只需要一個簡單的辦法就能看起來很有錢。

2014 年，哈佛大學商學院的貝爾扎（Bellezza）、吉諾（Gino）和肯南（Keinan）在《消費者研究》（*Journal of Consumer Research*）雜誌上發表了一項研究，他們發現一種「紅色運動鞋效應」。在一群西裝革履的人當中，穿著一雙球鞋和休閒裝的人，會被判斷成是終極大 BOSS。而那些穿著名牌西裝的人，只會被看成是保鏢或隨從。**如果你在正式的場合也有膽量穿得很隨便，這種不合常規的行為反而會讓人推斷你才是真正的大咖。**

研究者在義大利米蘭找了 52 名成年女性做了一項研究。這些參與者都是有豐富經驗的高級奢侈品牌店的店員。她們隨機被分成兩組，首先都閱讀一個情境：在米蘭的冬天，一名看起來約 35 歲的女性走進一家高級品牌名店。一組店員接下來讀到的是「這名女性穿著運動服和夾克」，另一組店員讀到的是「這名女性穿著連衣裙和皮大衣」。想像完這幕情景後，店員們需要猜測這名女性會不會是名牌店的潛在顧客、會不會是貴賓或名人。

　　結果發現，店員們預測穿著運動服和夾克的女性比穿著連衣裙和皮大衣的女性有更高的地位，更可能是貴賓或名人。也就是說，與合適的穿著相比，這種不合常規的穿著反而讓人看起來更有地位、更有錢。

　　爲什麼不合常規的穿著反而讓人看起來更有地位和能力呢？這些研究者在 Mturk（網路付費調查平臺）上找了 141 名參與者，又做了一項研究。參與者被隨機分爲兩組，同樣需要閱讀一個情境：一名 40 歲的男性要參加一個高爾夫俱樂部的黑領結派對。一組參與者接下來讀到的是「這名男性戴著紅色領結去了派對」，另一組參與者讀到的是「這名男性戴著黑色領結去了派對」。想像完這幕情景之後，參與者需要回答兩個問題：要對這名男性的個體自主性做出評價，並且預測這名男性在高爾夫俱樂部中的地位和球技。

　　結果發現，和戴著黑領結的男性相比，參與者預測戴著紅領結去參加派對的這名男性有更高的個體自主性，從而預測其更有

04

女性性感自拍照背後的經濟學邏輯

猜猜看在哪些地方，女性更願意發性感自拍照？

一打開臉書、LINE 群組、IG……到處都能看到女孩們性感的自拍照。只要是自拍，必然化妝、修圖，一個個大眼睛、瓜子臉、大長腿……而且，穿著也越來越「清涼」。有些社交軟體已經限制未成年人使用，理由是「頻繁、強烈的色情內容或裸露」。

這些現象都是「性化」（Sexualization）的體現。無獨有偶，在西方國家，電視、雜誌、網路，也到處都是性感的女性形象。紐約州立大學的哈頓（Hatton）和特勞特納（Trautner）教授在 2011 年分析了《滾石》雜誌近 40 年的封面人物：在 1960 年代，只有 44% 的女性封面人物展示了性感；但是到了 21 世紀，這一數字變成了 83%，幾乎翻了一倍。性感女性照片越來越多，但男性人物的「性感比例」一直都保持在 10% 左右。

為什麼只有女性越來越常展示性感呢？女權主義者認為，這是性別歧視所導致。在男權社會，人們把女性當作兜售的物品，而不是一個人。佛羅里達大學的心理學家莫拉迪（Bonnie Moradi）等人的研究就發現，當這種「物化」（Objectification）觀點扎根在女性心中時，就會導致一種叫作「自我物化」的心理，也就是女人會把自己的身體看作是一項工具。自我物化的女性無論是化

妝、美容，還是穿著暴露，都是在向男性「推銷」自己的身體。有這種心理的女性會把精力花在外貌上，努力獲取男性的關注，而不是去學習知識、豐富內在，養活自己。

有趣的是，雖然男女的地位在很多國家越來越平等，但相對的，這些國家的女性對外貌的性感展示並沒有變少，反而越來越多。這又是怎麼一回事？近年發表在美國科學院院刊（PNAS）的一項研究發現，女性的性感展現，不只是男女地位不平等造成，還跟經濟環境有關。

在一項研究中，澳洲新南威爾斯大學的心理學家布萊克（Blake）教授等人在社群媒體推特和 IG 上抓取了 68,562 張女性上傳的「性感自拍照」——展示自我女性魅力的照片。這些自拍照分別來自美國的 5,567 座城市與 1,622 座鄉鎮，以及另外的 132 個國家。隨後，他們蒐集了這些國家、城市、鄉鎮的「性別不平等指數」（包含三方面：醫療、教育與就業）和經濟不平等指數（吉尼係數，義大利經濟學家吉尼提出的測量貧富差距的指標）。

透過資料分析發現：首先，適婚女青年越多的地區，就越愛發性感自拍照。其次，女性收入越低或失業率越高的地區，也越愛發性感自拍照。當女人到了適婚年齡，周圍的同性競爭者越多，就越需要展示個人魅力。另外，當女性收入低時，也需要展示魅力來獲得資源。

這項研究最有新意的發現是，**貧富差距越大的地方，女性發的性感自拍照就越多**。在美國境內，一座城市的吉尼係數每增加

0.05，性感自拍照的數量就增加約 30%。即使控制了女性的受教育程度、收入、性別比例後，這種關係仍然存在。貧富差距越大，女性就越愛發性感自拍照。

不僅如此，他們的研究還說明，在經濟發達的國家中，性別不平等根本不會影響女性發性感自拍照的數量。也就是說，經濟發達時，並不會因男女不平等而導致女性發性感自拍照。事實上，在這些國家中，吉尼係數和發自拍照之間的關係更緊密。

當然，性感自拍照的數量只是冰山一角。女性還會透過其他方式打扮自己，展示性魅力。這些研究者又分析了來自 2,498 個地區的美容院資料，和來自 1,503 個地區的女性服裝店資料。他們發現，貧富差距越大的地區，美容院和女裝店的營收越高，性別不平等則不影響美容院與女裝店的業績。**女性在她們的外表上下功夫，不是因為女性的地位比男性低，而是因為社會上的財富分配非常不均等。**

那為什麼貧富差距會導致女性更加注重外表呢？布萊克教授認為這是由人類的演化機制所決定。而這就必須從人類的繁殖策略說起了。人類的幼年期非常漫長，需要父母投入的時間和資源很多。因此，人類不能像其他一些動物生育很多後代（比如一次可以產上百個卵的海龜）。人類所採取的策略是「一夫一妻，少生優生」。一般來說，人類在一段時間內會有一個穩定的配偶，並且後代的數量也較少。這樣才能保證夫妻雙方齊心協力，保證每個後代的存活率與競爭力。有人粗略計算過，把一個孩子養到大學

畢業，平均要花 200 多萬臺幣。如果人和海龜一樣一次生上百個，那一般家庭肯定供不起。

　　繁殖策略決定了擇偶策略。撫養孩子需要很多資源，而在長期的進化中，大多數情況下都是男性掌握資源。因此女性就需要選擇那些擁有豐富資源（金錢與權力）的男性，來保證自己的後代是個富二代。

　　在求偶的過程中，一般是男性進攻，女性防禦。也就是說，女性就像公司，男性像應聘的員工。公司會收到很多份求職履歷，但是只能選擇其中一人，而男性卻可以到處去應聘。這就產生了一個問題：當經濟情勢轉壞，或貧富差距懸殊時，應聘者的品質會參差不齊，100 個男性應聘者中可能只有 5 個男性能滿足女性的條件。這樣一來，女性就面臨了嚴重的危機——那些少量優秀的應聘者可能會被對手公司捷足先登。

　　2018 年，麻省理工學院的奧特爾（Autor）教授等人的研究發現，就業情勢不好時，經濟寬裕的優秀男性會變少，女性爭搶配偶的壓力也會變大。結果，很多女性在擇偶競爭中敗下陣，遭遇男性「跳槽」。

　　貧富差距懸殊的地方，優質男性是金字塔的頂端，非常稀缺，這會導致女性之間的競爭變得激烈。此時，女性必須展示自己的性感外表才能取勝。**性感的外表代表著生物繁衍最核心的資源—生育能力。**例如，性感外表的一個指標是腰細臀肥，腰臀比接近 0.7 時最性感（瑪麗蓮·夢露就擁有 0.7 的腰臀比）。這是因為女性的腰

臀比越小（腰越細屁股越大），女性荷爾蒙分泌水平越高。性感外表的另一項指標是乳房大小，因為女性青少年時的乳房發育就是女性荷爾蒙分泌的結果。雌激素水平越高，女性的生育能力越強。從這個意義上來說，**展示性感自拍照，其實就是在展示生育能力。**

另外，女性紅紅的臉頰和嘴唇，也有代表健康和生育能力的作用。口紅、腮紅這些紅色系的化妝品，就是透過模仿天然的臉部紅潤色，讓女性變得更加性感美麗，幫助她們和其他競爭者爭芳鬥豔。

2012 年，德州基督教大學的希爾教授等人發表在《人格與社會心理學》的一項研究指出，經濟危機時，女性希望透過化妝品展示自己的「性力」，從而在爭奪優秀配偶的競爭中脫穎而出。有趣的「口紅效應」就是這樣產生的。

所以，當貧富差距越大時，女性就會更常去美容院，更常穿性感誘人的衣服，更愛發有魅力的自拍照。從這點上來看，「吉尼係數」和「比基尼係數」（由社會學家李銀河所定義的判斷性伴侶分配公平程度的指標）居然息息相關。如果你想要找一個地方推銷美容、美妝產品，去吉尼係數高的地區會是不錯的對策。

05

從花錢保守或冒險，看出你與錢的心理距離

我們在為別人做選擇時，會比給自己做選擇時更加冒險激進。這背後的原因是心理距離。

想像一下一種疾病有兩種治療對策：第一種比較溫和保守，沒什麼風險，但是治癒可能性不高；第二種很冒險，風險大，可能導致嚴重後遺症，但是治癒可能性卻很高。請問：

①如果你的親人患上這種病，你會選擇冒險對策，還是保守對策呢？

②如果一個陌生人患上這種病，你認為他會選擇冒險對策，還是保守對策呢？

這兩種情況下，人們的選擇會一樣嗎？

1997 年，芝加哥大學的奚（Hsee）和俄亥俄州立大學的韋伯（Weber）一起研究了這個問題。他們發現，醫生在給別人選擇治療對策時更偏好冒險，但是在給自己或親人選擇時傾向保守。原因並非醫生不夠關心自己的病人，而是人們都有一種認知偏見：認為別人比自己更愛冒險。如果是為自己選擇治療手段，人們多半選擇保守的，但當人們去預測他人時，結果完全不一樣，會認為別人更愛冒險。這被稱為「基本預測偏差」（Fundamental Prediction Error）。

假如你收到一封信，通知你上週買的彩券中了 1,000 元。那麼你是願意直接拿走這 1,000 元呢，還是拿這 1,000 元去玩一個賭博遊戲？芝加哥大學的研究者設計了一系列這樣的題目來測量人們的冒險指數；這項指數最低為 0，代表一點也不愛冒險，最高是 5，代表非常愛冒險。

有趣的是，當人們為自己做決定時，冒險指數是 3 左右，但是在預測別人會怎麼決定時，猜測別人的冒險指數是 4 左右。

我們不但會預測別人做決策時更愛冒險，在為別人做決策時，也會傾向冒險。很多時候人們的重要決策都是別人幫忙做出來的。如果有人生病了，意識不清，醫生和監護人就需要幫助他選擇一種合適的醫療方案；理財顧問會為雇主畢生的積蓄做理財決策；負責公共建設投資的政府官員會用納稅人的錢做投資決策。這些決策在很多情況下都沒有標準答案，因此，我們希望別人能替我們做一個滿意的決策。但問題是，在這樣的情境下，別人很可能會為我們做出一個冒險的決策。

2012 年，紐約大學商學院的鮑曼（Polman）發表了一項研究。84 名大學生參與了一個賭博遊戲，遊戲開始前，每個人會拿到 20 個籌碼。如果一個人押了 7 個籌碼而且贏了，那麼他就能得到 14 個籌碼。如果他押了 7 個籌碼，但是輸了，那麼他押的 7 籌碼就會被拿走，還需要另付 10 個籌碼。也可以選擇不下注，但是這樣做籌碼也會被拿走 10 個。

重要的是，第一組人是自己拿到 20 個籌碼玩這個賭博遊戲，

但是第二組人是代替下一個參加研究的人來玩這個賭博遊戲。即使是為了別人玩賭博遊戲，別人的輸贏也跟自己最後拿到的錢有直接關係，大學生最後會得到跟這個人同樣多的籌碼。因此，每位大學生不管是在為別人玩，還是為自己玩，都有足夠的動力做出最好的決定。從自己得到的利益來說，為自己做決定和為別人做決定這兩組沒有什麼區別。贏了，兩組人都能獲得同樣的獎賞；輸了，都需要付出相同的代價。按理說，這兩組人的決策應該沒什麼差別才對。

有趣的是，即使在這種情況下，人們為別人做決定時，還是更加冒險，更多地選擇了下注而不是不去下注，賭注也更大，平均下注 5.52 個籌碼。但是在為自己下注時，平均下注 3.27 個籌碼。

我們在花自己的錢時，會比較保守，但在花別人的錢時就更加冒險了。這就是「賭資效應」（house money effect）。如果賭徒一開始贏了一筆錢，他並不會覺得這筆錢是自己的，而是屬於賭場的，既然是用別人的錢來賭博，當然可以瘋狂一點，所以賭徒就會下更大的賭注。

2014 年，馬里蘭洛約拉大學的川普（Trump）及其合作者也發現同樣的效應。人們在使用別人的錢做決策時，會更容易冒險，但在使用自己的錢時就比較保守。他們透過兩個實驗來證明了這個效應。

第一個實驗是一項關於彩券的研究。研究者從亞馬遜網站上招募了 199 名參與者，參與者被隨機分成四組，第一組人為朋友

購買金額較小的彩券，只要 0.5 美元；第二組人為朋友購買金額較大的彩券，需要 5 美元；第三組人為自己購買金額較小的彩券，只要 0.5 美元；第四組人為自己購買金額較大的彩券，需要 5 美元。

　　每個人都需要從兩種彩券中選一個：一種彩券比較冒險，中獎率只有 5%，但是一旦中獎就是鉅額獎金；另一種彩券比較保守，中獎率有 50%，但是獎金不多。

　　研究結果發現，當彩券金額小（0.5 美元）時，不論是花自己的錢，還是別人的錢，人們都更願意冒險。但是當彩券的金額大（5 美元）時，人們花朋友的錢更偏愛冒險，花自己的錢就保守多了。

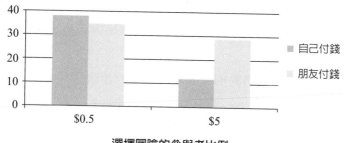

選擇冒險的參與者比例

　　為什麼我們為別人做決策時更容易冒險呢？因為心理距離太遠。當人們在為自己做決定時，心理距離很近，損失的風險是具體的、清楚的，讓人痛心的。但是當人們在為別人做決定時，心理距離很遠，損失的風險是抽象的，不過是一個數字而已，沒辦法讓人感覺心驚肉跳。就像到了遊樂園，你可能不敢去坐雲霄飛車，但是會鼓勵別人去坐。這並不是因為你對別人很冷漠，不顧

他人的危險，而是因爲你感受不到別人可能也很害怕。

另外，當心理距離很遠時，人們會更加關注可能得到什麼好處。但是當心理距離很近時，人們會更關注規避風險和不好的事情。如果你在選擇明年的一次旅行，那麼你會關注能看到什麼美麗的風景和玩什麼好玩的項目。但如果你在選擇明天的旅行，那麼你會更加關注飛機會不會誤點，飯店衛不衛生等一些負面的事情。

決策者在爲心理距離近的人做決定時，也會更加保守。研究者讓參與者爲一位好朋友或一位陌生人選擇彩券，從一張高風險彩券和一張低風險彩券中選出一張。結果發現，只有9%的人給好朋友選了高風險彩券，但有27%的人給陌生人選了高風險彩券。

綜上所述，人們對別人的風險偏好的預測是有偏差的——認爲別人比自己更愛冒險。這種偏差會影響到別人爲你做出的決定：幫你進行投資的人會更加偏愛高風險項目；幫你治療的醫生容易選擇激進的治療對策；行銷人員會認爲消費者喜歡某種大膽的設計……這些可能會帶來巨大的損失。有個辦法能降低這種感知偏差——拉近你與幫你決策的人之間的關係。就是你們的關係越緊密，他就越能體會和感受到你的恐懼、憂慮，才能爲你做出你想要的決定。

06

「隱形貧困人口」背後的心理學成因

你可知有一群人，一邊吃著泡麵，一邊買著愛馬仕，這樣的人被稱作「隱形貧困人口」。在哪些地方這樣的人會很多呢？

最近有一個新詞，叫作「隱形貧困人口」，指的是有些人看起來每天有吃有喝，但實際上非常窮。他們在社群裡曬著去各地旅遊的照片，手拿蘋果手機，身穿最新款的潮服，化著精緻的妝，時不時就吃一頓大餐，張口閉口都是談名牌奢侈品。表面上光鮮亮麗，背後卻是名副其實的窮人。

MobData 全景數據服務平臺發布的 2018 年第三季中國智慧型手機市場調查報告顯示，蘋果手機的用戶主要是女性和未婚族，尤其是月收入小於 3,000 人民幣的隱形貧困人口。

撇開有錢人不說，為什麼沒錢的人也常談和使用奢侈品呢？這些隱形貧窮人口怎麼來的呢？為什麼窮人也要去買奢侈品導致更窮呢？

心理學的研究說明，一個社會的貧富差距越大，人們越重視那些能顯示身分地位的產品。這些產品象徵著更高的社會地位，由此引發的購買行為被稱為「地位消費」。

英國華威大學的助理教授瓦拉塞克（Walasek）在 2015 年透過

對谷歌搜尋上的詞頻分析驗證了這個結論。他以美國為樣本，首先建立模型，以收入、人口數等作為變數來測量美國各州的貧富差距，並繪製出熱量地圖（顏色越深，說明該地區貧富差距越大）。結果顯示，美國各地區之間的貧富差距不同。有些州的收入比較均衡，例如加州，但有些州的收入差距比較大，例如紐約州和路易斯安那州。

接著，他們利用了谷歌關鍵字搜尋進行挖掘，從中篩選出一些能代表地位的奢侈品牌作為關鍵字，例如，高品質時裝「Ralph Lauren」、珠寶品牌「David Yurman」。還找了一些跟地位沒關係的詞，例如「烤雞」「檸檬乾」這類的食品名稱。

然後，他們預估了每個州對各種關鍵字的檢索頻率，發現收入差距越大的地區，對代表身分、地位的奢侈品牌的檢索頻率也越高。也就是說，貧富差距越大，人們越關注奢侈品。

2017 年，瓦拉塞克又做了一項研究，他和來自賓州大學心理系的助理教授巴蒂亞（Bhatia）合作，以推特為載體，進一步研究了貧富差距如何影響奢侈品消費。這項研究發表在《消費者心理》上。

他們首先調查了 150 人，讓他們選出代表地位高的十大品牌和代表地位低的十大品牌。最後篩選出來的高地位品牌包括了「Gucci」「Mercedes-Benz」「Apple」等十種時尚大牌，而低地位品牌則有「Walmart」「McDonalds」「Burger King」等。

接著，他們在推特上抓了幾天內的數百萬條網誌，找出包括上述品牌的那些網誌。同時也標記了發表網誌所在地的貧富差距

狀況。透過資料分析，他們發現貧富差距越大的地區，網誌上出現十大奢侈品牌的頻率越高；而收入越均衡的地區，網誌上出現十大低端品牌的頻率越高。也就是說，貧富差距越大，人們越關注奢侈品牌；貧富差距越小，人們越關注平民品牌。

都柏林聖三一大學的社會學教授萊特（Layte）曾發現，社會不平等會導致人們對自己的地位產生焦慮情緒，這樣的慢性壓力甚至會影響健康。貧富差距越大的地方，人們的焦慮感越高。那麼，是不是因為這種焦慮情緒導致人們更關注奢侈品呢？為了回答這個問題，瓦拉塞克和合作者對每一條網誌內容中隱含的情緒進行評分，以判斷人們在提到不同品牌時的情緒狀態。結果讓人意外，即使在貧富差距很大的地區，當人們提到奢侈品牌時，他們更常表現出正面情緒，而非負面情緒。

這就說明了，在貧富差距大的地區，人們對奢侈品的關注並不是因為焦慮感產生，更多是因為追求美好生活的正向情緒而產生。瓦拉塞克認為，出現這種現象的原因在於，談及奢侈品能讓人覺得美好生活觸手可及，可滿足人們的夢想。貧富差距大的地區現實生活殘酷，自己的夢想未必能實現，因此就只能靠這些奢侈品來獲得一些虛幻的滿足感。

貧富差距讓人們將視線聚焦到奢侈品上，而這會帶來很多的問題。

首先，這可能導致窮人更加債臺高築。美國聯邦儲蓄系統理事會的首席經濟學家布里克（Bricker）在 2014 年發現，貧富差距

增加了家庭的「地位消費」。貧富差距大的地方，人們更願意購買那些能彰顯身分的東西。但是對普通家庭來說，奢侈品的購買無疑會帶來沉重的經濟負擔。洛桑大學教授克里斯汀（Christen）早在 2005 年就發現，貧富差距會增加低收入家庭的負債。**貧富差距越大，人們越會產生炫耀性消費，這就迫使低收入家庭用欠債來維持奢侈品的消費。**

其次，這還會減少儲蓄。華盛頓大學經濟學教授維斯曼（Wisman）發現，貧富差距會減少儲蓄的比例，1980 年代至 2007 年，美國的吉尼係數從 0.4 增加到 0.47，而居民的個人儲蓄率則從 10.4% 下降到近乎 0，甚至在 2005 年降至 -0.4%。也就是說，**貧富差距越大的地區，家庭的平均儲蓄率越低。**

最後，人們為了購買奢侈品進行「地位消費」，還會增加工時。麻州大學阿默斯特分校的經濟學教授鮑爾斯（Bowles）於 2003 年發現，一個地區的**貧富差距越大，人們的平均工時越長**。在貧富差距較大的美國，人們一年平均工作 1,840 小時；在貧富差距小的義大利，人們一年平均工作 1,650 小時；而在人均收入普遍較高且貧富差距小的挪威，人們一年只需要工作 1,480 小時。

由此看來，貧富差距就像一個隱形的風向儀，引導人們將目光投向奢侈品，以撫平有形的對比和無形的傷害，滿足人們小小的虛榮心。在貧富差距大的地區，就連窮人也可能熱中購買奢侈品來進行「地位消費」。這可能導致窮人雖然表面上看起來有錢，但實際上可能會變得更窮。這就是隱形貧窮人口的來源。

07

罰款的副作用

....

你可能以爲罰款是最有效的改變行爲的辦法，但是罰款並不總是有效，有時還會讓人變得更加冷漠，更加不道德。

不管是國家、公司，還是個人，都會使用一些獎懲措施來發揮金錢的激勵作用，試圖約束和鼓勵人們的行爲。稅收、獎金、罰款、補助、退稅等經濟政策正是基於這一理念。罰款的作用似乎很顯著，一些罰款政策的確取得了好的效果。

但是，金錢的懲罰措施總是有效嗎？那可不一定。先來看看發生在以色列一家托兒所的眞實故事。因爲家長在接孩子時經常遲到，托兒所的老師不願意老是超時工作，所以實施了一項罰則，對於晚到的家長施行罰款。主要目的是讓家長準時接走孩子，沒想到卻產生了意料之外的後果——家長遲到的時間更長了。這個罰則實施 12 週之後，因爲效果不彰被取消了。可是即使如此，家長遲到的現象仍沒消減，甚至比實施罰款之前更嚴重。也就是說，金錢的懲罰沒有發揮應有的效果。

鮑爾（Bowle）2008 年在《科學》期刊上發表的一篇文章指出，**基於金錢的激勵或懲罰措施可能會削弱人們的道德情感**。例如上面提到的以色列托兒所，在沒有實施罰款之前，家長如果遲到會感到愧對老師，這種愧疚感迫使他們盡量避免遲到。但是當施行

罰款後，家長遲到不再感到羞愧內疚，因為他們認為自己已經交了罰款，已經對老師的超時加班進行了經濟補償。這樣一來，反而更理直氣壯地遲到了。

那麼為什麼罰款政策取消後，家長的遲到時間仍居高不下呢？因為家長失去遲到的內疚感之後，想讓他們再恢復很困難。**人們一旦失去了道德底線，就很難再把道德情感找回來了。**

2000 年蘇黎世大學的法爾金格（Falkinger）和他的合作者曾讓人們玩一個名叫公眾利益的經濟遊戲。在這項遊戲中，個人利益和集體利益互相衝突，人們需要選擇自己願意為了集體利益犧牲多少個人利益。其中一部分人玩的遊戲中有罰款，而另一部分人玩的遊戲則沒有罰款。一段時間後，兩組人都開始玩沒有罰款的遊戲。如果之前在玩這項遊戲時有罰款手段，一旦取消，人們做的貢獻將比那些從來沒經歷過罰款的人要少 26%。當罰款消失時，人們就不再願意犧牲個人利益去奉獻公眾利益了。

罰款會讓人們失去做一件事的內在動機。比如遲到時對老師的愧疚感，或者為公共利益犧牲個人利益的光榮。這些感情都會被罰款所剝奪。不僅如此，罰款還會剝奪人與人之間的信任和尊重。2006 年德國波恩大學的福克（Falk）及合作者柯斯菲爾德（Kosfeld）讓參與研究的人玩了一項經濟遊戲。該遊戲有兩種角色，一種是老闆，一種是雇員。雇員生產得越努力，就對老闆越有利，但是超過一定限度會對自身產生一定損害。

一開始，老闆可以選擇是否讓雇員自己決定生產量。老闆可

以讓雇員自己決定，或由老闆來規定一名雇員至少必須完成的生產量。沒達到這個產量，老闆就可以對雇員進行罰款。

當老闆決定生產量之後，就輪到雇員來決定自己要投入的工作量。結果發現，如果一開始老闆選擇為雇員規定一個最低產量，那麼產量反而會下降。

此時雇員的生產量還不如那些老闆沒有任何規定的多。規定低產量的老闆平均獲利是沒規定最低標準的老闆獲利的 1/2，而規定中產量的老闆平均獲利比沒規定最低標準的老闆獲利少 1/3。在遊戲之後的訪談中，很多雇員表示，當老闆制訂一個最低生產標準時，他們感覺老闆並不信任自己。

也就是說，罰款手段讓雇員了解到老闆對待自己的態度。瑞士經濟學家費爾（Fehr）和洛克巴赫（Rockenbach）2003 年在《自然》期刊上發表了一項研究。德國學生們玩了一種名為信任的經濟決策遊戲。經典的信任遊戲當中有兩種角色，投資者和託管人。投資者得到一筆錢，例如 10 元，需要決定是否將這筆錢交由託管人管理。如果交給託管人，這筆錢就變成原來的 3 倍，也就是 30 元。此時託管人需要決定將這 30 元當中的多少錢交還給投資者。

在這項研究中，研究者將經典的信任遊戲做了個變動，也就是當投資者將錢交給託管人時，投資者可以制訂一個他們想要託管人返還給他們的金額。投資者可以選擇如果託管人返還的錢低於這個金額就給託管人一筆罰款，也可以選擇不進行罰款。

結果發現，只有 1/3 的投資者信任度高，選擇不採取罰款措

施。2/3 的投資人都不太信任託管人，因而依賴罰款措施來保障自己的利益。

有趣的是，這部分信任度高的投資者最後賺到了更多的錢。對方返還給他們的平均金額比使用罰款的投資者多 50%。也就是說，當投資者用罰款措施來威脅託管人時，託管人返還的金額反而沒有當投資者給予託管人足夠信任時那麼多。這是託管人對投資者不信任、不尊重自己的報復手段。

綜上所述，罰款雖然是一種常見的激勵手段，但是未必都能發揮相應效果，還可能適得其反，削弱人們的道德情感。

08

不是所有賠償都可以用錢來解決

金錢補償有很大的魔力，但也不是萬能的。有時不但無法提升民眾對公共工程的支持，反而還會降低支持度。

隨著社會進步快速，電力供應、垃圾處理、廢水汙水管制等問題成為亟待解決的難題。然而類似核電廠、垃圾掩埋場等公共工程往往會因周邊居民抗議，而陷入「一建就抗議，一抗議就停工」的困境。不論哪個國家或哪個城市都可能遇上這種狀況。人們認為垃圾掩埋場、殯儀館什麼的，這些理當興建的公共設施，只要不是蓋在我家附近就好。而這一現象被稱作「鄰避效應」（Not in my backyard）。

面對這一類問題，政府通常選擇採取「金錢補償」來爭取周邊居民同意。例如，廣東汕頭在 2016 年建成的垃圾焚燒發電廠，在動工前就一次性支付村民徵收土地補償金約 1,197 萬，並且在完工正式營運後每年為村民支付年金保險等費用 400 多萬元。

這股金錢補償的魔力也讓不少人期待自家被拆遷，以獲得高額的經濟補償。然而很多時候政府並沒有那麼多錢，只能賠償一點小錢。在這種情況下，金錢補償是不是最有效的手段呢？

瑞士巴塞爾大學的經濟學家弗雷（Frey）等人在 1996 年的一項研究就說明：對於核電廠這類存在「鄰避效應」的工程，金錢

補償不僅不能提升民眾的支持，反而會降低支持度。在瑞士準備修建一座核電廠之前，研究者對當地 305 名居民進行了民意調查，在沒有提及金錢補償時，超過 50% 的居民表示支持。但是當研究者提出，政府會根據家庭經濟狀況給予每年 2,175 美元、4,350 美元和 6,525 美元的三級補償時，居民的支持率竟下降到 24.6%。即便研究者後來再提出每一級的補償金會再增加 1,000 美元，這項核電廠興建案的支持率仍偏低，只有 30%。

從上面的例子中可以看出，有時候金錢補償反而降低了支持率。這是不是讓人很意外呢？

那麼，如果不採用金錢補償，還有什麼辦法可以有效提高支持率呢？美國德州農工大學的經濟學家波特尼（Portney）認為，應該多多採用提供補償性公益設施的辦法，也就是為當地居民提供一些能讓所有人都受益的公共建設，例如公園綠地、安全設施等。他在 1985 年的研究中發現，為居民提供補償性公益設施，能提升居民對有害廢棄物處理設施建案的支持率。他訪談了麻州 5 座城市的 300 位居民，針對有害廢棄物處理設施將蓋在生活周邊一案，提出了 11 種補償措施。結果發現，最能有效提升民眾支持率的補償是提供更多的日常安全巡邏（支持率提升了 15.1%~30.4%），這麼做能讓居民感覺更安心。有趣的是，其他一些方案，例如為當地居民翻修街道，雖然跟有害廢棄物處理沒有直接關係，但也能讓居民的支持率提升 6.6%~22.1%。

杜克大學的教授胡貝爾（Huber）等人總結了這兩類研究，他

們認爲人們會更願意接受公益設施作補償而非金錢。爲什麼呢？有兩個主要原因：

首先，大部分公共設施雖然會對當地居民造成一定程度的危害，但是對整個社會來說是有益的。例如，修建核電廠能有效緩解電力供應問題。多數居民本身就有支持這類公共項目的內在動機。假如政府直接給附近居民一筆錢作補償，會讓人們覺得利用核電廠解決電力供應完全是政府的責任，反而降低了人們內在的責任感。

接收金錢的補償會讓人感覺自己是被「收買」了，產生一種「受賄」的不道德感。除非補償的金額夠大，且大到人們願意承受這種負罪感，否則金錢賠償只會讓人們更激烈地反對。

其次，儘管金錢補償人人有份，但畢竟不像公益設施這樣在表面上顯得嘉惠眾人。因此以公益設施作補償會讓人們覺得更具利他精神、更加高風亮節，不僅不存在妥協的道德負擔，反倒凸顯了自己的高尚形象。

因此，胡貝爾等研究者認爲，**人們在面對公害時，更傾向用公益設施去平衡，而不是用金錢**。爲了驗證這一假設，他們再做了一項實驗。

請想像一幕場景：你已經決定在某個社區買房，並且看上兩幢房子且位置相隔不遠，但周邊可能存在會影響環境的 7 項公害設施（例如垃圾掩埋場、養雞場、飛機場、電視塔、垃圾焚化廠、廢棄物回收站、堆肥廠），其中一幢能減免每年 500 美元的稅金，另一幢不減稅但

會在周邊蓋一座運動公園。你會傾向買哪一幢房子呢？

有趣的是，如果告訴人們房子周圍沒有公害設施，那麼只有39.58% 的人傾向選擇有公園的房子而不是減稅的房子。而當周邊存在 7 種公害設施之一時，有 51.29% 的人傾向選有公園的房子。也就是說，存在公害設施時，人們更傾向用公益設施去平衡公害設施的負面效應，而不是靠金錢補償去抵消。

金錢補償雖然能夠起作用，但絕非萬能。當都市發展的過程中出現鄰避效應時，從提供公益設施的角度入手去贏得當地居民的支持，可能比金錢補償更有效。當然，如果能雙管齊下，也許效果會更好。

09

平均分配，有時反而會讓人覺得不公平

什麼樣的分配方式最公平？很多人都認為是平均分配，實際上，金錢並不適合平均分配。

想像你是老闆，要獎勵 10 名優秀員工，獎金 10 萬元要怎麼分配給這 10 人，才會讓他們覺得公平呢？

很多人都會說：「平均分配。」你可能覺得最公平的辦法，就是每個人拿到的錢一樣多。但是我要告訴你，那可不一定。有些東西，平均分配不見得是最佳方案。

加拿大多倫多大學的德沃（DeVoe）和紐約哥倫比亞大學的艾揚格（Iyengar）對這個問題展開了研究，並且於 2010 年將結果發表在《心理科學》。他們發現，分錢和分物資不一樣。

在第一項實驗中，268 人閱讀了這樣一段背景資料：

公司總裁收到一份業績報告，銷售部門表現優異。為了更好地激勵眾人，總裁指示部門經理，頒發獎勵給部門 10 位一線銷售人員。

接下來，不同組的人會看到不同的獎勵內容。其中一組人看到的是部門經理給 10 位員工發現金，他決定平均分配給每人 2 萬美元以示獎勵；另一組人看到的是經理給 10 位員工放假，他決定平均給每個人 20 天的假期；最後一組人看到的是經理給 10 位員

工發送巧克力，他決定平均分給每個人 20 盒巧克力。

那麼，你覺得這樣的分配公平嗎？結果說明，在發錢時，人們覺得平均分配不公平，但是當在發放假期或巧克力時，人們覺得平均分配是最公平的。

為什麼呢？研究者認為，假期和巧克力這樣的獎勵是「實用性質」，每個人對它們的需要程度都差不多。但是金錢這樣的獎勵是「交易性質」，更應該採取其他方法進行分配，例如按勞逸分配、按貢獻分配或按需要分配。

如果你帶著 10 萬元去一個貧困部落扶貧，並且認為把錢平均分給每一戶可能不是最好的辦法。那麼你可以按需要分配：給最窮的幾戶人家多一點，富裕一點的人家少一些。但是如果你是帶了 20 箱的蘋果，這時候按需求分配就不太好了，還是平均分給每一戶人家會比較好。

當然，不光金錢是交易性質，任何一種東西，如果能用來交換流通，也都被視為有交易性質。例如，我們常覺得米是實用性質，而非交易性質，但是遇上天災和戰亂時，米就會變成一種「強勢貨幣」，就跟金錢一樣也是交易性質，這時候發放米，就不應該平均分配，而要按勞逸或按需求來分配。

如果你想要平均分配一項獎勵，那麼你得注意一件事：給這項獎勵換上「實用」包裝。

在第二項實驗中，427 人被隨機分配到「交易產品組」和「應用產品組」。這些人都讀到了經理需要頒給 10 名員工獎勵。這一

次，獎勵的內容是 2,000 點積分。一組人看到的是這些積分可以兌換各式各樣的產品，但是另一組人看到的是這樣的積分只能兌換指定的產品。

同樣是積分，但是第一組人看到的積分更具「交易性質」，就跟錢差不多。那麼，如果這樣的積分被平均分配的話，人們覺得是否公平呢？

結果說明，同樣是積分，如果是「交易性質」的積分，人們覺得平均分配很不合理，但是如果是「實用性質」的積分，人們覺得平均分配很合理。

平均分配不一定會讓人覺得公平。分發物品時，我們可以平均分配。如果是分錢，每個人拿一樣多，不見得是最好的方案。

10

金錢非萬能，小心獎勵窒息

金錢激勵並不是越多越好，高額獎金可能會讓參賽選手喘不過氣來！

小時候媽媽說，考 100 分就獎勵你 100 元；長大後老闆說，這個月幹得好就給你多發 1 萬元獎金。媽媽和老闆都認為，金錢的激勵，可以讓你表現得更出色。然而，當你答最後一道題時想起媽媽承諾的 100 元，當你月底衝業績時想起老闆答應的 1 萬元，你真的會表現得更好嗎？

那可不一定。**有時候，在金錢的激勵下，你可能連正常水準都發揮不了。**

明尼蘇達大學的榮譽教授鮑梅斯特（Baumeister）早在 1984 年就發現，增加現金獎勵或引入競爭，反而使選手在電子遊戲中的表現變差。麻省理工學院的經濟學家艾瑞利（Ariely）曾到印度南部馬杜賴市的街頭尋找當地居民玩遊戲。遊戲玩得越好，得到的獎金越多。在遊戲前，要透過擲骰子決定能贏的獎金最高是多少，獎金分為高中低三階。低階獎金相當於當地居民一天的工資，中階獎金相當於兩週的工資，高階獎金相當於五個月的工資，數目非常可觀。

艾瑞利的「遊戲廳」一共有 6 種遊戲，每種遊戲都有良好和

優秀兩個成績計算標準。如果抽到中階獎金，每種遊戲只要達到良好水準，就可以拿到 20 盧比；如果達到優秀水準，就可以拿到 40 盧比；如果連良好水準也達不到，那麼一個盧比也沒有。也就是說，根據成績，最多能賺到 240 盧比（兩週的工資），也可能連一個盧比都掙不到。

被分到高中低階獎金的三組參與者的成績會是怎樣呢？獎金越高大家的成績越好嗎？結果顯示，低階獎金組的成績與中階獎金組的成績不相上下。所以說，較低水準的獎金也足以驅動相當多的遊戲參與者好好表現。當參與者面對高階獎金時表現又是怎樣呢？結果是，表現最差。與錢少的兩組相比，他們的成績達到良好或優秀水準的人數還不到前兩組的 1/3。艾瑞利發現，面對高額獎金的人非常緊張，高額獎金對他們來說變成了令人難以喘息的壓力。

在一項「蠟燭實驗」中，研究者也發現了同樣的現象。

1945 年，德國心理學家鄧克（Duncker）給參與實驗的人出了一道腦筋急轉彎：給你一盒圖釘、一根蠟燭，你如何將蠟燭固定在牆上的軟木板上，並且在點燃蠟燭時蠟油不會滴到桌上？

想出答案了嗎？答案就是先用圖釘把盒子固定在牆上，然後放上蠟燭並點燃。問題的關鍵在於盒子的利用。把盒子當作裝蠟燭的容器，是需要發揮創意的。這個任務是一個經典的測量創造力的任務。

圖片來源：http://www.sohu.com/a/231212836_16493 2019.6.2.

蠟燭實驗答案

1962 年心理學家格拉克博格（Glucksberg）重做了這項實驗。這次參加遊戲的人裡，有一半的人有金錢獎勵，能越快解決，給的錢就越多。而另一半的人沒有金錢獎勵，只是告訴他們這項實驗的目的是想知道人們解決這個問題需要多久。結果發現，有獎勵時，人們需要更長的時間解決問題。

金錢非萬能，金錢獎勵對提高人們表現有局限性。老闆給員工的 1 萬元獎金可以讓他工作得更賣力，但是未必能讓他想出創新的辦法來解決工作問題。

這種情況叫作「**獎勵窒息**」。**當外在的獎勵很大時，人們的表現反而變得不佳。獎金越高，壓力就越大。**

體育比賽中這樣的例子比比皆是。在射擊賽場上，就有一位「奧運史上最黑神槍手」——馬修‧埃蒙斯。他曾在雅典奧運會男子 50 公尺空氣步槍 3×40 決賽中，射出最戲劇性的一槍。排

名第一的埃蒙斯在領先中國選手賈占波整整 3 環,金牌已經十拿九穩下,卻在最後一槍犯了一個不可思議的錯,把子彈打在了旁邊運動員的靶上,把金牌送給了賈占波。四年後的北京奧運會,埃蒙斯捲土重來,在握有巨大領先優勢下,又再最後一槍上演神奇失誤,打出了讓人嚇到下巴掉下來的 4.4 環,拱手把冠軍讓給中國選手邱健。

其實埃蒙斯的失誤情有可原。在奧運會決賽賽場上,運動員背負著個人和國家的榮譽,面對的是全球觀眾的目光,當然,心心念念的還有贏得比賽後的鉅額獎金和龐大的經濟利益。在泰山壓頂下,運動員面對即將獲勝的一刻,很容易出現災難性失誤。這種現象叫作「壓力下的窒息」。同樣的,當人們面對一大筆錢的激勵時,也容易出現這種窒息反應,導致發揮失常。

那麼到底什麼時候給予金錢獎勵會讓人們表現得更好呢?

對於簡單的任務,金錢獎勵的效果更好。例如前面的蠟燭任務中,為了更容易解題,研究者把圖釘從盒子裡拿出來分開放好,人們一眼就能看出有圖釘、盒子、蠟燭三種東西可用。這樣一來該任務就變得容易多了,不需要什麼創意就能輕鬆找到解決辦法。這次的實驗結果如何呢?在簡化版的蠟燭難題中,有金錢獎勵的一組以更快速度完成了。

但是在複雜的認知任務、在需要創造力或一定技術的任務上,關注外在獎勵卻可能導致壞事發生。比如原版蠟燭難題、艾瑞利的「遊戲廳」,甚至是在奧運會賽場上打出最後一槍。在這

些情境下，高額獎金會導致人們出現窒息反應，連正常水準都發揮不了。所以說**「有錢能使鬼推磨」只適用於「推磨」，並不適用於日常生活中需要創造力和全神貫注才能完成的任務。**

金錢讓人們的表現更糟糕還有一種可能的解釋，就是人們想到錢會分散注意力，無法專心致志地去把事情做好。

《莊子・達生》中有這樣一個故事。有一位魯國的木匠，他製作的木器就好像渾然天成般。有一次，他用木頭做了一樣東西，見到的人都驚呆了，鬼斧神工根本不像是人能做出來的。

魯國的國王看到這樣東西，覺得不可思議，就問他是不是有什麼法術。這名木匠說自己只是一名凡人，不會法術。國王有點不相信，再問他是怎麼做出來的。

木匠的回答很簡單，他說：「我在製作這樣東西時，聚精會神，心中無雜念，忘掉了名和利。」

當你做一件事情很投入時，比如工作、學習、玩遊戲、寫作，你會忘記吃飯，忘記睡覺，忘記時間的流逝，忘記身在何處。總之，你感覺不到自己的存在。這種狀態在心理學上叫作「心流」。心流是正向心理學家米哈里・契克森米哈伊（Mihály Csíkszentmihályi）在 2004 年提出的，指的是人們沉浸在當下的某件事情中，全神貫注、全心投入並且十分享受的一種精神狀態。但是，當有了外在獎勵後，心流會被破壞，你將無法享受這個過程，因為你的注意力放在了外在獎勵上。

當然這並不是說我們不要給員工經濟保障，避免金錢分散員

工的注意力，讓員工窒息。恰恰相反，孔子說，「會游泳的人可以忘記水的存在，這樣他們就不會害怕水，不會注意到水，因此他們能夠自如地划船而不被水干擾。」同樣的，我們需要給員工很好的薪水和福利，這樣他們才可以忘掉錢這個目標，實現自由創造。如果薪水和福利不好，他們反而會一直去關注外在獎勵，不能全身心投入工作中。

11

跟人勸募前，最好先請他捐出時間

　　要讓人從口袋裡掏出錢不容易，但有個方法可以讓你輕鬆做到，那就是先跟他要點別的東西。

　　很多事情講究先後順序。穿戴時要先穿襪子，再穿鞋；開門時要先開鎖，再推門；做頭髮時要先洗頭髮，再吹乾……順序變了，結果大相逕庭。

　　想像一下，你是一名慈善公益的募款負責人，你需要人們為你的活動捐錢，同時，你也需要人們樂意奉獻時間來做志工，也就是捐出時間。

　　那麼你是應該先讓人們捐錢，還是先讓人們捐時間呢？

　　換句話說，你有兩種勸募策略，一種是「先問捐贈時間參與志工活動，再問捐款的意願」，另一種是「先問捐款的意願，再問捐贈時間參與志工活動」，這兩種策略帶來的捐贈結果會有所不同嗎？

　　你可能覺得沒差別，因為時間與金錢都是人生的重要資源。美國啟蒙運動的先驅者、科學家、實業家和獨立運動的領導人之一富蘭克林就在他的〈致富之路〉文章中收錄了美國流傳甚廣、擲地有聲的格言：「時間就是金錢。」

　　的確，生活中我們每時每刻都能感受到時間的價值。比如，

你經常要花大錢去買別人的時間，付出的代價越高，對方的時間就越有價值。舉個例子，你去看心理醫生，1 小時收費 1,000 元，那麼你認定這名醫生的 1 小時價值就是 1,000。同樣的，你上班的時薪為 150 元，那麼你會認為自己 1 小時的工作價值是 150 元。就這樣，金錢與時間聯繫了起來。

但是時間與金錢並不完全一樣。時間的價值比金錢的價值更加模糊，導致時間支出比金錢支出更靈活。時間每時每刻都在流逝，不管你願不願意，你的時間都在變少。那麼，當你在跟別人要錢和要時間時，到底是先討錢好呢，還是先約時間好呢？

2008 年，加州大學聖地牙哥分校市場行銷副教授劉溫蒂（Liu Wendy）和史丹佛大學行銷學教授艾克（Aaker）共同進行一項研究，考察了這個問題。

研究者召集 193 位大學生參與實驗，這些學生被隨機分成三組。學生們了解到有一家慈善機構叫作 HopeLab。這是一間開發新型技術，以改善患有嚴重慢性病兒童生活品質的組織。現在 HopeLab 在大學校園裡進行募款活動。第一組學生先被問到：「你有多大興趣花時間參與 HopeLab 的志願服務？」回答了這個問題後，他們再被問到：「你有多大意願給 HopeLab 捐錢？」

第二組學生也同樣被問了這兩個問題，唯一不同的是，他們是先被問到捐錢，再被問到捐時間。第三組學生只是閱讀了這家慈善機構的介紹，沒有被問問題。

接下來，每個學生都拿到 10 張 1 美元的報酬。他們可以自

由選擇是否把這 10 美元當中的一部分或是全部捐掉。如果他們選擇捐錢，就可以把要捐的錢放進一個捐款箱裡。

結果發現，第一組學生平均捐款為 5.85 美元，第二組學生平均捐款 3.07 美元，第三組學生平均捐出 4.42 美元。也就是說，「先問人要時間」會使得人們願意捐更多的錢。

除此之外，研究者還給三組學生分發了「HopeLab 志願者」的傳單，邀請他們成為校園內宣傳和推廣募款活動的志工。如果願意成為志工，就留下電子信箱。接下來的一週，HopeLab 的工作人員聯繫了所有留下電郵的參與者，並統計了這些志工一個月內實際為 HopeLab 工作的小時數。

結果顯示，第一組學生中有 14% 的人留下了電郵，而第二組和第三組中僅有 3% 的人留下電郵。第一組學生不但更積極地留電子信箱，在後續實踐中也的確更多地參與了志工活動。第一組學生中有 7% 的人實際參與，第二組和第三組中均只有 1.6% 的人參加。也就是說，先問人要時間，不但要到了更多錢，也要到了更多時間。

為什麼先讓人們捐時間會發揮這麼好的效果呢？研究者繼續考察這個現象背後的機制。他們發現，**先問人要時間會讓人們想像自己花時間幫助別人的景象，並從中產生更大的幸福感。**這樣一來，人們就把幫助他人跟幸福感聯繫在一起。換句話說，先問人要時間，會讓人們相信幫助別人很快樂，從而更願意捐錢，也更願意花時間幫助別人。

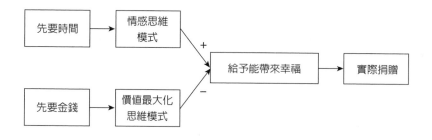

捐時間與捐錢的作用模型

　　把金錢花在別人身上，或把錢捐給有需要的人，這些都會導致幸福感的提升。很多研究已經證明了捐錢能讓人變得更幸福。譬如，加拿大英屬哥倫比亞大學心理系教授鄧恩（Dunn）等人在2008 年發表的研究說明，捐款給慈善機構帶來的幸福感，跟家庭收入翻倍帶來的幸福感提升程度一樣。不過有很多人並不認可這一點。這項研究發現，如果先讓人們考慮捐出時間，人們會更認同捐贈帶來幸福感的說法，從而使捐贈意願提高。

　　對慈善組織來說，直接跟人們要錢的效果並不好，應該迂迴一點，在要錢之前，先跟人們要時間。這樣，就能得到更多的錢。

12

讓窮人和富人捐贈，要用不同的方法

....

　　向窮人要錢跟向富人要錢，要用不同的對策。慈善募款過程，對窮人要強調共同目標，但是對富人則要強調個人目標。

　　我們常會接觸到各類公益捐贈廣告。這類廣告大多強調「一起攜手努力，共創美好」，看起來似乎很有用，但是不是對所有人都管用呢？

　　2017 年，英屬哥倫比亞大學的鄧恩、威廉斯（Whillans）和美國芝加哥大學的卡魯索（Caruso）在《實驗社會心理學》發表了一項研究。他們發現，這種強調追求共同目標的廣告，對有錢人來說不管用。

　　在第一項研究中，研究者針對在 2013 年 11 月 21 日至 2014 年 2 月 28 日期間登入某慈善組織網站的 185 人進行了調查。這些人首先報告了自己的性別、年齡、種族、家庭收入、個人淨資產和主觀社經地位。

　　接下來，這些人看到了這個慈善組織的一個捐贈廣告——鼓勵人們將自己的部分收入捐給相關的貧困援助組織。一半的人看到的廣告強調所有人應該共同做些事情來減少貧困（共同目標）；另一半的人看到的廣告強調每個人應該做些事情來減少貧困（個人目標）。最後，參與者有機會按下一個捐款連結，並自由選擇捐款

或跳過不捐。

結果發現，有 25.9% 的參與者按了捐款連結，而且窮人和富人對於兩種廣告的反應截然不同。當廣告強調所有人的共同目標時，家庭年收入在 4~5 萬美元的人更願意按下捐款連結；當廣告強調每個人的個人目標時，家庭年收入在 9~10 萬美元的人更願意按下捐款連結。也就是說，在捐贈廣告中對富人強調共同目標，反而降低他們的意願！

研究者在加拿大和美國的公共場所（體育場、博物館）找了 414 人又做了一項研究。研究者先給參與者第一個信封，上面寫著「For You」（給你），裡面裝了 10 美元，是給參與者的調查報酬。然後，研究者又給了參與者第二個信封，上面寫著「For Charity」（給慈善組織）。

和第一項研究一樣，參與者在 iPad 上完成了相同的人口統計調查，並被隨機分配看了相同的廣告。一半的人看到的廣告強調所有人應該共同做些事情來減少貧困；另一半的人看到的廣告強調每個人應該做些事情來減少貧困。接下來，參與者有一個捐款機會，他們可以把自己捐的錢放在第二個信封裡。無論參與者是否捐款，他們最後都需要把信封還給初次見面的研究助理。

結果發現，有 50.2% 的參與者做出了捐贈行為。窮人和富人對這兩種捐贈廣告的反應也不一樣。家庭年收入在 5~6 萬美元的人在看了強調共同目標的捐贈廣告後，向慈善機構捐出更多的錢；家庭年收入在 9~10 萬美元的人在看了強調個人目標的捐贈廣告

後，向慈善機構捐出更多的錢。也就是說，在捐贈廣告中對富人強調共同目標，反而會減少他們的捐款金額！

為什麼富人和窮人會對不同的捐贈廣告有不同的反應呢？為什麼強調共同目標的廣告對富人沒有什麼用呢？過去的研究已經發現，不同收入的人有著不同的自我概念。具體來說，低收入的人會有更多的公共自我概念，他們認為自我主要由自己和他人的社會聯繫來定義；而高收入的人會有更多的主觀自我概念，他們認為自我主要由一個人的個人控制能力來定義。也就是說，**窮人更加重視人和人之間的聯繫，而富人把自己看成一個個體。**

當慈善廣告的訴求和捐款人的自我概念相符時，捐款人才會更願意捐錢。**對窮人應該更多強調共同目標，對富人應該更多強調個人目標。**

13

募款時，長得好看眞有那麼重要嗎？

捐款也看臉？沒錯，長得好看的動物和長得好看的受害者，得到了大部分的捐款。

英國博物學家帕卡姆（Packham）曾經提出要「吃掉最後一隻熊貓」。爲什麼呢？因爲大熊貓實在太可愛，吸引了太多的捐贈和贊助。這導致了那些不討喜的瀕危動物被嚴重忽視，得不到捐款。

眞是這樣嗎？我們眞的熱中於幫助那些好看的對象，而忘了去幫那些眞正需要幫助的對象？

2017 年 8 月，美國華盛頓大學的克賴德（Cryder）、英國倫敦大學的博蒂（Botti）及巴斯大學的西蒙尼揚（Simonyan）在《行銷研究》（*Journal of Marketing Research*）雜誌發表了一篇論文。

在第一項實驗中，研究者爲英國的一個動物保護中心進行了爲期 5 天的勸募活動。研究者在英國一所大學裡貼了一張海報，宣傳該中心的動物收養計畫。學生、工作人員和路過的遊客都被問到是否願意爲保護動物捐款。那些感興趣的人看了一本附動物照的小冊子，並選擇其中一種動物來捐款。這些動物照片中包括高大帥氣的長頸鹿和斑馬，也包括長得普通甚至有點醜的黑腳企

鵝和紅毛猩猩。

　　結果發現，長頸鹿和斑馬獲得 32% 的捐款，明顯高於黑腳企鵝和紅毛猩猩。因為長得不怎樣，黑腳企鵝和紅毛猩猩只得到17% 捐款。最好看的四種動物獲得了 64% 的捐款，最醜的四種動物只拿到 36% 捐款。也就是說，儘管人們清楚地認知有些動物是面臨更嚴峻未來的瀕危動物，但還是更加願意捐錢給那些長得可愛、好看的動物。

　　我們不光對動物外貌偏執，對人也是如此。

　　在接下來的一項實驗中，研究者讓 360 名參與者看了四名唇顎裂手術成功的孩子的照片，介紹了他們的病況，然後讓參與者選出其中一名進行捐助。其中一半的參與者所看到的四名孩子的外貌差異不大，而另一半的參與者看到的四名孩子當中，有一個長得非常漂亮，她的名字叫作安潔莉卡（Angelica）。

　　結果發現，如果看到四個孩子外貌區別不大的參與者，他們更願意捐款給最需要幫助的孩子薇拉（Vera）。她拿到的捐款最多，占了總金額的 45%。

　　但是，如果參與者看到的四名孩子中有一位特別漂亮的安潔莉卡，那麼參與者更願意捐款給她。雖然她的病情最輕微，但她還是獲得了大部分的捐款，占了總金額的 48%，而真正需要幫助的薇拉，只拿到 30% 的捐款。

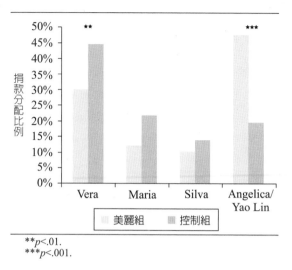

**p<.01.
***p<.001.

每個孩子獲得的捐贈比例

那麼怎樣才能讓人們不被外貌所左右，捐款給真正需要的人呢？研究者再做了一項實驗。跟上面的實驗一樣，所有的參與者都看了四名唇顎裂手術成功孩子的照片，其中的安潔莉卡特別漂亮。研究者提示其中一半的人，請他們憑直覺選擇捐助哪個孩子；而對另一半的人提示，他們要仔細考慮選擇捐助哪個孩子。

結果發現，當參與者憑直覺快速做出決定時，更可能捐款給漂亮的孩子。但是，當參與者仔細深思、反覆考慮後，情況有所轉變，他們更可能捐款給真正需要幫助的孩子。

捐款也看臉？沒錯，這個研究告訴我們，在慈善捐贈中存在一種「慈善美麗溢價」，人們更願意捐款給長得好看的人。**對於美貌，人們似乎有一種本能上的無意識偏好**。不管把錢捐到哪兒，

捐給誰或捐多少錢，涉及對上述問題做直覺性選擇時，只要長得好看，都會完勝。但是，當捐款需要深思熟慮再作決策時，人們還是更願意捐款給那些需要幫助的人。

14

「受害者識別效應」讓你更願意慷慨解囊

看到一個活生生的人陷入困境，會激發我們的惻隱之心，但是看到一個抽象的人陷入困境，我們卻無動於衷。

1987 年深秋的一個夜晚，一歲半的小女孩傑西卡·麥克盧爾（Jessica McClure）不慎失足掉入後院的排水管。這本是一件很平常的不幸事故，但是，隨著媒體的報導，該事件幾乎受到全球的關注。當時，美國有線電視新聞網（CNN）對救援行動進行全程直播，全世界的觀眾都在電視前為小女孩祈禱。最終，經過 56 小時的努力，消防隊員在百餘名熱心群眾的幫助下，成功營救小女孩。

小女孩戰勝了死神，但她的故事並未結束。後來，她受邀接見美國前總統老布希，而整個救援過程更被改編成電影《每個人的寶貝：傑西卡·麥克盧爾的救援》。2011 年，在她 25 歲時，還收到了 80 萬美元的捐款。

當我們正感動於公眾所表現的善意時，不妨理性地來看待該事件。2014 到 2016 年，根據美國政府公開的資料，全美的嬰兒死亡率約為 6%。也就是說，平均每年有超過 2 萬名嬰孩夭折。這些小生命遠不如傑西卡那麼幸運，能受到如此多的幫助。為什麼人們會對小女孩表現出如此多的善意，相對的，卻對大多數不幸夭折的嬰兒關注程度較低呢？

史達林說過一句話，十分契合這個現象：「一名蘇聯戰士的犧牲是悲劇，而幾百萬人的死亡只不過是統計數字而已。」那麼，我們更想為悲劇，還是統計數字捐錢呢？當然是悲劇。諾貝爾經濟學獎得主湯瑪斯‧謝林（Thomas Schelling）將這種現象命名為「**受害者識別效應**」──**我們會更加想要幫助一個特定具體陷入困境的人，而不是模糊抽象的個體。**

許多研究也證實了「受害者識別效應」的存在。耶路撒冷希伯來大學的心理學家科古特（Kogut）和利托夫（Ritov）2005 年發表在《行為決策》（*Journal of Behavioral Decision Making*）雜誌上的研究就發現，對需要幫助的人描述得越多、越具體的話，人們就越想捐錢給他。

在第一項實驗中，實驗者招募了 147 名在校生，這些學生被隨機分成八組。他們需要閱讀一段故事，大概內容是有個小朋友得了重病，沒錢治療，需要大家捐款。他們會分別看到四種對小朋友的描述。第一組學生看到的描述是「小朋友」，沒有其他資訊，這時小朋友的形象是最抽象的；第二組學生看到的則是「兩歲的小朋友」，比第一組具體一點；第三組更進一步，他們不僅知道小朋友的年齡，還看到了小朋友的名字；第四組的描述最為具體了，不僅有年齡和名字，還有照片。

研究者統計不同情況下學生是否願意捐錢給小朋友，以及願意捐多少，並據此計算出學生的捐贈意願指數。他們發現，如果捐款的對象是「一位小朋友」，在沒有其他描述下，學生捐錢的

意願指數較低，只有 47.17。而隨著描述越來越詳細，學生也越來越願意幫助這位小朋友。如果他們看到了小朋友的年齡與名字資訊，捐助意願指數上升到 73.19。而如果提供了小朋友的年齡、名字和照片資訊，他們的捐助意願會再上漲，達到了 83.90。這與之前的研究是一致的，對小朋友的描述越詳細具體，人們就越想幫助他。

有趣的是，如果捐助對象從「一位小朋友」變成了「八位小朋友」，這個效應就不見了。學生對八位小朋友的捐助意願要低於對一位小朋友的捐助意願。

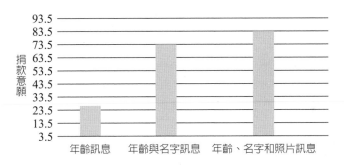

對小朋友描述的詳細程度影響了學生的捐款意願

那麼，為什麼人們會如此「不理智」呢？科古特和利托夫認為，因為他們被情感蒙蔽了雙眼。

在第二項實驗裡，科古特和利托夫新招募了 112 位學生。這次他們被隨機分成四組。其中兩組學生看到的故事是，一位小朋友得了很可怕的病，需要好心人捐款相助。研究者沒有向其中一

組學生提供這名小朋友的其他資訊，而另一組學生能看到這名小朋友的年齡、姓名和照片資訊。另外兩組學生除了看到的是八位小朋友之外，其餘實驗流程都相同。這次除了評價自己的捐助意願外，學生們還要報告自己看到這個故事之後，在多大程度上感覺到悲傷及同情。

實驗結果發現，面對一個沒有提供任何資訊的小朋友，學生們為他捐款的意願為 36.1，如果看過這位小朋友的年齡、姓名和照片，學生們的捐助意願指數會提高到 52.9。研究者還發現一個有趣的結果：如果看的是一位有姓名、年齡和照片資訊的小朋友的故事，學生們會感覺更加悲傷。而當捐助對象變成八位小朋友之後，這個現象就消失了。

後續研究還發現，當學生們看到一名有具體資訊的小朋友的悲慘故事，他們會更加悲傷，也更願意捐錢。學生們給一名小朋友捐的錢更多，平均為 6.37 元，也會感覺更悲傷，而他們只想為八位小朋友捐出 3.22 元。

所以，悲傷似乎就是讓人們產生「受害者識別效應」的推手。1996 年，阿姆斯特丹大學的心理學家斯塔波（Stapel）和維爾特惠森（Velthuijsen）發現，生動具體的資訊會啟發我們過去的記憶，讓我們有一種熟悉感，也更容易引起我們的情緒。

大家不妨想像一下，天寒地凍下，有一位衣衫襤褸的老人，正在我們身旁的人行道上瑟瑟發抖。我們會不會覺得這人好可憐，真想給他一點錢買個熱饅頭吃？答案是肯定的。同理，看到

照片裡兩歲的、叫 Peter 的小朋友遭遇不幸，我們心中浮現的畫面會生動許多，我們的心情也會更加難過，自然也就更想捐錢幫他度過難關了。

除了情緒的影響外，研究者對於「受害者識別效應」也有一些其他的解釋。比如，有些研究者認為，對受害者的描述越具體，人們越相信，在他身上的確發生了可怕的事，也就更願意伸出援手。也有一些研究者認為，大多數人會覺得，十個人裡有一個人遭遇不幸，會比一萬個人中有一個人遭遇不幸要嚴重得多。而對受害者的描述越具體，對應的參照群體就越弱小，他們遭遇的不幸就越可怕，人們自然就越加願意幫助受害者了。

在現實生活中，許多捐款事件的發酵也借助了這一效應。2012 年在紐約，一位老奶奶遭到了四名中學生的欺凌，有人將完整記錄了欺凌過程的影片上傳到網路上。隨後，來自 84 個國家，超過 3 萬名的好心人捐助老奶奶合計超過 70 萬美元。

俗話說，「惻隱之心，人皆有之」，但是，**我們的善意也很容易變得盲目。「受害者識別效應」會讓我們過度關注某個不幸的個體，而忽視集體的悲劇**。囿於心智，我們經常會看不到那些無法貼近、接觸的群體所面對的痛苦、困境。

15

寧可不做好人，也不想做一個小氣的好人

....

爲了逃避捐款，人們可以做出很多有趣的事。

某一天我去咖啡館買咖啡，在付款時，注意到收銀檯旁邊擺著一個透明的捐款箱，裡頭有一些 5 元、10 元人民幣紙鈔。我打開錢包發現只有 1 元零錢。當時我其實想把這 1 元放入捐款箱，但是我沒有那麼做，而是轉身離開了。

作爲一名研究金錢的心理學家，我對自己這種舉動做了反省。爲什麼我不願意捐掉這 1 元？爲什麼我明明覺得應該捐錢，卻還是選擇逃避呢？

2008 年，加州大學聖地牙哥分校管理學院的葛尼奇（Gneezy）教授等人在遊樂園裡做了一項研究。遊樂園的一些設施會趁遊客不注意時捕捉他們遊玩的影像，當我們坐完一趟雲霄飛車後常能看到一個大螢幕上滾動播放著大家閉著眼睛大叫的照片。如果覺得這張照片拍得不錯，我們就可能付錢買下來。這類照片一般都有個固定價格，但這項實驗所選的樂園則不同，他們讓遊客自己定價，想付多少就付多少。如果你覺得這張照片只值 1 美金，就只要付 1 美金，若只值 1 分錢，就付 1 分錢帶走這張照片。

當研究者來到這個樂園做實驗時，他們在這項付費方式上做了小更動。研究者告訴遊客，他們仍可以跟以前一樣，愛付多少

就付多少；唯一不同的地方在於，他們付的錢裡面有一半會捐給某公益團體，用來治療一種非常嚴重的疾病。

這項實驗持續了兩天，總共有 25,968 名遊客被拍照。這些遊客看過自己的照片並決定是否購買，如果要買，就還得決定要付多少錢。

猜想一下，在這種情況下，遊客們會買得更多，還是買更少張呢？他們願意出更多或更少的錢呢？你可能會覺得，反正也是花錢買照片，還順便做了公益，遊客應該會買更多張才對。結果沒有你想的這麼簡單。如果只看遊客的平均出價，引入捐贈後，的確提高了遊客願意支付的平均價格。平日裡，遊客一般願意為一張照片平均出價 0.92 美金，但是當他們知道自己付的錢有一半要捐贈時，願意支付的價格上漲到了一張 5.33 美元。也就是說，跟你想的一樣，當遊客意識到自己的購買行為可以幫助他人時，他們的確願意給得更多。

但有趣的是，願意購買照片的遊客人數卻大大減少了。平時一般有 8.39% 的遊客願意購買照片，但是在這兩天裡，當遊客知道自己要付的錢裡有一半要捐贈時，只有 4.49% 的遊客願意購買照片。也就是說，在聽到自己要為別人捐款時，有很多人寧可不買照片地轉身離開。人們直接放棄的比率從平日裡的 91.61% 上升到 95.51%。

為什麼會出現這種情況呢？

想像一下，平時讓你買一張照片，你可能會選擇出一個低價，

比如 5 角。但是告訴你，你出的錢裡面有一半要被拿去幫助別人，想必你就不好意思再出 5 角了吧？既然是做好事，怎麼能這麼小氣呢？

所以如果要做好事，我們就得多出點錢，比如 5 美元。但是如果我們捨不得 5 美元，就乾脆也不要買照片了。**我們寧可不做好人，也不想做一個小氣的好人。**

這也就是為什麼我不願意在咖啡館裡捐掉我的 1 元人民幣。因為 1 元顯得太少了，如果我捐了，就顯得很小氣。但是如果讓我拿出一張整鈔捐掉，又有點捨不得，所以只好逃之夭夭。

我們每個人都覺得自己是好人，是個大方的人，是個樂於助人的人。因此，如果一件好事擺在面前我們不願意做時，就會遠遠躲開，假裝自己沒看到。

美國有一個著名的慈善機構叫作救世軍，他們每年耶誕節都會舉行紅水壺公益活動。負責募捐的人會穿上獨特的紅色圍兜，戴上聖誕帽，手拿一個鈴鐺向路人勸募。這些善款會被用於採購食物、衣服、玩具，發放給有需要的人。

2009 年的冬天，加州大學經濟系教授詹姆斯・安德雷奧尼（James Andreoni）以及耶魯大學教授漢娜・特拉奇曼（Hannah Trachtman）與「救世軍」合作實測，再次驗證了人們「逃避捐款」的行為。

他們選了波士頓地區的一家超市。這家超市有兩個大門，顧客在停車場停好車之後，就會通過這兩個門進入超市。這次勸募

活動選在超市的 1 號門進行。

　　這項實驗從週一持續到週四，每天上午 11 點開始，晚上 7 點結束。勸募者有時只是安靜地站在 1 號門「消極等待」捐贈，並對捐錢的人說聲謝謝。但偶爾也會大聲「口頭呼籲」，並與超市顧客進行互動。比如他們會打招呼說：「你好！今天過得怎麼樣？聖誕快樂！請捐一些錢吧！」邊說邊搖動鈴鐺。

　　當勸募者只是「消極等待」時，平均每分鐘會有 0.32 人來捐贈、捐助金額為 0.33 美元。而「口頭呼籲」使捐贈人數多了 55%。重點是，「口頭呼籲」也讓人們捐得更多，募集到的捐款比「消極等待」多了 69%。「消極等待」的時間段（持續 92 分鐘）裡，他們平均收到的捐款是 29.97 美元；而「口頭呼籲」之後，在同樣長的時間裡收到的捐款卻多了 20.63 美元，平均募集到 50.6 美元。

　　這說明「口頭呼籲」更好嗎？那可不一定。

　　在這兩個情境中，勸募者都在超市的 1 號門。也就是說，如果顧客下車時遠遠的瞧見 1 號門的勸募者和紅色水壺，聽到了那獨特的鈴鐺聲響，他們會意識到 1 號門有一個募款活動。這時，他們可以選擇從 1 號門或是 2 號門通行。

　　於是，詹姆斯・安德雷奧尼對出入這兩扇門的人數進行了統計。來超市採購的人需要經過兩次大門，先進去，再出來，這個過程被統計為 2 人次。勸募者有一半的時間都在「消極等待」，另外一半的時間在「口頭呼籲」。當勸募者只是「消極等待」時，

來來回回經過 1 號門的共有 2,563 人次，可當志願者「口頭呼籲」時，經過 1 號門的人次減少到了 1,728。也就是說，聽到勸募者的聲音，顧客下意識地躲避 1 號門選擇從 2 號門通行。

在這個基礎上，詹姆斯‧安德雷奧尼又做了一項補充實驗。為了防止顧客逃走，在 1 號門、2 號門都進行募款活動。結果發現，當勸募者只是「消極等待」時，經過 1 號門和 2 號門的總人次為 4,682，但是當勸募者「口頭呼籲」時，經過 1 號門和 2 號門的總人次下降到了 4,084。這 600 人次去哪兒了？研究者後來發現，這個超市還有一個離停車場更遠的後門。也就是說，顧客聽到兩個門都在進行捐款活動後，甚至不惜繞遠路來躲避。

我們想要做一個好人，幫助他人是天性。如果有人來勸募，我們很難說「不」，但是割捨金錢又的確是一件痛苦的事。所以，很多時候，我們寧可遠遠的躲開，當作沒看見。當我們不想捐贈或幫助他人時，我們會逃避對方的目光、會低頭看手機假裝沒看到。我們不惜放棄自己心愛的照片，或者費勁地繞遠路，只是因為我們不想對捐款說「不」。

16

戶籍的經濟價值

某農村男性為了彌補戶籍的先天不足，需要每年多賺 24~27 萬元；而某農村女性為了彌補戶籍的先天不足，需要多讀 4~5 年的書。

曾經，一座城鎮的戶籍是非常值錢的，尤其是北京、上海等地，號稱價值超過 10 萬人民幣。那麼一座城鎮的戶籍到底值多少錢呢？隨著時代的變遷似乎越來越不值錢了。那麼城鎮戶籍到底貶值了多少呢？

這個問題似乎不太好研究，畢竟城鎮戶籍沒有標明價碼。2018 年 3 月，清華大學經濟管理學院的王栩淳和鐘笑寒在《經濟學報》發表了一項有趣的研究。他們從「婚姻市場」這個獨特的視角出發，研究了城鎮戶籍的附加經濟價值。

你在婚姻市場上的價值，取決於你的一些客觀條件；綜合年齡、身高、外貌等自然生理條件，和戶籍、收入、家庭背景、受教育程度等社會經濟條件，就能得出你大概值多少錢。戶籍類型作為個人重要的社會經濟條件之一，也會影響你的價值。因此，可以透過城鎮戶籍和其他條件之間的替代關係，來得出戶籍的經濟價值。比如說，如果你是農村戶籍，你在婚姻市場上可能會被歧視，那麼你要藉由多賺多少錢才能抵消這種農村子弟的負面影

響呢？

研究者利用了北京大學中國社會科學調查中心執行的中國家庭追蹤調查（CFPS）2012 年的資料。該資料包括全國 26 省 1.6 萬戶家庭夫妻雙方的詳細資訊。

研究發現，一個擁有城鎮戶籍的男青年在婚姻市場上的競爭力比一個相同條件的農村青年要大得多。如果你是農村子弟，那麼你需要每年多賺 24~27 萬元，才足以跟一個其他條件都相似的城市男青年旗鼓相當。

那麼女性呢？一名在農村出生的女性，能否透過多賺錢來彌補這個不足呢？一名擁有城鎮戶籍的女青年在婚姻市場上的競爭力也比相同條件的農村女青年要強。如果你是農村戶籍，那麼你需要每年多賺 6.6~7.3 萬元，才足以跟一名其他條件都相似的城市女青年平分秋色。

女性的戶籍問題除了可藉由賺錢來彌補，是否也能透過教育來彌補呢？資料分析顯示，女性城鎮戶籍可由 4~5 年受教育年限來替代。也就是說，在其他條件相同的情況下，農村戶籍的女性要比城鎮戶籍的女性多讀 4~5 年的書，才能在婚姻市場上擁有同樣的競爭力。所以，如果你是來自農村的女性，可以透過多讀書，接受更高的教育來提升自己的學歷，從而提升自己在婚姻市場的競爭力。

但是，最近幾年發生了天翻地覆的變化。農村戶籍因爲跟土地相聯繫，變得越來越有價值。戶籍價值會不會也隨時間發生變

化呢？這個變化能否在婚姻市場的資料中呈現出來呢？研究者根據已婚夫妻平均年齡的中位數（47歲），將樣本分成兩組，一組平均年齡低於47歲，另一組高於47歲，分別進行了分析。

首先我們來看婚姻市場上男方對女方戶籍情況的重視程度。如果我們仔細觀察受教育程度對戶籍的補償作用，就會發現，對20年前的婚姻來說，妻子是農村戶籍，需要4.4~4.65年的教育才能替代。但是對近20年的婚姻來說，妻子是農村戶籍，只需要2.6~4.15年的教育程度就足以替代了。也就是說，隨著時間的變化，女性的城鎮戶籍價值在婚姻市場中呈現淡化和下降趨勢，變得沒有以前那麼值錢了。

那麼，對於男性也如此嗎？結果可能讓你吃驚。觀察男性的可支配收入對戶籍的補償作用，就會發現，對20年前的婚姻來說，男性的農村戶籍可透過多賺8~18萬元來替代。但是最近20年，男性的農村戶籍卻要藉由多賺20~29萬元來替代了。雖然研究者認為這個結果反映了男性的城鎮戶籍價值在婚姻市場中呈現增加趨勢，反而變得更加值錢了，但是20年前的錢跟現在的錢不能同日而語。所以，扣除通貨膨脹因素，男性的戶籍重要性實際上增漲得沒那麼多。

戶籍的價值隨時間發生變化，那麼戶籍的價值會不會隨地方的變化而變化呢？例如，不同經濟發展水準地區之間，戶籍的價值是否會有所不同呢？研究者根據2012年各省人均GDP的中位數，把26省的已婚夫妻樣本分成兩組，人均GDP高於中位數的

為一組，低於中位數的為一組。

首先我們來看女性的戶籍價值。對於那些居住在經濟發達地區的女性來說，擁有農村戶籍需要用 4.0~4.87 年的教育程度來替代。但是對於那些居住在經濟不發達地區的女性來說，擁有農村戶籍需要用 4.6~5.41 年的教育程度來替代。也就是說，在經濟發展水準較低的地區，男性對妻子戶籍類型的關注和評價反而更高，女性城鎮戶籍價值會變得更值錢。在一線城市裡，你的農村戶籍不會受到太多歧視，但是在經濟不發達的小城市，你反而容易受歧視。

我們再來看男性是否也如此。一個居住在經濟發達地區的農村青年，需要多賺 13~18 萬元才能彌補戶籍的先天不足。但是如果居住在經濟不發達地區，則需要多賺 43~175 萬元才能彌補。也就是說，在經濟發展水準較低的地區，女性對丈夫戶籍的關注和評價也比較高，擁有一個城鎮戶籍對男性來說含金量很高。

總結一下，城鎮戶籍曾經一度是婚姻市場上的強勢財貨。一名農村女性為了彌補戶籍的先天不足需要多讀 4~5 年的書，一名農村男性為了彌補這項不足則需要每年多賺 24~27 萬元。當然，隨著時代的變遷，城鎮戶籍變得沒有以前那麼值錢了。有趣的是，在經濟不發達的地區，城鎮戶籍會更加值錢；在經濟發達的地區，城鎮戶籍反而沒那麼值錢。你有沒有想過，在婚姻市場上，你值多少錢？

17

貧窮的科學家反而能做出重要的科學創舉

　　資金短缺和資源匱乏真的能促進人們爆發創造力嗎？

　　中村修二是 2014 年諾貝爾物理學獎得主，他憑藉在 1990 年代初發明的高效能又環保的藍色發光二極體，給全球 1/4 的人帶來光明，他任職的日亞公司也因這項專利賺取了大量錢財。可是，中村修二的發明之路並不順暢。作為公司一名普通技術員，他沒有得到公司的任何資助。陰暗的地下室，無人問津的幾部研究設備就是他的全部。可他從未放棄，獨闢蹊徑地想到了用氮化鎵作為發光材料，直到最後耀眼的藍光終於從地下室綻放……

　　為科學做出巨大貢獻的居禮夫人，從學生時代開始就過著貧苦的生活。住在破舊的閣樓，每天吃胡蘿蔔喝茶度日，然後廢寢忘食地學習。寒冷的冬天沒有爐火，她就打開自己唯一的行李箱，把衣服都掏出來蓋在被子上。即使後來與丈夫皮耶相識，兩人仍舊生活拮据，第一克鐳的提取甚至是在一個屋頂殘缺漏雨的棚舍裡完成的……

　　不光科學界是這樣，其他領域也是如此。

　　困苦的畫家米勒，沒錢買顏料就自己製造木炭條畫素描。他用新奇的眼光去觀察自然，欣賞自然，最後以鄉村風畫作中溫暖動人的人性而聞名法國畫壇。

電影《流浪地球》就是在不斷的資金短缺中被創造出來的。故事中恢宏的太空站、精密的太空艙、別有洞天的地下城、鐵甲洪流般的運載車，深深震撼了大螢幕前的觀眾。

那麼，資金短缺和資源匱乏真的能促進人們爆發出創造力嗎？伊利諾大學香檳分校的拉維・梅塔（Ravi Mehta）和約翰霍普金斯大學凱瑞商學院的朱萌（Meng Zhu）一起考察了這個問題。他們的研究發表於 2016 年的《消費者研究》。

其中一項實驗邀請了 60 名香檳分校的大學生參與。在實驗第一部分，學生們被隨機分成兩組，一組學生回想並寫下自己成長過程中常遭遇到的物資短缺情況；另一組學生則回想並寫下自己成長過程中那些物資充裕、衣食無憂的時刻。

在 3 分鐘的寫作完成後，研究者安排他們做一項創造力測驗，並在測驗中嵌入真實的生活場景：

學校的電腦實驗室剛引進一批全新的電腦設備，廠商為了確保這些電腦在運輸過程中不受損，給它們都裹上厚厚的泡棉。運輸過程很順利，現在電腦已安裝完畢，但剩下了 250 張沒有受損的泡棉。請給出一個你覺得最適當的處理這些泡棉的方案。

那麼，哪一組學生給出的解決方案更具創造性？研究者另外邀請了 17 名對這些學生的分組情況並不知情的評估者，從新穎、創造性、原創性三個角度進行 1~7 分的評分。

結果發現，那些在寫作任務中感受到資源匱乏的學生給出的解決方案，普遍被認為是更具創造力的 3.52 分，明顯高於那些寫

文描寫自己物資豐饒的成長經歷的學生的 2.98 分。由結果可證，感受到物資稀缺提升了人們的創造力。

這是因為，**人們在感知到資源的限制後，會跳出原有的思維框架，找尋其他可能的方案。**例如實驗中被分到物資匱乏組的學生，他們表示，自己在思考泡棉的處理方案時，跳出了泡棉最原本的用途，更深入地思考泡棉的非常規用法。並且，對他們而言，這一深入思考、挖掘其妙用的過程令人十分享受。

貧窮提升創造力的關鍵就在於不要被固定的模式所束縛。因此，如果你周圍的環境在反覆強調事物的既定模式，貧窮也不能提升你的創造力。

為了證明這一點，研究者招募了 82 名大學生參與實驗。他們首先被分成兩組，完成一個圖片搜尋任務，一組學生被要求找 5 張讓人覺得資源豐富的圖片，例如繁茂的熱帶雨林、堆成山的金錢等；另一組學生則需要找 5 張讓人覺得資源匱乏的圖片，例如乾涸的沙漠、破舊的屋舍等。

接著，研究者開始對他們的創造力進行考察，具體任務是對「鍵盤」進行創新性改善。但是，其中一半的學生被提醒「這個鍵盤就和你現在正在打字的鍵盤一樣」，另一半的學生則沒被提醒。因此，有一半的學生心中，鍵盤的作用已被固化，只能用來打字。

結果發現，和上一項實驗結果一致，如果不強調鍵盤的用途，資源的匱乏便提升了學生在產品設計上的創造力，以 7 分為最高

分，他們的創新性得分為 3.89，明顯高於資源富饒組的 3.69 分。但是，在強調了鍵盤的打字功能後，不管是經歷了資源匱乏的人，還是目睹了物資豐饒的人，他們在設計的新穎性上差異不大，得分分別為 3.66、3.79。

因此，**資源匱乏並不一定是件壞事。如果你的環境沒有強調事物的固有模式，感受到限制反而會敦促你跳出長久以來的心理定勢，進行自由又浪漫的思考。**

第三章

金錢與消費行為

你自以為花錢很理性,
其實你很常為老梗的行銷手段掏錢。

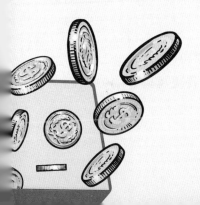

01

如何科學地要到一筆錢？

精確的數字不但讓人覺得可信，還會覺得比較少。

生活中，我們常需要向別人索錢。例如向老闆要求加薪、向投資人邀請投資、向財務部門申報預算、向朋友借錢……這裡要來分享一個可有效提高索錢成功機率的金錢心理學祕訣。

假如有個朋友說他有急用，要向你借 1,000 元。你會借他嗎？

假如這個朋友向你借的不是 1,000 元，而是 1,193 元。你會借他嗎？

想一想，是借 1,000 元更容易，還是借 1,193 元更容易呢？

有趣的是，心理學家發現，雖然 1,193 元比 1,000 元更多，卻能讓人更心甘情願地掏腰包。也就是說，精確的數字，讓人更願意買單。

康乃爾大學的湯瑪斯（Thomas）和他的團隊研究了這個問題。他們分析了 2.7 萬件中古屋的交易資料，發現如果賣家一開始的開價更精確的話，例如 322 萬元，而不是 300 萬元時，最後的成交價格反而更高。這說明精確的價格更容易讓人接受，而且買家殺價時也不會太狠。

為什麼會出現這種情況呢？有兩個原因：

第一個原因是，精確的數字讓人覺得更可信。1,193 看起來

不像是胡謅的數字，一定是有某個具體的需要而借這筆錢，因此讓人覺得更有依據。如果你要賣房子，開價 200 萬元，會讓人覺得這個價格是你亂編的。但若是開價 213.5 萬元，聽起來就比較可靠，像是有個合理的根據才訂出此價格。

事實上，精確的東西更可信，不但可用在價格上，還可用在其他事情。如果你想說服別人，就要為別人描繪一個具體畫面。

1992 年，美國公共利益科學中心發現，電影院裡賣的爆米花中飽和脂肪酸過高，會損害健康。一開始他們發布的資訊是：「爆米花裡的飽和脂肪酸偏高，會損害健康，導致心血管疾病。」可是美國民眾聽到這項消息後無動於衷，只因為這個訊息太抽象了。於是公共利益科學中心決定讓這項資訊具體化，發布了一條新的資訊：「一份中等爆米花的飽和脂肪酸含量比一份培根雞蛋早餐、一份巨無霸漢堡加薯條午餐和一份牛排晚餐加起來還要高！」在這支廣告裡還呈現了集合所有不健康食物的畫面。而這個畫面打動了美國民眾，並且聯合起來抗議電影院，要求改善爆米花的配方。

不但要錢時要具體，說服別人時更要具體化，制訂目標時也要夠具體才能鼓舞人心。很多公司在制訂目標時也喜歡說得很抽象，這並非好事。

索尼公司在計畫設計製造小型隨身聽時，並沒有說明目標是「迷你音樂播放」，而是「能放到口袋裡的音樂播放器」。這樣一來，目標就更具體了。甘迺迪總統在講到登月計畫時，並沒有

說「征服月球」，而是「我們的目標是在 10 年內，把人送上月球，再安全地帶回來」。這一類具體的目標描述了一幅畫面，讓人感覺更加可信，也能實現，更能鼓舞士氣。

反過來，如果只是含糊地說：「我們的目標是要建設世界一流大學！」那就可能讓人覺得這個目標有點遙遠。

有不少研究發現，若有個具體而鮮活的形象會讓人變得更有愛心。

例如，一項醫學研究發現，當醫生在做斷層掃描時，在病歷上放一張病人的照片，醫生就會更加用心，更加關心這名病人。看到病人的照片，會讓醫生感覺自己是在治療一個活生生的人，而不是一個抽象概念，需要格外用心。

當需要救助的物件非常生動具體，而且有鮮活的形象時，人們就更願意慷慨解囊。

2002 年，一艘油輪在大海上航行時起火，船長和 10 名船員被路過的一艘船救了起來，但是船長養的一隻叫作福格的小狗卻被遺落了。有人說好像看到那隻狗還在那條船的殘骸上，但是如果要去救這隻狗，得花一大筆錢──4.8 萬美元。沒想到，夏威夷的居民很快就湊齊了這筆錢，最後海軍陸戰隊協同各個救援組織，花了 4.8 萬美元，把這隻狗救了出來。為什麼人們願意花這麼多錢來救一隻狗呢？主要是拜媒體報導之賜。媒體在報導時具體描述了這隻狗的樣子，牠是一條白色的混種梗犬，喜歡吃比薩，長得胖胖的，大約有 20 公斤重。這個具體描述讓人們在大腦裡浮

現出狗的樣子，於是為了挽救這條生命，人們慷慨捐助。

另外一個應用場景是做預算。很多人的習慣是湊一個整數，比如 100 萬元或 50 萬元。可是這種湊出來的整數會給人一種這個預算有灌水的嫌疑，因此審預算時可能就會被砍掉一大筆。預算是 100 萬元不如 103.4 萬元更讓人覺得可信，砍預算的人也比較會手下留情。

行為科學家瑪利亞·梅森（Malia Mason）的團隊做過一項研究，他們讓人們買賣一輛二手車並討價還價。首先賣家會看到買家的開價，一組賣家看到的是整數報價 2,000 美元，另外一組看到的是比較低的精確報價 1,865 美元，還有一組看到的是比較高的精確報價 2,135 美元。

結果發現，看到精確報價的兩組賣家，殺價的幅度溫和多了。他們的開價只比買家的開價高出 10%~15%。可是看到整數報價的那組賣家的殺價就狠多了，平均殺價比買家提出的價格高出 23%。也就是說，精確報價會讓對方殺價殺得不那麼狠，而且也更容易成交。

為什麼呢？研究者認為，接獲精確報價的賣家，更容易認為這個數字是買家花了時間和精力進行調查後的結果，這個數字背後有充足的理由支撐。

精確的數字之所以更好的**第二個原因是，精確的數字讓人覺得少**。康乃爾大學的研究團隊發現，人們覺得精確的價格更便宜，比如，523 元比 500 元要更便宜。你可能覺得很難相信，明

明 523 元比 500 元還多啊！

如果我問你，大白菜多少錢一斤，你大概會說兩、三元一斤吧。但是如果我問你，你家的電視多少錢，你可能會說 5 千多元。雖然這個電視的價格是 5,390 元，但是你不會記得後面的零頭。我們對小的數字反而記得比較精確，蘋果多少錢一斤你可以精確到個位數，但是對大的數字就只能記得一個大概，電視多少錢你只能精確到千位數，房子多少錢你只能精確到萬位數。

這樣一來，**在我們的記憶裡，精確到個位數的價格都比較小。**這給我們一個感覺，小的數字才會很精確。**所以當一個數字很精確時，我們會感覺更便宜。**

精確地要錢更好，但是也要特別注意，有一些情況，精確的數字會讓你顯得很小氣、斤斤計較。如果你和朋友去逛街，他身上沒帶錢，跟你借了錢買東西。之後你想要他還錢給你，如果你說：「上次借給你的 1,193 元，什麼時候能還？」就顯得很小氣。如果你說：「上次你借的 1 千多元，什麼時候能還？」聽起來就好多了。

到此，你獲得了一個重要的知識，精確的數字不但讓人覺得可信，還會讓人覺得更少。當你在跟老闆要求加薪時、當你向投資人邀請投資時、當你在做預算時，這個知識都能幫助你更順利地要到錢，還可能要到更多。另外，你如果想要高價賣掉房子，或需要讓別人更加相信你說的話，也可以合理地運用這個精確法則：**越精確越具體，就越讓人覺得可信。**

02

爲什麼你買菜討價還價，

但買化妝品絕不手軟？

就算你不把人分爲三六九等，也還是避免不了把錢分爲三六九等。

生活中我們經常遇到這類有趣的現象：

有人買菜爲了省一點零頭討價還價，但買名牌口紅絕不手軟；有人領了薪水花得精打細算，但打牌贏了錢立刻呼朋引伴 K 歌；有人「百貨週年慶」爲了贈品瘋狂積點，但平時對路邊的一元硬幣看都不看一眼。

這些現象告訴我們：錢和錢是不一樣的！

錢和錢之所以不一樣，是因爲我們把錢放在不同的心理帳戶裡了。

心理帳戶這一概念是由 2017 年諾貝爾經濟學獎得主泰勒（Thaler）教授在 1985 年提出的。所謂**心理帳戶，就是人們會在心中把錢分門別類地存放在不同的「抽屜」裡，貼上不同的標籤。**例如，必要的生活必需品、休閒娛樂、交際應酬等支出。這些「抽屜」就是我們的心理帳戶。

下面透過兩個情境來看看心理帳戶如何影響我們的行爲。

情境 A：你打算去劇院看一場演出，準備到現場購票，票價是 800 元。在你到達劇院時，發現自己丟了 800 元現金。

情境 B：你打算去看一場演出，而且花 800 元買了一張票。在你到達劇院時發現票遺失了。如果你想看演出，必須再花 800 元購票。

在這兩個情境下，你還會繼續花 800 元買票嗎？

1981 年，兩位經濟學家丹尼爾・康納曼和阿莫斯・特莫斯基（Amos Tversky）做了類似的實驗。結果顯示，在情境 A 中 88% 的人選擇繼續購票，而在情境 B 中只有 46% 的人會再購票。

為什麼同樣面對 800 元損失，人們卻做出不同的選擇？

兩個情境結果迥異的原因在於，情境 A 中丟失的 800 元屬於「現金帳戶」，而買演出票券的 800 元屬於「娛樂帳戶」，前者的損失對後者影響不大；而情境 B 中，已經為買票花掉 800 元了和還要再花 800 元購票同屬「娛樂帳戶」，人們會覺得在這個帳戶裡要花的錢也太多了，所以選擇再買一張票的人數大大減少。

研究者對此指出，我們對每個心理帳戶裡的錢是專款專用的，而不同帳戶裡的錢不能轉移也不可替代。

①心理帳戶具有不可替代的特徵

心理帳戶這種「不可替代」的特徵表現在哪些方面呢？

首先，不同來源的錢所屬的心理帳戶不同。比如，我們對待

意外之財和辛苦得來的錢態度很不一樣。我們可能會把辛苦賺來的錢存起來捨不得花，但是中彩券贏的錢可能轉眼就花光了。

其次，不同用途的錢所屬的心理帳戶不同。比如，最近天氣轉涼，鄰居王先生看中一件羊毛衫，覺得太貴捨不得買。可月底時他妻子買下羊毛衫當作生日禮物送給了他，他卻很開心。這是因為自己花錢買衣服屬於生活必需支出，而妻子送生日禮物花掉的錢屬於情感支出。所以王先生可以開心地接受昂貴的禮物，自己卻未必會去買昂貴的東西。

這一點在行銷領域有很大的應用價值。當賣場裡的銷售人員拿著一盒 200 元的巧克力對你說「買一盒巧克力吃吧，很好吃的」，你可能會覺得太貴而不買。但如果銷售人員是說「買一盒巧克力送給你最愛的人吧！」這時，這 200 元的心理帳戶就從「食品支出」轉移到「情感支出」了，你就更可能掏錢購買。所以當顧客覺得某個產品太貴時，可能是因為銷售人員放錯了顧客的心理帳戶。

最後，不同儲存方式的錢所屬的心理帳戶不同。比如，同事張先生在銀行存了 100 萬元準備以後買房用，但他最近又在銀行貸款 100 萬買新車。為什麼不直接用利息較低的 100 萬存款買車呢（貨款利息比存款利息高）？因為在張先生心中，固定帳戶和臨時帳戶裡的錢是不同的。

理解了心理帳戶的概念與特徵，我們生活中的很多現象就可以得到解釋了。

②心理帳戶可以解釋我們並不理性的花錢習慣

有很多有趣的現象也可以用心理帳戶理論來解釋：

零頭、整數不一樣 —— 整張 100 元鈔票可能會在你的錢包裡待幾天，但是換成零錢後要不了幾分鐘就花光。

錢有不同的情感標籤 —— 有錢的表姊給你的 100 元，你覺得理所當然，貼上「正面標籤」；拮据的表哥給你的 100 元，你覺得受之有愧，貼上「負面標籤」。相對於表姊的錢，你更加不會把表哥的錢花在諸如冰淇淋等享樂商品上。

看了這麼多例子不難發現，我們每一次消費的背後幾乎都會有心理帳戶的影子，可能會讓我們做出很多非理性的消費行為。

03

為何花大錢辦的健身中心會員卡

最後還是浪費了？

時間之強大，能讓你忘掉愛過的人，也能讓你忘掉花過的錢。

很多人立定健身目標後會花一筆鉅款為自己辦一張健身中心會員卡，想用花錢時的這份心疼來激勵自己好好的管理身材，但是這筆錢經常都是白花了。

回顧一下你會發現，在付完錢之後不久，你一想到自己已經付了這麼多錢，就會打起精神去健身。但過一段時間後，你會因為天氣不好、工作太忙等各種藉口不去，即使想起之前為會員卡付出的鉅款也無動於衷。

1998 年，哈佛商學院市場行銷學教授古維爾（Gourville）和多倫多大學行為學與經濟學教授索曼（Soman）在一家健身中心做了一項研究。這家健身中心每半年收取一次會員費，每次要繳 336 美元。透過分析 1997 年上半年的會員資料，他們發現，剛繳完會員費的那個月，人們上健身中心運動的頻率最高，隨後逐漸降低，直到第二次繳費。

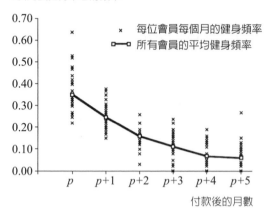

6個月去健身中心的頻率

×	每位會員每個月的健身頻率
□—□	所有會員的平均健身頻率

付款後的月數

隨著時間的推移，人們健身頻率逐漸降低

為什麼會這樣？

　　當你花錢辦卡時，是真真切切地花了錢，你會為了彌補這個成本而認真地打卡健身，感覺每去一次就賺回一筆錢。也就是說，在辦卡時，你可以清楚地將支付和收益做對比。既然付了錢，就得去賺回本。然而隨著時間的推移，辦卡花出去的錢就被你逐漸淡忘了，你越來越忽視這筆成本的存在。接下來，你去健身房的次數越來越少，覺得自己的會員卡不再像剛辦時那麼值錢了，不去健身也不會像當初辦卡時為花出去的錢感到心疼。

　　兩位專家古維爾和索曼將這種現象稱之為支付貶值（Payment Depreciation）。先付錢後消費時，付過錢之後，消費者會逐漸適應購買商品所付出的金錢（歷史成本），因此這筆已經花掉的錢對消費的影響將逐漸減少，這個過程就稱為支付貶值。簡單來說，就

是時間會讓你淡忘支付時的痛苦。

那是不是當初花的錢越多，就越忘不了這筆成本呢？

設想一下，如果以不同的價格向三組人販售相同的電影季票（一季內可無限次看電影），價格分別爲全額、八折和五折。你覺得哪一組人看電影的熱情最高？人們一開始花的錢越多，就會越積極去看電影嗎？

1985 年，俄亥俄州立大學的教授阿克斯（Arkes）和布魯默（Blumer）曾做過類似的實驗。他們把學生分成三組，學生分別以全額、八折和五折買到一張類似季票的電影票。然後研究者統計接下來四個月這些學生去看電影的次數。結果發現，在前兩個月，購買全額票的學生去看電影的頻率明顯高於購買優惠價的學生。然而隨著時間的推移，在之後的兩個月裡，學生去看電影的頻率就沒有明顯差異了。不管當初購票時自己支付了哪種價格，有沒有打折、打了幾折，只要時間足夠長，學生總會慢慢忘記這筆開銷。就算當初是全額買的票，兩個月後也覺得沒那麼值錢了。

2006 年，普林斯頓大學的埃爾達・沙菲爾（Eldar Shafir）教授和 2017 年諾貝爾經濟學獎得主 —— 芝加哥大學的泰勒教授做了一項「紅酒實驗」。他們調查了 97 名紅酒愛好者，讓他們想像以下情景：

假設 5 年前，你花 100 元買了一瓶紅酒。現在，這瓶酒的市場價格漲到 400 元。如果你今晚晚餐時把這瓶酒喝掉，你覺得喝掉這瓶酒的成本是多少？

理性來說，喝掉一瓶市場價格是 400 元的紅酒，那就是損失 400 元；喝掉這瓶酒和另外去超市買一瓶 400 元的紅酒其實沒什麼區別。但是消費者卻不會這麼感覺。大多數人都覺得自己沒花錢，甚至還賺了錢。結果顯示，只有 20% 的消費者認為自己喝掉了 400 元，30% 的消費者認為自己喝這瓶酒時就好像根本沒花錢，因為他們覺得這筆錢幾年前就已付過，如今根本想不起來當時花了多少錢。另外，還有 25% 的消費者認為自己賺了 300 元。

花錢買酒發生在 5 年前，而喝掉這瓶酒卻發生在今晚。5 年的時間讓消費者早就忽略了當時買這瓶紅酒付出的成本，因而現在拿起這瓶酒時，無論它目前值多少錢，喝的時候都彷彿是免費一樣，甚至還有賺到了的感覺。

還記得你曾經心心念念存了很久的錢才買到的那些東西嗎？比如一個包包，你剛拿到時愛不釋手，細心保養，但是過不了多久你就開始隨便蹂躪，任它變形髒汙。因為你付出的代價已經隨著時間貶值了，你不再能夠意識到這個包包的價值。

透過這幾項實驗我們可以發現，**支付貶值這個現象雖然會讓人們做出很多不理性的行為，卻並不會讓人感到痛苦。**相反的，因為支付貶值，人們喝著多年前買的紅酒還覺得賺到了。**在花錢這件事上，健忘讓我們快樂。**

04

錨定效應，你不相信這個價格，但仍會上當

商家的這項手法雖然老梗，但你就是看不透。

畫掉原價寫上現在售價是大家再熟悉不過的折扣方式了。畫掉的價格只是參考價格，有很多種稱法，比如「市場平均售價」「商家建議零售價」。它的存在是為了讓你有個清晰的對比——你看我真的便宜了不少！

很多商家會採取「虛報原價」的老把戲。把原價寫高一點，之後再打折，讓消費者產生「賺到了」的錯覺。每年的「雙 11」和「雙 12」購物狂歡節，想必你都因為打折買了不少東西。其實不少商家在「雙 11」打折促銷時畫掉的參考價格，比「雙 11」之前的售價高出不少。

2017 年中國消費者協會發布的《雙 11 網路購物商品價格追蹤體驗報告》指出，近八成的商品在雙 11 期間沒有便宜，虛報原價的現象非常嚴重。比如，某巧克力豆，「雙 11」前先大幅提高價格，由每盒 99 元飆到 162 元，「雙 11」期間降價到 78 元，給消費者折扣打很大的錯覺。

但是這種拙劣的招數，消費者真的會相信嗎？

早在 1985 年，加拿大貴湖大學的李斐德（Liefeld）等學者就探討了這個問題。實驗中，研究者從當時的報紙上剪下一些廣告，

讓 207 位消費者看過這些廣告,例如牛仔褲原價 100 美元,現在打折只要 79.9 美元。然後讓消費者估計這些商品的原價到底是多少。結果發現,消費者猜測的商品原價比商家給出的原價要低。也就是說,消費者認為打折時商家會給出一個虛構的高價,來讓打折力道明顯比實際更大。

所以說,消費者的眼睛還是雪亮的,能看出商家的折扣花招。1981 年,美國休士頓大學的布雷爾(Blair)和蘭登(Landon)也發現,消費者並不完全信任促銷廣告中標示的參考價格。研究者給 132 位女性消費者看了索尼電視的折扣廣告,廣告宣稱索尼電視正在打折,比平時便宜了 85 美元。但是讓消費者來估計時,他們認為只便宜了 65 美元左右。如果廣告說的是索尼電視比平時便宜了 16%,消費者會覺得可能最多就便宜了 12%。也就是說,消費者會在心裡給商家宣稱的折扣再打個八五折,認為實際的優惠比商家說的要少 25%。

既然消費者並不完全相信參考價格的真實性,那這種低劣的花招是否就真的失去效果了呢?研究顯示,即使消費者看破了這個手段,也仍然不妨礙他們被誤導。

這兩位研究者還發現,當促銷廣告中出現參考價格時,人們會覺得節省了更多。有趣的是,儘管人們都不相信廣告中的原價會比促銷價高那麼多,但是心裡還是會覺得占到了很大便宜。就像你看穿一位美貌的姑娘不過是因為她化了濃妝,但你還是會無可避免地認為她真的很有魅力。一個包包售價 5,999 元,大部分

人可能覺得貴。但是，如果這個包包在售價5,999元邊上加了原價9,999元，人們可能會覺得這個包物超所值，非常划算。

1988年，美國南卡羅萊納大學的厄本（Urbany）等學者就在《消費者研究》發表了一項研究。他們研究了合理的和誇大的參考價格對消費者的價格感知和價格搜尋行為的影響。

研究者首先找來了115名大學生做了第一項研究。在實驗中，參與者都會看到一架RCA品牌19英寸電視機的廣告，並需要完成一次類比購物活動。研究者將參與者隨機分成四組，控制組的參與者在廣告中只看到電視機現在售價319美元，而其他三組的參與者不僅在廣告中看到電視機現在售價，還分別看到三種電視機參考價格中的一種：359美元、419美元和799美元。然後研究者測量了參與者對這架電視機的日常價格估計、價值估計、搜尋收益和購買行為。

結果發現，與只有電視機現在售價319美元的廣告相比，有電視機現在售價和合理參考價格（359美元和419美元）的廣告會提高參與者對電視機日常價格和價值的估計。同樣的，有電視機現在售價和誇大參考價格（799美元）的廣告也有同樣的正面效應。只有現在售價的電視機，參與者估計它的日常價格是382美元；加了合理的原價419美元後，參與者估計它的日常價格變成了409美元；加了誇大的原價799美元後，參與者估計它的日常價格就提高到544美元。也就是說，與沒有參考價格的廣告相比，有了參考價格的廣告，不管參考價格是合理的，還是誇大的，都

會讓人覺得這個產品品質更好，而且原價也更高。

對電視機來說，原價 544 美元還是比較合理的，但是有些廣告裡的原價實在高得離譜，讓你覺得一看就不是真的。比如把一款價值 500 美元的電視機標價為 1,000 美元，這樣離譜的原價是不是就會被消費者一眼識破，導致沒有效呢？

1988 年，美國南卡羅萊納大學教授比爾登（Bearden）和他的團隊用高到離譜的原價進行了類似的實驗。他們讓 111 名消費者看了一架 19 英寸的某品牌電視機，並估計合理的原價和最高市場價。結果發現，消費者認為這架電視機的原價應該是 419 美元，而最高的市場售價也不會超過 799 美元。

研究者又找了 168 名大學生做了第二項研究，分別標注兩種不同的原價，一個是合理的原價（419 美元），一個是誇大的原價（799 美元）。

結果發現，如果沒有標注原價，只有 19% 的消費者有購買意願，但是標注一個誇大的原價 799 美元會增加參與者直接從賣家那裡購買電視機的可能性。另外，標注一個誇大的原價，還會導致消費者停止繼續搜尋的行為。也就是說，消費者在此時更容易停止去其他商家進行更多的價格比較，看中就會直接下手買下該產品。

因此，儘管參考的原價寫得越高，人們越會產生懷疑，但是原價越高，人們還是會覺得優惠更多。也就是說，一個誇張的原本價格也能讓消費者感覺更加實惠。

我們可以用 2017 年諾貝爾經濟學獎得主泰勒教授提出的「交易效用理論」（Transaction Utility Theory）來解釋這一現象。簡單來說，**交易效用就是人們覺得在交易中自己占了多大的便宜。**

舉個例子，冬天來臨，你想去商店買一床標準尺寸的雙人棉被，到了商店意外發現正在做促銷，所有雙人被一律 400 元。現在分別有原價 450 元的一般標準雙人被、550 元的豪華標準雙人被和 650 元的加大豪華雙人被，你會選擇哪一款？

本來想買一床標準尺寸雙人棉被的你，很有可能買了加大豪華雙人被。因為你覺得原價 650 元的被子現在只要 400 元，整整便宜了 250 元，比另外兩款被子省下更多錢。你之所以會這樣做，是因為購買這款超大號被子給你帶來的交易效用最大。基於同樣道理，原價和現在售價的差距越大，交易效用就越大，我們越覺得划算。

「買到賺到的感覺」非常真實，沒人希望自己買東西買貴了，但要去比較每家的價格又太麻煩。如果一開始就把價格定高，就會在消費者心中產生錨定效應（指人們在對某人某事做出判斷時，易受第一印象或第一資訊左右），消費者就會用參考價格這個「錨」作標準來判斷實際售價是否實惠。雖然消費者不一定相信原價是真的，但只要比現在的售價高，消費者就覺得賺到了。

美國有一家著名的連鎖百貨，叫作潘尼百貨（JC Penney）。這家百貨公司曾經厭倦了這種先拉高定價再打折促銷的遊戲，他們以為顧客一定也十分厭倦這樣的欺騙行為。所以這家公司做了一

次大膽嘗試,不再舉辦特賣,不再進行打折活動,而是提供天天低價,價格牌上只有一個數字,就是商家讓利後的最低價,沒有其他參考價格。這種做法其實也等於是告訴顧客:「相信我們吧,我們不想用一個原價來欺騙你。」結果如何呢?

面對潘尼百貨這種坦誠的舉動,顧客並不買帳,不到 15 個月,該公司的股價就從 43 美元掉到不足 14 美元。因為顧客覺得失去了參考價格後,他們看不到打折的痕跡,覺得自己買的東西一點都沒有便宜。很快的,經過改革挫敗後的潘尼百貨又開始了抬高定價再經常辦促銷的老把戲。

所以說,抬高參考價格的遊戲還是有著強韌生命力的。

05

誤區效應！別人都是冤大頭

　　為什麼我總覺得，別人比我花了更多的錢買同樣的東西？

　　日常生活中，我們經常會有這種想法：我們自己用幾萬塊就能購齊一間溫馨居家的家具，但隔壁鄰居非要背上鉅額債務去買一些性價比極低的家具；和閨密去逛街，她走到某專櫃前拖都拖不走，買了一套根本要不了這麼多錢的護膚品。為什麼有些人願意多花錢交智商稅？世界上怎麼會有這麼多冤大頭？

　　有一次我帶了一盒北海道白色戀人巧克力到課堂上。我先拿出巧克力在學生面前展示了一下。緊接著，我讓每位學生拿出兩張白紙，在第一張紙上寫下自己最多願意花多少錢來買這盒巧克力，在另一張紙上寫下自己估計班上其他人最多願意花多少人民幣來買。

　　有趣的是，當要估計自己願意出價多少時，他們平均願意花25元買這盒巧克力，但是當要估計班上其他人願意出價多少時，他們會嚴重高估別人出的價格，認為別人平均願意花53元。也就是說，我們覺得別人都是會多花錢的冤大頭。

　　這個現象不但在我的課堂上出現了，麻省理工學院的一個課堂上也出現同樣的情況。35名麻省理工學院的學生參加一個課堂拍賣。在講臺上放著10種不同的商品，學生們需要把自己願意為

每一種商品付出的競拍價格寫在一張紙上交出去。出價最高的人就必須付出第二高的價格來得到這件商品。但是除了寫出自己的出價外，這些學生還有一項任務——猜猜其他人拍賣出價的中位數是多少。寫之前，為了激勵學生認真參與，老師告訴大家，會給猜測數字最接近的學生一個額外獎勵。緊接著，學生們把自己猜測的別人出價的中位數寫在另一張紙上交了上去。

結果發現，學生們猜測其他人出價的中位數，竟然比真實值平均高出 43%。比如，所有同學給一包糖果出價的中位數只有 4 美元，但是大家卻估計中位數是 7.3 美元的高價。

人們總覺得別人比自己更愛花冤枉錢，這個效應是 2011 年時被耶魯大學管理學院的弗雷德里克（Frederick）率先發現的，而且這個效應會出現在各式各樣的商品中。

看到這裡你可能還是不太相信，剛剛讀到的兩項研究都是在教室裡做的，放到現實生活中它還會存在嗎？

麻省理工學院的研究者找到了查爾斯河畔大約 300 名正在悠閒野餐的學生，請他們幫忙填寫問卷。在這張問卷裡，他們需要寫下自己對 6 種不同商品的最高購買出價，然後再估計一下前一個填問卷的人的最高購買出價。

結果跟之前的實驗一模一樣，人們總認為別人比自己願意付更多的錢。正在享受河畔野餐的學生也估計前面一個填寫問卷的人比自己願意多付 30% 的錢來購買同樣的東西。

有趣的是，我們只是高估別人買東西而不是賣東西的支付意

願。對於賣家的估價，我們不僅沒有高估，反而估計得相當準確。例如，有一件我們自己平均願意出價 104 美元賣掉的東西，我們會估計別人的平均售價是 102 美元，是相當準確的估計。

為什麼人們只高估別人買東西的支付意願？是不是因為人們對這些商品的價格比較熟悉呢？一般來說，人們願意出的價格都比市場定價要低。例如我那盒白色戀人，人們可能知道它需要 90 元人民幣，但是他們只願意付 25 元。那為什麼這盒巧克力還能賣 90 元？人們會下意識地想，肯定是其他人願意付的價格比自己更高，導致巧克力廠商漫天要價。

為了考察是不是因為熟悉商品的價格造成了這個效應，研究者使用了一些虛擬的、市場上壓根不存在的商品來做實驗。例如，一趟去月球的旅行、一顆能讓人馬上開口說法語的神奇藥丸。對這些商品來說，大家根本不知道市場定價是多少，因此也就談不上熟悉它們的市場價格了。

這一次，研究者考察的是哈佛大學和密西根大學的學生。研究者讓他們寫下自己願意為幾種虛構商品出最高的購買價格，並猜測一下前面一位同學填寫的價格是多少。結果一樣，人們傾向於高估別人願意出的價格。例如神奇的法語藥丸，學生自己平均願意出 732 美元來購買，但是評估別人意願時，給出的平均估計出價是 941 美元。即使是對這種虛構的商品，人們還是認為別人比自己願意花更多的錢來買。

既然不是熟悉價格的原因，那是不是因為人們覺得別人比自

己更享受這些商品呢？如果你給我看一盒巧克力，我可能會覺得這盒巧克力對我意義不大，吃了還會發胖，並不會爲我帶來很多快樂。但是對於同桌小黃就不一樣了，她特別愛吃巧克力，如果她買到了，會比我更加開心，因此願意花大錢來買。是不是這樣呢？研究者接下來也考察了這個問題。

研究者首先讓人們評價自己有多麼享受某種商品，並猜測別人有多麼享受這種商品。結果發現，人們評價的享受程度並沒有顯著的差異。對某些商品來說，人們覺得自己比別人更享受，對另外一些商品來說，人們覺得別人比自己更享受。所以享受程度並不是我們要找的根本原因。

那到底是爲什麼呢？這個效應有幾種可能的解釋。

其中一個重要原因是，**我們把別人想得比自己更傻、更笨，把自己想得更優秀、更聰明，這會讓我們自我感覺更好、更開心、更舒服。** 也就是說，這個效應的產生可能是我們正向幻想的一部分。正向幻想是指，人們把自己想得比實際上更聰明、更美麗、更高尚。有 84% 的人認爲自己的智商在平均數以上，有 90% 的大學教授認爲自己的工作能力比大多數同事強，還有幾乎所有女人以爲修圖後的臉蛋才是自己真正的樣子。所以，我們也會把自己想得更加聰明理智，覺得自己不會亂花錢，別人才是冤大頭。

還有一個可能的原因是，**人們能感受到自己花錢的痛苦，卻不太能夠感受到別人花錢的痛苦。** 例如，我們能感受到自己丟掉 1,000 元的痛苦，但是未必能體會到自己的高中同學丟掉 1,000 元

的痛苦，甚至還覺得他也太小題大作了。因此當我們花錢時，會因為支付的痛苦而不願意花太多錢。但是當估計別人花錢時，我們沒辦法體會別人的痛苦，從而更容易高估別人花錢的金額。

如果我問你，至少要給你多少錢你才願意把頭髮剃光呢？在這個問題上，平均計算下來，參與填寫問卷的人願意為 766 美元剃光自己的頭髮。但是他們預測別人只需要 222 美元就願意剃光頭。這又是為什麼呢？你能想出原因嗎？

06

「只買貴的不買對的」

背後的正向心理學意義

有些商品你只想買貴的，有些商品打折時你才會囤貨，為什麼呢？

在去健身中心的路上，路過一家商店，你可能會想進去買瓶機能飲料，以補充能量。結果你發現紅牛正在打折，便宜了 3 元。那麼，這樣的打折商品應該買嗎？

史丹佛大學的研究人員希夫（Shiv）等人做過一項實驗。他們在一家健身中心找了馬上要開始健身的 38 名會員，給他們喝一罐機能飲料。研究人員告訴其中一半的人，他們喝的這瓶飲料出廠日期是最近的，是在附近的便利店花了 2.89 美元買的。然後跟另一半人的人說了一樣的內容，只是多加了一句——是用比原價 2.89 便宜的折扣價 0.89 美元買的。

所有人都喝完飲料後，就開始了各自的健身活動。1 小時後，研究人員再次找到這些人，詢問他們的疲勞程度。猜猜看，哪些人這時覺得更累？是以為自己喝了付全額飲料的人，還是以為自己喝了折扣價飲料的人呢？

有趣的是，以為自己喝了折扣價飲料的人比其他人感覺更疲勞，並且選擇的運動強度也更低。

其實，**打折會讓消費者覺得這個商品的功能也打了折扣。**

研究者早就發現，消費者喜歡用價格來評斷品質，也就是我們常說的「一分錢一分貨」。1985 年，華盛頓大學的兩名學者喬韓森（Johansson）和艾力克森（Erickson）透過研究發現，價格有兩個不同功能，除了說明人們需要花費的金錢外，還傳達商品的品質資訊。人們會把價格和品質聯繫起來，認為價格貴的就是品質好的。研究者把這個現象叫作「價格與品質推理」（Price-quality Inference）。

消費者在難以判斷品質的商品上最容易出現「一分錢一分貨」的心理。例如葡萄酒，消費者很難判斷其品質，因此就只能依靠標價了。

波恩大學的神經學教授韋伯（Weber）等人進行了一項葡萄酒評鑑實驗。研究者讓 30 名志願者品嘗三款葡萄酒，並告訴他們價格分別為 3 歐元、6 歐元和 18 歐元，但實際上這三款酒都是同一瓶價格 12 歐元的葡萄酒。

結果發現，同一瓶葡萄酒，人們看到的標價越貴，越覺得這酒好喝。不光這樣，透過對正在喝酒的人的大腦所進行的磁振造影分析也顯示，喝貴的酒時，大腦獎賞區的驅動更高。也就是說，大腦也受標價影響，貴的酒更加讓人心情愉悅。研究者將這一現象稱為「行銷安慰劑效應」（Marketing Placebo Effect）。

我們不光覺得廉價的商品不好，就連藝術「廉價」時，也只能是「曲高和寡」。

美國《華盛頓郵報》做過一項有趣實驗。他們邀請世界著名小提琴家貝爾（Bell）在週五早上 7 點 51 分到華盛頓兒童公園地鐵站入口進行街頭演奏，沒想到，在接下來 43 分鐘的 6 首大師級經典小提琴曲演奏過程中，經過的 1,097 人基本都是趕著上班匆匆走過，無視這場免費的大師級演奏。就在 3 天前，貝爾剛結束一場在波士頓交響樂大廳舉行的音樂會，一個座位至少 100 美元，全場座無虛席。而在這個人潮擁擠的地鐵站入口，想得到人們的一瞥都是奢侈。最終，貝爾只得到 23 美元的打賞。沒有富麗堂皇、莊嚴隆重的大廳，最高級的音樂都變得廉價。

美國國家畫廊館長萊特豪瑟（Leithauser）就感嘆：「如果我拿抽象畫大師艾爾斯沃茲・凱利的一幅價值 500 萬美元的畫，走下國家畫廊的 52 個階梯，穿過雄偉的圓柱廊來到餐廳，把它掛在標價 150 美元的學生作品旁，即使是眼光最犀利的藝術評論家抬頭看到了，也只會說：『嘿，這幅看起來有點像凱利。請幫我把鹽遞過來好嗎？』」

所以說，如果品質難以判斷，在非常重要的商品上消費者就只能透過價格來判斷品質了。例如律師、醫生、藥物、奶粉等。如果要動一個重要手術，你不會想用一個蒙古大夫；如果要打一場重要官司，你不會僱用小事務所的便宜律師。在這類情況下，

價廉不見得是好事。因為消費者會覺得越貴品質越好，貴的就是對的。

有趣的是，某些國家的人更加相信貴就是好，而某些國家的人更願意省錢買便宜的。印第安那大學伯明頓分校行銷系副教授拉爾瓦尼（Lalwani）和克萊姆森大學行銷系助理教授法卡姆（Forcum）在 2016 年發現，印度人比美國人更相信「一分錢一分貨」，價格和品質密切相關。

為什麼？研究者認為這是因為印度和美國的權力距離不同。權力距離指的是一個國家裡有權力的人和沒權力的人的差距到底有多大。如果一個社會中最有權有勢的 10% 人占有的社會資源是80%，那麼權力距離就很大；如果一個社會中最有權有勢的 10%人占有的社會資源是 20%，那麼權力距離就不太大。

他們分別調查了 78 位印度人和 76 位美國人，發現印度人比美國人更認為自己國家的權力距離大。而且越是認為自己國家權力距離大的人，就越表現出價格與品質推理，也就是他們更傾向相信貴的就是好的。

不光是不同國家的人會表現出不同的價格與品質推理，在不同情境下人們也會表現得很不一樣。如果你現在要趕去坐飛機，需要在商店裡趕快把耳機買好。那麼這時你會覺得貴的品質更好。2003 年，伊利諾大學行銷系教授夢露（Monroe）和德雷塞爾大學行銷系助理教授蘇里（Suri）就發現，消費者對於品質的判斷

會受到時間壓力影響。

　　這項研究是 2003 年做的，那時人們還會購買無線電話。研究者讓參與者評估兩種不同價位（59 美元和 149 美元）的無線電話。一般來說，人們平均要花 3.9 分鐘來對這兩款無線電話進行評估和選擇。但是他們要求參與者快速做決定，他們給參與者分別限制了三種不同的時間壓力：限時 3.5 分鐘、2.5 分鐘、75 秒。

　　結果發現，當人們真的很想買一件商品時，如果需要趕快做決定，那麼人們會更偏愛高價位的。當看到一款很貴的商品時，人們對品質的評價在沒有時間壓力的情況下是 5.62 分（滿分為 7 分），在有時間壓力下會上升到 5.94 分，在很急迫的時間壓力下會變成 5.97 分。

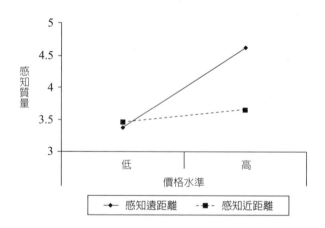

不同時間距離下，人們對不同價格商品的品質評價

如果你很想買一件商品，卻沒太多時間做決定時，你可能會很相信「一分錢一分貨」，品質和價格成正比。但當你有大把時間來做決定時，你可能就不太依靠價格去判斷商品的品質了。

你是不是相信貴就是好，這不但取決於你所在的地方權力距離有多大，或當時的情境是否有時間壓力，還會受到時間距離的影響。

2011 年，德國曼海姆大學行銷系主任洪堡（Homburg）和助理教授博爾內曼（Bornemann）研究了時間距離是如何影響價格─品質推理的。

在這項研究中，94 名大學生中有一半人看到一款價格 210 歐元的電子書閱讀器，另一半人看到一款價格 95 歐元的電子書閱讀器（除了價格，其他資訊基本相同）。但他們之中，一部分人被告知這個閱讀器 2 天後就能在校園書店買到，另一部分人被告知這個閱讀器 6 個月後才能買到。隨後，他們對自己看到的閱讀器品質進行了評價。

被告知這款閱讀器 6 個月後才能買到的話，學生會認為 210 歐元的閱讀器比 95 歐元的閱讀器品質更好。但是，被告知這款閱讀器 2 天後就能買到的話，那麼學生對兩款閱讀器的品質評價是差不多的。

也就是說，對於很遙遠的商品，你會覺得越貴越好。

上面介紹的一系列研究揭示，打折不一定是好事，價廉也不

07

貴與不便宜的餐廳，你更願意去哪家？

「不便宜」就是「貴」嗎？那可不一定。

你的朋友去了一家你也很想去的餐廳吃飯，回來之後跟你描述這家餐廳的價位，「這家餐廳不便宜哦！」或者他也可能說「這家餐廳比較貴哦！」那你覺得這兩種說法代表的意思一樣嗎？「不便宜」和「貴」比起來，哪一個聽起來更貴呢？

下面進行一個小測試，請憑直覺給這四個詞所代表的程度排出順序：

A. 便宜 < 不貴 < 不便宜 < 貴

B. 便宜 = 不貴 < 不便宜 = 貴

C. 便宜 < 不貴 < 不便宜 = 貴

D. 便宜 = 不貴 < 不便宜 < 貴

E. 我覺得都有可能

請默默記下你的選項，答案即將揭曉。

- 如果你選擇了 A，那麼恭喜你，你擁有正常人應有的邏輯水準和判斷力，你的理性思維能在關鍵時刻解決問題，但是你的感性層面還有待自己挖掘；
- 如果你選擇了 B，那麼你特別單純，對價格高低並不敏感；

- 如果你選擇了 C，那麼你對價格比較敏感，你的家庭條件和生活水準一般，不算特別有錢；
- 如果你選擇了 D，那麼你對價格不怎麼敏感，不是特別在乎錢，你的家庭條件和生活水準也比較好；
- 如果你選擇了 E，那麼快來加入消費者行為研究，你的直覺將助你成為一名科學研究員。

為什麼會出現這幾種判斷差異呢，我們一個個來看。

首先，選擇 A 的人數應該會比較多。因為這是一道排序題，人們在做題目時往往會有意識地進行邏輯分析，從而忽略現實生活中的具體情境。於是會認為價格高低排序就像「冷＜不熱＜不冷＜熱」一樣，得到「便宜＜不貴＜不便宜＜貴」的結論。

而選擇 B 的人通常持有非黑即白的思維，認為不便宜就是貴，不貴就是便宜。而且這些人因為對價格不敏感，認為微小的價格差異不足掛齒，所以大而化之，得出「便宜＝不貴＜不便宜＝貴」的結論。

然而現實生活中會是這樣嗎？

加州大學心理學教授泰勒（Taylor）早在 1991 年就發現，實際生活中人們通常會以不對稱方式來評估資訊，因此，人們對價格資訊的處理往往也是不對稱的。那麼就出現了選項 C 和選項 D。

賓州大學的行銷系教授鮑姆加特納（Baumgartner）和他的合作者發現，追求低價的人會覺得不便宜和貴是一回事，但是他們比較善於區分便宜和不貴之間的差異；而追求高價的人善於區分不

便宜和貴，卻覺得便宜和不貴是一回事。所以，在剛剛的測試裡，如果你是有錢人，你會選擇 D，因為你分不出便宜和不貴。但是如果你是窮人，你會選 C，因為你分不出不便宜和貴。

另外，當人們買東西時，一般會覺得越便宜越好，但是當人們收禮物時，卻會想著越貴越好。因此在購物或收禮這兩種不同的情境下，人們對於價格的描述也會有不同的感覺。

讓我們來想像兩種場景。

場景一：你打算買一瓶紅酒送給好朋友當作生日禮物，此時，你覺得便宜、不貴、不便宜、貴的四種紅酒價格分別應該是多少？

場景二：你收到了好朋友送你的一瓶紅酒作禮物，此時，你會覺得便宜、不貴、不便宜、貴的四種紅酒價格分別應該是多少？

這是比利時根特大學等知名大學研究者所做的一項實驗。他們讓 493 名參與者判斷上面的問題，結果發現，在購買禮物時，人們會認為便宜的值 30 元，不貴的要 50 元，不便宜和貴的價格一樣都是 120 元，說明便宜比不貴更便宜；而接受禮物時，人們認為便宜和不貴的差不多都值 30 元，而不便宜的要 90 元，貴的則要 125 元，說明貴比不便宜更貴。由此可見，人們在接受禮物時更在意貴不貴，但是在購買禮物時，更在意便宜不便宜。

其實，早在 1999 年，加拿大阿爾伯塔大學教授科爾斯頓

（Colston）就將我們小測試裡的 A、B、C、D 四個選項所代表的情況定義爲了四種模式：雙重緩解（Dual Mitigation）、雙重融合（Dual Fusion）、上層融合（Upper Fusion）和下層融合（Lower Fusion）。

賓州大學心理學教授羅津（Rozin）在 2010 年提出的語言正偏差模型（Linguistic Positive Bias Model）說明，生活中也不乏「不貴不夠便宜」和「不便宜不夠貴」的現象。就像女孩問男朋友「我今天打扮得漂亮嗎？」時，女孩當然願意聽到「漂亮」而不是「不醜」，因爲「漂亮」比「不醜」更美。

總的來說，在消費情境下，當你認爲產品越便宜越好時，你可能會覺得不便宜和貴沒什麼兩樣；當你認爲產品越貴越好時，你可能會覺得不貴和便宜都一樣。從你對這些描述的敏感程度，就能看出你是不是一個有錢人了。

08

「復仇者聯盟」周邊商品，

....

你願意買鋼鐵人還是薩諾斯？

....

我們都崇拜英雄，唾棄反派，可是為什麼有些反派人物的周邊商品比英雄人物的更受歡迎呢？

你有沒有發現，風靡世界各地的美國大片多以英雄主義為題，像《美國隊長》《蜘蛛人》《鋼鐵人》等。到 2017 年為止，漫威、迪士尼、哈利波特等英雄系列電影的票房高達 230 億美元。

你可能以為人們會更熱中購買富有英雄形象的物品。的確，各式各樣的英雄人物周邊十分流行，2018 年 4 月，優衣庫聯名漫威系列 T 恤一經發售就銷售一空。

但是，有時候反派人物的「帶貨」能力也很強大。電影《不可能的任務・4》中，一名並非女主角的殺手莫露隨身攜帶 Prada 的黑色皮包，因為藏得了手槍、裝得下鑽石，而被叫作「殺手包」，瞬間爆紅大賣。與此同時，劇中的正派角色也置入性不少產品，卻沒有產生類似效應。

那麼問題來了，什麼時候應該讓英雄人物「帶貨」，什麼時候應該讓反派人物「帶貨」呢？最近發表在《消費者研究》的一項研究可以提供一點啟示。美國楊百翰大學萬豪商學院的馬斯

特斯（Tamara Masters）和猶他大學大衛‧埃克勒斯商學院教授米斯拉（Arul Mishra）考察了食物消費。他們想知道，對不同種類的食物標上英雄形象或反派形象，會對消費者的購買行為產生什麼影響？

其中的一項研究中，研究者挑了一個平常的日子在一家雜貨店賣起乳酪，並調查了 140 位路過的客人，將他們隨機分成四組。所有顧客都會看到一張乳酪的銷售海報。

第一組顧客看到的海報上畫著黑武士達斯‧維德（《星際大戰》中的大反派），海報最上方寫著「邪惡反派」，下方則寫著「營養健康」。

第二組顧客看到的海報跟第一組類似，唯一不一樣的是海報下方寫著「美味頹廢」。

第三組和第四組看到的海報上畫著路克‧天行者（《星際大戰》中的正義角色），海報上方寫著「正義英雄」，而在海報下方，第三組人看到的是「營養健康」，而第四組人看到的是「美味頹廢」。

「英雄」和「反派」海報

所有顧客都試吃了乳酪，然後研究者問他們願意花多少錢買一包。結果發現，「英雄」和「反派」的廣告海報會影響顧客願意支付的金額。但是到底應該用「英雄」還是「反派」代言，取決於這項商品是健康的還是不健康的。對於健康營養的乳酪，顧客看到反派人物會比看到英雄人物願意花更多的錢買；而對於不健康但美味的乳酪，顧客看到英雄人物會比看到反派人物願意花更多的錢買。所以，反派適合代言健康食品，英雄適合代言不健康食品。

那麼對於其他商品又是如何呢？比如有一些商品是實用型，有一些商品是享樂型。這種情況下又該如何選擇呢？

研究者接著在大學裡調查了 343 名學生，將他們隨機分成四組，並給每位學生展示一枝鋼筆。研究者告訴第一組和第二組學生，這支鋼筆是實用型，也就是很好寫，但第一組學生看到的鋼筆上印有雷克斯·路德（漫威系列動畫片中的超級反派）的圖案，第二組學生看到的鋼筆上印有蜘蛛人的圖案。研究者告訴第三組和第四組學生，這枝鋼筆是享樂型，也就是用起來很享受，第三組學生看到的鋼筆上印有雷克斯·路德，第四組學生看到的鋼筆上則印有蜘蛛人。然後，研究者問每一位學生，你有多想用這枝鋼筆來簽文件？使用它你會覺得有多開心？你願意為這枝鋼筆支付多少錢？

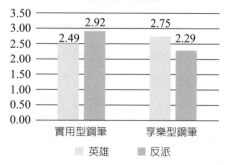

學生使用兩種類型的鋼筆會產生的正面態度

學生對兩種類型的鋼筆願意支付的價格

　　研究結果發現，在實用型鋼筆上刻反派人物，比起英雄人物讓學生產生更多的正面情緒，並且願意支付更多的錢；在享樂型鋼筆上刻英雄人物，比起刻反派人物會讓學生態度更積極，並且願意支付更多的錢。這說明，實用型產品和反派人物聯繫起來更受歡迎，而享樂型產品與英雄人物聯繫起來會更受歡迎。

　　隨著電影產業的發展，越來越多的英雄人物和反派角色深入

人心，也延伸出許多周邊商品，像印著蜘蛛人、超人的襯衫；包裝袋上印著蝙蝠俠和小丑的零食；帶有骷髏頭海盜形象的香水盒；黑暗騎士公仔鑰匙圈等。你會願意買「鋼鐵人」，還是買「薩諾斯」呢？

09

錢花還是不花，你只差一個藉口

你買這個商品的真實原因是什麼？你自己也許並不知道。

有一次我去剪頭髮，理髮師跟我說，他們新開發一種按摩服務，勸我辦張卡。我滿喜歡按摩的，所以有些心動，但一聽價格就猶豫了。這位理髮師非常善解人意，他看出我的猶豫，就趕緊說，你們當老師的容易腰痠背痛，辦張卡也是為了更好地工作呀。我一聽，就爽快地付錢了。

同樣是花錢按摩，一種目的是享受，一種是防止腰肌勞損。哪種情況下你更願意欣然買單呢？當然是第二種。我們為了享受花錢通常會萌生一股罪惡感，但為了某種功能花錢就不同了。

《左傳》裡有句話說：「儉，德之共也；侈，惡之大也。」意思是，節儉是善行中的大德，而奢侈是邪惡中的大惡。自古以來，華夏文化都宣導節儉，唾棄淫靡奢侈。以致在當今時代，人們在購物時，也會覺得買貴的東西是一種浪費，花錢之後會內疚，會受良心的譴責。研究者把這種良心的譴責叫作「心理風險」（Psychological Risk）。

為了免除內疚感，我們經常用一些藉口來欺騙自己，也欺騙別人。例如我辦這張按摩卡，可能真實的目的還是享受，但是我對自己說，那是為了身體好，這樣我就沒什麼好內疚了。這是為

了欺騙自己找的藉口。如果有人問我，周老師，你爲什麼要花這麼多錢去按摩啊？我也可以理直氣壯地說，是爲了保養身體！這是爲了欺騙別人找的藉口。

2016 年，哈佛商學院的副教授阿娜特（Anat）和哥倫比亞商學院的凱維茨（Kivetz）、奧德・內澤爾（Oded Netzer）提出，如果在奢侈品上附加一些實用功能，人們會更願意購買。他們將這個現象稱爲「功能性藉口」（Functional Alibi）。比如，奢華名表在廣告中強調精準度、名貴鋼筆凸顯實用性、BMW 用「終極駕駛機器」來強調安全性和高性能。事實上這些功能是爲消費者製造一個花錢的藉口，讓他們用這個藉口來欺騙自己，欺騙別人。

這三位研究者做了一項奢侈品手提包的研究。他們蒐集到網路商店裡 1,034 條消費者針對各種價位、品牌的手提包的購買評價；有的手提包在 100 美元以下、有的超過 600 美元。研究者根據內容將評論分爲實用性和享樂性兩類。比如，消費者提到「容易清洗」「耐用」「帶子長度可調整」「提起來很輕便」時，這類評價就歸於實用性；而像「時尚」「華麗」「可愛」「引人注目」這類評價就歸於享樂性。那麼消費者買比較貴的包時，他們更傾向說實用性的理由，還是享樂性的理由呢？

按照常理來判斷，人們購買奢侈品，當然是因爲它的品牌附加價值或設計美觀度，否則幹嘛花這麼多錢呢？如果是爲了實用，那買個便宜的包就行了。但有意思的是，消費者買的手提包越貴，就越喜歡用實用性去評價，而更少使用享樂性詞語評價。

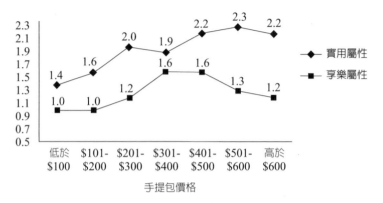

2.3
2.1
1.9
1.7
1.5
1.3
1.1
0.9
0.7
0.5

實用屬性
享樂屬性

1.4　1.6　2.0　1.9　2.2　2.3　2.2
1.0　1.0　1.2　1.6　1.6　1.3　1.2

低於
$100　$101-$200　$201-$300　$301-$400　$401-$500　$501-$600　高於$600

手提包價格

網路調查對手提包的評價中提到的實用性和享樂性數量

就像我的好朋友買了一款名牌包，她很不好意思地跟大家解釋說，這個包特別輕便，也很堅固耐用。（明明最符合這項描述的是環保袋啊！）她說的這些理由，就是功能性藉口。不見得一定是真實的購買原因，更可能是用來欺騙自己和他人的假理由。

這樣的現象給了商家一個很重要的提示，如果想要消費者花錢買享樂性產品，就要提供他們功能性藉口。也就是說，享樂性產品不應該只在享樂屬性上下功夫，還應該在功能屬性上給消費者一些購買理由。例如奢侈手提包，品牌形象和設計感雖然重要，但是實用性功能也不能少。

提供一個功能性藉口真的可以讓消費者更欣然買單嗎？研究者又做了一項實驗來證明這一點。

這項實驗中調查了 91 位孕媽媽。因為已有研究證明，懷孕的媽媽為自己花錢會更加內疚。

研究者向她們展示了一款時尚網紅媽媽包，是珍妮佛‧嘉納等名人媽媽使用的一款。所有媽媽看到的手提包都一模一樣，唯一不同的是，研究者告訴其中一半的媽媽，這款手提包有一個小小的實用功能，特別設計一個保溫袋用來裝瓶子或杯子。然後媽媽們需要估計，如果為自己購買這款手提包或作為禮物送人，能接受的最高價格是多少。

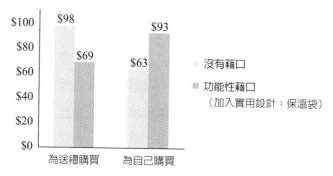

添加實用功能對購買手提包意願的影響

　　結果顯示，如果是為自己購買手提包，媽媽們平均只願意花63美元，但是如果知道這款手提包有一個小小的實用功能，她們願意花的錢就變多了，增加到93美元。如果是作為禮物送人，這種效應會發生反轉。買手提包作禮物，媽媽們願意支付98美元，但是如果被告知有一個實用功能，反而只願意支付更少的錢，降到了69美元。

　　因為當我們想送禮時，主要關心享樂性功能，這時實用功能反而會減分。但是當我們買給自己時，需要一個理由來消除內疚

感，有個實用功能就會大大地加分，讓我們花起錢來更不內疚。

研究者測量了媽媽們的內疚感，發現的確如此。把網紅媽媽包當禮物送人時，只有 29% 和 39% 的媽媽會感到內疚。而買給自己則會有 82% 和 52% 的媽媽感到內疚。為自己買奢侈品要比送人感受到更多的內疚，因此給自己買時就需要一個功能性藉口。有了一個小小的實用功能，就能降低人們心中的內疚，從而大幅度提高人們的購買意願。

紙尿褲剛進入中國市場時，廣告都在強調這款產品有多便利，幫媽媽們節省時間，讓媽媽們更輕鬆。結果發現市場接受度不高，銷量低。後來做了消費者心理研究，才發現這是因為媽媽們的愧疚心理作祟。媽媽們使用紙尿褲會感覺愧疚：為了自己輕鬆，就給孩子用紙尿褲。就好像用了紙尿褲，自己就不是一個好媽媽了，因此不願意用。了解這一點之後，紙尿褲廠商改變宣傳方式，強調紙尿褲對嬰兒的好處：透氣、乾燥等。銷量一下子增加了。媽媽們覺得自己用紙尿褲，並不是為了偷懶，而是為了寶寶的健康。沒有了內疚感，也就欣然接受紙尿褲。

這樣看來，享樂性產品想要成功銷售並不容易，不僅要保證產品物超所值，還要讓消費者心裡舒服踏實。所以用點小技巧，在說明書或廣告中給消費者傳達實用的訊息，明著幫消費者找到一個藉口，更有利於產品銷售。

10

深陷痛苦時，你應該花錢買什麼？

如何解憂，唯有花錢？

在生活中我們可能會遭遇一些悲劇事件：失戀、失業、離婚、失去親友。當這些事情發生時，我們應該花錢買什麼，才能讓自己覺得好過？一項有趣的研究告訴我們：**應該花錢買罪受！**

我們常常被疼痛搞得天翻地覆，一個簡單的偏頭痛都可能要人命。為了讓自己少受罪，我們花錢買藥。2016 年 11 月，美國聯邦公共衛生署公布一份名為《面對美國成癮症》的研究報告。報告指出，全美光濫用鴉片類止痛藥的人數就高達 1,900 萬，導致止痛藥總收入超過 4,000 億美元。

有趣的是，一方面，人們花錢想要減輕痛苦，另一方面，人們又經常花錢買罪受。在英國就有一項活動，叫作「強悍泥人」。

「強悍泥人」是一項非常痛苦的挑戰，要求參與者在半天時間內穿越 25 個軍事化障礙，期間參與者需要承受莫大的痛苦。

下面隨意放幾個障礙給大家感受一下：
①電鰻：參與者必須爬過 1 萬伏特高壓的電網。
②水下通道：參與者必須穿過水底下冰冷泥濘的通道。
③跳火堆：參與者必須穿過用煤油浸過的燃燒稻草堆。

看到這裡你可能心想，聽起來很恐怖，但是應該和遊樂園的那些刺激項目一樣，不會真的對身體造成損害。事實上，這些障礙挑戰可不是表面上那麼簡單，參與者會不同程度地受傷，不光是皮肉外傷，也有可能出現脊髓損傷、中風、突發性心臟病，甚至死亡。

圖片來源：https://sosyalforum.org/i-tried-it-tough-mudder-challenge/ 2019.09.29

「強悍泥人」活動照

這種飽受痛苦的活動，就算刀架在脖子上我也不會去。但事實是即使要價差不多 1,000 元人民幣的門票，光是 2016 年 9 月那場，就有 250 萬人興致勃勃地跑去參加。

為什麼有的人要花錢讓自己少受點罪，卻也有人刻意花錢買罪受呢？

英國卡迪夫大學商學院講師斯科特（Scott）為了回答這個問題，親自參與了這項痛苦的活動。當然她還採集了大量的資料，包括觀察、視覺材料、深入訪問和網誌。她揭示了人們花錢買罪

受的幾個根本原因：

首先，**痛苦會讓我們覺得自己重獲新生**。在日常生活中，我們的身體適應了平靜的運作規律，一旦突然產生強烈疼痛、刺激，就會迫使我們去關注過去很少注意的身體部位。我們的身體在強烈的疼痛下開始變得跟以前大不相同，就好像變成了一個新的人。我們對自己忍耐痛苦，在極大的壓力下迸發出的潛能也有了新的認識，就好像遇見了一個未知的自己。這就是為什麼很多人從西藏行腳旅行回來後，覺得自己變成了一個新的人。

在這項活動中，痛苦還伴隨著一種儀式感。「強悍泥人」有著嚴格的時間順序，參與者需要一項一項完成，似乎是在進行一個殘酷又有意義的儀式。在經歷了這些痛苦的洗禮後，身體和精神就重獲新生。

圖片來源：https://toughmudder.co.uk/sites/default/files/TM-Whistler-Gudkov-Sat-14441.jpg ｜ https://cn.bing.com/ 2019.05.26

參與者體驗到重生的快樂

世界上很多成人禮都伴隨著痛苦。萬那杜的成人禮稱為「陸潛」。這種活動類似高空彈跳，但會用藤蔓代替彈性繩索。參與

者一般從 18~23 公尺高處沿著土坡往下跳，必須頭擦過地面才算合格。能夠倖存下來的人，才會被承認是真正的男人。

伴隨著疼痛的儀式，一個時代結束，另一個時代開始。對於那些經歷了人生真實不幸的人，例如，剛剛離婚、喪偶、失業的人來說，他們迫切需要重新開始。因此，他們欣然接受參加一個痛苦的活動來獲得新生。

其次，**痛苦不但會讓我們覺得重獲新生，還會讓我們忘掉自己**。社會心理學家馬克・利里（Leary）在他的著作《自我的詛咒》（*The Curse of the Self*）中提到，很多動物都有思考能力，但是只有人類會花很多時間思考自己。

反覆思考自己可不是什麼好事，高度的自我意識會讓人罹患精神疾病。有研究證明，精神病人說「我」的次數是正常人的 12 倍。只有伴隨著精神疾病的康復或穩定，他們才能減少說「我」的次數。高度的自我意識是非常痛苦的。著名心理學家鮑梅斯特認為，**自我意識高的人很容易認為自己沒有價值，從而傾向自我毀滅，也就是透過自殺來終結自己的痛苦**。自殺是人們逃離自我的終極手段。

疼痛，還可以讓我們暫時逃離自我。「強悍泥人」中經歷的強烈疼痛，能讓我們不再去思考自己的心理感受，而是更多地去注意自己的身體感受。

這就是人性的矛盾之處，一些人在逃避疼痛時，一些人還在花錢買罪受。肉體的痛苦能讓我們忘掉心理的痛苦。**如果你正在**

經歷痛苦，那麼花錢去享受並不見得能消除你的痛苦，花錢去經歷一些艱苦的挑戰反而能讓你重獲新生。你身上留下的那些癒合的傷痕，會讓你感覺自己不但浴火重生，而且變成更加強悍的升級版自己。

這樣的活動，你心動了嗎？

11

把賺的錢花在別人身上更幸福

我們一般認爲，自己辛苦賺的錢當然要花在自己身上。但是
「贈人玫瑰，手留餘香」，把錢花在別人身上會讓你更幸福。

我們一起思考一個問題：有一天你突然在很久沒穿的一件衣
服口袋裡找到 100 元，你覺得怎麼花掉這筆錢會讓自己更幸福？
午飯給自己加一隻雞腿？耶誕節給好朋友準備一份小禮物？把它
捐給育幼院？很多人都認爲把錢花在自己身上比較快樂。英屬哥
倫比亞大學的鄧恩教授在一項調查中，讓人們選擇怎麼花錢時，
超過 63% 的人都認爲，把錢花在自己身上會比花在別人身上更幸
福。也就是說，人們以爲給自己加隻雞腿更幸福，但是給朋友或
育幼院的兒童加隻雞腿較不幸福。但，事實眞的是這樣嗎？

爲了考察到底把錢花在誰的身上會更幸福，鄧恩、阿克寧
（Aknin）及哈佛大學的諾頓（Norton）教授進行了專題研究。這項
研究發表在 2008 年的《科學》期刊。他們招募 46 名實驗參與者，
並給他們 5 美元或 20 美元，要求他們在當天下午 5 點前把這筆錢
按照指定的方式花掉。其中一組人被指定要把錢花在自己身上，
而另外一組人則要把錢花在別人身上，不管是給別人買禮物或捐
給慈善機構都好。當參與者花完錢之後，研究者測量了他們的幸
福感。結果顯示，把錢花在別人身上的人，其幸福感遠遠高於那

些把錢花在自己身上的人。

另外，人們花錢之後的幸福感跟之前得到的金錢數額沒關係。不管是花掉 5 美元，還是花掉 20 美元，人們的幸福感都差不多。**幸福感只跟花錢的對象有關，跟金額沒什麼關係。**

說到這裡，你也許還是不相信這個結論。你可能會想，這些錢不過是別人給你的一筆橫財，如果是自己辛苦賺的錢，那就不一樣了。

為了解決這個疑慮，這三位心理學家真的去調查了人們實際賺錢和花錢的情況。他們一共調查了 632 名美國人，測量了他們的幸福感，並且調查了他們的年收入及每個月在下述四個方面的支出：①付各種帳單的錢；②花在自己身上的錢；③花在別人身上的錢；④給慈善機構的捐款。

可以看出，①和②加起來屬於花在自己身上的錢，③和④加起來就是花在別人身上的錢。

最終結果說明，在自己身上花的錢占支出的比例跟幸福感沒什麼關係。一個在自己身上花了很多錢的人，不見得就是幸福的人。但在別人身上花的錢占支出的比例越大，自己的幸福感越高。

你可能會覺得，花錢在別人身上，那是有錢人才能幹的事。達則兼善天下，窮則獨善其身。有錢人應該把錢花在別人身上更幸福，可是窮人就應該把錢花在自己身上才能更幸福。為了研究這個問題，鄧恩等人在 2006 到 2008 年期間調查了 136 國的234,917 人。不僅如此，每個國家的調查對象涵蓋城市和農村人

口，而且有窮人、有富人。所有人都彙報了自己的各種花費和幸福感。主要結果仍跟之前的研究一致：花在別人身上越多，幸福感越強。這個現象在 88% 的國家和地區都存在。最有趣的是，不管是窮人還是富人，他們都是一樣的。即使是窮人，也覺得把錢花在別人身上更幸福。

你可能覺得有些奇怪，辛辛苦苦賺錢不就是為了讓自己更幸福嗎？為什麼把錢花在別人身上反而會讓自己更加幸福呢？

原因在於，影響我們幸福感的有三大因素：跟他人的聯繫、成就感和自主性。把錢花在別人身上，不但能讓我們加深跟其他人之間的聯繫，讓我們覺得自己不再孤單，還可以讓我們有一種成就感，以及一種能控制自己生活的自主性。

首先，把錢花在別人身上會增加我們跟他人的聯繫，進而提升幸福感。 用金錢去幫助別人，很明顯可讓我們的人際關係更加緊密、強烈，而人際關係本身就是幸福感的重要來源。關於人際關係與幸福感之間關係的研究已經有很多，例如哈佛大學為期 80 年的研究。1938 年哈佛大學教授博克（Bock）對人們的幸福感展開研究。他選取了哈佛大學 268 名非常優秀的學生，還選了來自波士頓的 456 名社會底層的年輕人。之後每兩年，這批人都會接到調查問卷。他們需要回答自己身體是否健康、精神是否正常、婚姻品質如何、事業成功與否、退休後是否幸福。每五年研究者還會親自到訪，了解他們的生活狀況和幸福感。

2015 年，該專案第四代主管，哈佛醫學院教授瓦爾丁格

（Waldinger），在公開演講中介紹了他們的研究成果。最終的結果證明，**財富收入、教育程度都不會影響這些人的幸福感，而對人們幸福感影響最大的恰恰是人際關係。良好的人際關係不僅讓人更幸福也讓人的身體更健康。**

我們把錢花在別人身上，會強化我們的人際關係，從而讓我們能夠得到更長久的幸福。即使花錢在陌生人身上，例如捐給育幼院兒童，雖然這不會使我們的人際關係變得更好，但是會讓我們覺得自己跟他人之間有所聯繫，而這種聯繫感足以讓我們感到幸福。

其次，把錢花在別人身上還會讓我們感受到一種成就感。成就感其實是現實生活中很多人的追求，工作績效、學習成績，甚至是解出一道數學題，都是人們成就感的重要來源，也是促使努力的重要動力。當拿到第一筆薪資、第一次拿到獎學金時，很多人都會選擇給父母買一件禮物。當然這其中很重要的原因是想報答養育之恩。除此之外，很多人在給父母買東西時一定會油然生出一種成就感。因此花錢在別人身上會讓我們感覺自己的價值，從而感到深深的幸福。

最後，把錢花在別人身上也會讓我們感覺到自主性、可以控制自己的生活。我們經常會屈服於各種誘惑和欲望，從而把錢花在甜甜圈、名牌包等，能讓自己享樂的東西上。這樣的消費固然會讓自己短時間內感覺快樂，但是長久下來是很空虛的，也讓自己淪於物質奴隸。當我們把錢花在別人身上時，我們能感覺自己

能控制自己的欲望，可以抵制享樂的誘惑。我們會深刻地感受到「我的生活，我做主」這種自主性。

　　「贈人玫瑰，手留餘香。」當我們決定把自己的錢花在別人身上時，我們超越了自己的限制，感受到自我的力量。這讓我們的生命更有價值、有意義，也更幸福。

12

想要更幸福，比起物質你更應該花錢買體驗

金錢買不到幸福，那是因為你沒買對東西。

我們常質疑金錢的作用。電影《神鬼獵殺》（*Largo Winch*）中的主角是一位年輕、英俊、富可敵國的動作英雄，但是令人羨慕的家世和龐大的財富卻讓他鬱鬱寡歡。於是有人說，金錢和幸福沒關係。其實也不準確。很早以前有一部名車廣告，我很喜歡它的廣告詞「誰說金錢買不到幸福，那是因為你沒有買對東西！」那麼問題來了，到底買什麼才會讓我們更幸福呢？

其中的一個解決方法就是買體驗，不要買物質。什麼是體驗呢？體驗就是一段經歷，比如，旅遊、聽講座、看電影……物質，就是一件東西、一個包包、一件衣服、一雙鞋子，這些具體存在的東西。

如果你買一樣東西的最初目的是獲得一個有形產品，將它當作自己財產的一部分，那麼你就是購買了物質，比如包包、金銀首飾等。如果你買一樣東西是為了獲得一段人生體驗和經歷，那麼你就是購買了體驗，比如一次 SPA、一段旅行等。研究者發現，購買體驗比購買物質能帶給人們更多的幸福感。

科羅拉多大學博爾德分校的范博文和康乃爾大學的吉洛維奇曾發表過一個研究，透過四項實驗證明這個結論。在第一項實驗

中，他們把 97 名英屬哥倫比亞大學的學生隨機分為兩組。其中一組參與者回憶自己最近一次買過的超過 100 美元的體驗消費，另外一組參與者回憶自己最近一次買過的超過 100 美元的物質消費。緊接著他們都要回答幾個問題，例如，你認為這次消費讓你有多開心？你認為這次消費對你生活幸福感的貢獻有多大？

實驗結果表明，那些回憶體驗消費的參與者認為這次消費為自己帶來了更多的幸福感。不僅如此，購買體驗的參與者會更加覺得這次消費物超所值，無可取代。

你可能會說，購買體驗能帶來更多幸福，大學生是如此，其他人群可未必是這樣。在接下來的研究中，研究者考察了不同年齡和地理位置的消費群。他們透過電話訪談，在美國全境採訪了 1,279 位民眾。為了不讓被採訪者猜到採訪者的真實企圖，採訪者先問了大約 180 個無關緊要的問題，例如，未來你需要多少錢才能感到經濟安全？在採訪結尾，採訪者讓被採訪者想一下，自己最近所做的一個體驗消費和一個物質消費，並評估一下這次消費給自己帶來了多少幸福感。一共有 1,263 人回答了這個問題，其中有 57% 的人認為，買體驗讓他們更開心，只有 34% 的人認為買物質讓他們更開心。不管年齡大小，不管男或女，也不管他們住在美國哪個地區，大多數被採訪者都認為買體驗能帶來更多的幸福感。

為什麼買體驗會比買物質更讓人感覺到幸福呢？有三個主要原因：

第一個原因，體驗是時間的玫瑰。 體驗消費更經得起時間的考驗。如果你買的是一個包包，那麼你會短暫興奮幾天，三個月之後你看到那個包已無動於衷。但是如果你買的是一次旅行，那麼三個月之後你想起那趟旅行還是很開心。

康乃爾大學的卡特（Carter）和吉洛維奇發現，物質消費的滿意度會隨時間的流逝降低，但是體驗消費的滿意度卻能隨時間的推移而增長。他們展開了一項實驗，將參與者隨機分到兩個組別中，第一組參與者回憶一次自己曾買過的超過 50 美元的物質消費，第二組參與者回憶一次自己曾買過的超過 50 美元的體驗消費。緊接著，兩組參與者需要報告購買時間、購買時對產品的滿意度及現在對產品的滿意度。結果顯示，剛開始時，體驗消費和物質消費帶來的滿意度差不多，但是隨著時間的推移，體驗消費的滿意度提高了，物質消費的滿意度卻下降了。也就是說，體驗消費不會馬上讓你變得幸福，但過了一段時間之後，體驗消費帶來的幸福感會越來越強烈。

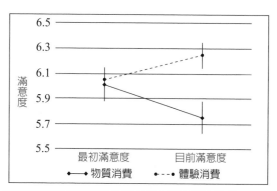

物質消費與體驗消費的滿意度會隨時間的變化而改變

第二個原因，**體驗不會因為比較而黯然失色**。體驗消費之所以能比物質消費帶來更多的快樂，是因為體驗很難被拿來比較。如果你新買了一輛 TOYOTA，本來很開心，可是發現鄰居新買了BMW，那你就會變得不太開心了。但如果你去阿里山旅遊，而鄰居去了加勒比海，這個比較的差距就沒那麼大。美好體驗更難被比較。

　　卡特和吉洛維奇在實驗中發現，當消費者已經買到自己喜歡的東西，這時再給消費者看一個更好的選擇，會讓消費者很不開心。但是有趣的是，如果消費者購買的是體驗，例如選了一家很棒的餐廳用餐，這時如果讓消費者知道還有更棒的餐廳就在附近，消費者並不會那麼不開心。

　　體驗消費很難被比較，但是物質消費很容易被比較。消費物質會讓你斤斤計較，消費體驗卻讓你豁達。因此買體驗會讓你更幸福，因為你的幸福感不會被比較所摧毀。

　　第三個原因，**你的人生取決於你做了什麼，而不是你有了什麼**。體驗消費比物質消費更讓人幸福，是因為體驗可以變成人生的一部分。如果你購買了一次旅行，那麼這次旅行會變成寶貴的記憶，變成你人生的一部分。但是如果你購買了一個包包，那麼這個包包未必會變成你人生的一部分。

　　研究者發現，**體驗和自我聯繫更緊密**。你的人生，不就是由一個個體驗串起來的嗎？這些**體驗塑造了自我，幫助定義「我是誰」**。如果我問你，你是一個什麼樣的人？你在思考時就會想，

我是一個正直的人，上次投票時我沒有接受賄賂；我是一個熱愛自由的人，所以我辭職去看看外面的世界。你的自我是由一個個體驗來定義的，因此體驗為你帶來了更深刻的樂趣和意義。

你可能會問，體驗消費和物質消費真的有那麼大的區別嗎？很多東西很難區分是體驗還是物質。事實上，即使你買的是物質，也可以把它變成體驗。在《體驗經濟時代》這本書中，作者就用咖啡豆舉了個例子：

初級咖啡豆，一杯要價 1~2 美分；

加熱、研磨、包裝後，一杯要價 5~25 美分；

當它被放在一家速食店販售時，一杯要價 50 美分~1 美元；

當它被放在星巴克販售時，消費者很樂意為它付 2~5 美元；

當它被放在聖馬可廣場旁的花神咖啡館（Caffè Florian）以 15 美元販售時，消費者可以在微風徐徐的早晨坐在咖啡館裡，美美地品嚐一杯咖啡，沉醉在這座千年古城的壯麗景色中。這杯咖啡就變成了一次不同凡響的體驗。

即使是一碗米飯，如果你一邊滑手機一邊吃，那這碗米飯本身就不是體驗；如果你細細地咀嚼品味，或跟朋友一起聚餐，它就變成了一個體驗。

你可能還會問，體驗也有很多種，到底應該買什麼樣的體驗呢？研究者還真的研究過這個問題，他們把體驗分為平凡體驗和非凡體驗。

非凡體驗跟日常生活完全不同，是會讓人心跳加快的體驗。

平凡體驗則是日常生活中的「小確幸」。那麼我們應該更多地追求平凡體驗，還是非凡體驗呢？

你可能會覺得非凡體驗更有價值，畢竟人的生命只有一次。在電影《春風化雨》中，羅賓·威廉斯飾演的老師總是對學生說：「孩子們，抓住每一天。活得精采非凡！」但是在另外一部電影《一路玩到掛》裡，主角卻給出不同觀點。兩位老人面臨死亡威脅，決定出走尋找一些非凡體驗，他們在經歷了各種冒險之後並未感到開心。最後，他們回到家，和家人在廚房、小院子裡度過的平靜時光才讓他們感覺到深刻的幸福。到底什麼樣的體驗才能帶來更多的幸福呢？是那些難得一遇，經歷了就忍不住曬圖分享的非凡體驗，還是日常生活中熟悉而習慣的平凡體驗呢？是看一部已經看過許多遍的老電影，還是看一部剛剛上映的新電影呢？

2013 年，達特茅斯學院的巴塔查爾吉（Bhattacharjee）和莫吉內（Mogilner）發表了一項研究。他們招募 221 名參與者（年齡介於 18~79 歲），並且把這些參與者隨機分成兩組。一組回憶最近經歷過的非凡體驗，另外一組回憶最近經歷過的平凡體驗。描述過後，參與者需評估一下剛剛報告的這次經歷給自己帶來多少幸福感。研究者還讓這些參與者決定是否將這段體驗放到社群網站上與他人分享。

結果顯示，有一個重要的年齡差異。認為自己未來還有大把光陰揮霍的年輕人更傾向分享非凡體驗，而認為自己未來時間非常有限的老年人更喜歡分享平凡體驗。在接下來的一系列研究

中，研究者也不斷發現，年輕人更看重非凡的、與眾不同的體驗，但是隨著年齡的增加，他們會越來越看重那些看似平淡無奇的體驗。

因此，如果你覺得買買買沒讓自己變得更幸福，那可能是因為你沒買對東西。一系列研究說明，比起物質，你更應該花錢買體驗。**體驗會帶來更多的幸福，因為它是時間的玫瑰，更加不容易因為比較而黯然失色。**更重要的是，體驗會變成你人生的一部分。你的人生取決於你做了什麼，而不是你占有了什麼。

13

購物時把手放進口袋裡，就能省錢

管住自己的手，就能管住自己的錢包。

心理學家哈洛（Harlow）曾做過一個非常有名的「恆河猴實驗」。他將剛出生的小猴子放入特製的籠子裡，籠子裡有兩個鋼絲製成的「母親」：一個懷裡放著奶瓶；一個沒有奶瓶，但是鋼絲表面被裹上厚厚的毛毯。結果發現，雖然幼猴會在那個「鋼絲母親」的懷裡尋求食物，但是絕大多數情況下，牠總是依偎在「毛毯母親」的懷裡。而且，當實驗人員向幼猴施以雷電等刺激時，幼猴也總是會躲到「毛毯母親」身旁。就像幼猴更喜歡溫暖柔軟的母親一樣，人們生來也有著對觸覺的強烈需求。

對觸覺的需求會在不知不覺中影響人們的消費行為。在傳統雜貨店裡，店員站在顧客和商品之間，當顧客想買某種商品時，只能由店員遞給他。後來，沃爾瑪這樣的大型超市出現了，琳琅滿目的商品呈現在顧客眼前，只要顧客想，隨時可以拿下貨架上的商品，觸摸它、感受它。這樣的觸摸，就會增加人們對這款商品的購買欲。

威斯康辛大學麥迪遜分校的佩克（Peck）和他的合作者就對此進行了研究。他們招募了威斯康辛大學的 231 名學生，在他們面前放置了兩種商品，一個彈簧玩具和一個咖啡杯。其中一半的

學生被告知可觸摸這些商品，而另一半學生則不能觸摸。之後每位學生都需要評價，他們在多大程度上覺得這件商品應該屬於自己，並且願意為每件商品付出多少錢。

結果發現，相較於沒有摸過商品的學生，摸過商品的學生會更加覺得這兩件商品屬於自己，而且對商品的估價也更高。

此外也有研究說明，在不能觸摸商品時，想像已經擁有面前商品也會讓人覺得自己就是這件商品的主人，並提高人們對該商品的估價。

難怪 2009 年美國《時代》週刊上的一篇文章會給出這樣一個消費建議：「如果想要控制購物欲，就把手放進口袋裡不拿出來。」把手放進口袋裡，就觸摸不到商品，也就不會在不知不覺中把購物車塞滿了。相反的，如果你是一家商店的售貨員，你要做的不是在顧客觸摸商品時大聲制止，反而要鼓勵他們盡可能地多摸摸商品，感受商品。

當然，觸摸並不只發生在人與商品之間，在人際相處中，觸摸也隨處可見。1992 年，以色列臺拉維夫大學的霍尼克（Hornik）教授發現，人們在被觸摸之後，更容易被說服。研究者請了 4 位志願者扮成超市的新品推銷員，向排隊的消費者提供新品試吃服務。其中 2 位志願者的任務是在和顧客溝通時輕輕觸碰顧客的手臂，而另外 2 位志願者則是進行正常的、沒有肢體接觸的服務。

結果發現，那些和顧客發生觸碰的志願者取得了更好的業績。84.6% 的顧客更願意試吃一下他手中的新品，65% 的顧客最

後買下了這款新品。而那些沒和志願者產生肢體觸碰的顧客中，只有 65% 的人試吃了這款新品，且只有 43% 的人最後買了這款新品，遠不如另外一組志願者的業績。

觸摸的力量強大，當觸摸的需求得到滿足時，人們會更願意買下這款新品，更願意同意推銷員的請求。但是，觸覺在現今的行銷中是非常缺乏的一種感覺。特別是互聯網技術發達、網路購物普及下，人們只能透過無力的文字、冷冰冰的圖片來感知商品。在這些感知中，觸覺是十分匱乏的。因此，一個成功的電商需要彌補這些無法感受到的觸覺。

有個成功的案例就是星巴克推出的貓爪杯。第一眼看到時，並不覺得它有什麼特別之處，雙層結構的透明玻璃。可是，一倒入牛奶、咖啡等有色液體，一隻軟綿綿的貓爪就出現了。當看到這隻貓爪，我們會想到毛茸茸的貓咪，想到牠那胖嘟嘟的、帶著溫度的爪子搭在我們身上，想到我們無憂無慮的童年……總之，即使沒有觸摸，我們也感受到了觸覺，我們一直渴求的觸摸欲被它徹底滿足了。這款杯子在星巴克官網兩度預售，一開賣就被搶購一空，有人甚至為了它在星巴克店門口大打出手。

觸覺的力量非常強大，甚至不需要實際的觸摸，都能讓消費者對商品愛不釋手。對於電商而言，最重要的是想清楚如何在文字、圖片中融入觸覺體驗，讓消費者隔著螢幕也能腦補出和產品的接觸、互動，並買下這款產品。

理智的消費者，為了荷包著想，購物時可千萬管好你的手。

14

利用面額效應，能讓你少花錢

不帶零錢，你就能少花錢。

一個炎炎夏日的午后，你看到路邊有賣冰棒的，10 元一根。你掏出錢包，發現錢包裡全是百元鈔票，完全沒有零錢。這時，你會買冰棒嗎？如果換個場景，你掏出錢包，發現錢包裡正好有10 元零錢，這時，你會買冰棒嗎？接下來我要介紹一個省錢的簡單辦法，就是「不要帶零錢出門」。

你有沒有這樣的體驗，出門時錢包裡有「10 張 100 元」要比「1 張 1,000 元」花得更快。每當手裡有點零錢時，你總有一種把它花掉的欲望；而當手裡全是大鈔時，你就不太捨得把它花掉。

從理性角度來看，「10 張 100 元」和「1 張 1,000 元」金額完全相同，你應該一樣珍惜。但**人不是完全理性的，錢的面額會影響錢的用途**。

這個效應叫作**面額效應**（Denominition Effect），是 2009 年由兩位行銷學教授所提出。他們是紐約大學企管系教授拉胡畢爾（Raghubir）和馬里蘭大學的企管系教授斯里瓦斯塔瓦（Srivastava）。他們在《消費者研究》發表的一篇論文中正式提出這個概念。他們認為，人們更不願意花掉大面額貨幣。也就是說，你拿著小面額的錢，會更容易買買買。

兩所美國大學的 89 名學生參加了一項實驗。實驗結束後，他們當中有 43 人拿到了實驗報酬 1 美元，但這 1 美元是小面額的 4 個 25 分硬幣。另外 46 人也拿到了同樣金額的實驗報酬 1 美元，但不同的是，他們拿到的是一張 1 美元紙鈔。

　　當這些人拿到實驗報酬後，研究者告訴他們，可以用手上的錢買實驗室提供的一種口香糖，這種口香糖的售價是 1 美元，也可以不買而把錢帶走。結果發現，那些拿到 4 個 25 分硬幣的學生更願意買口香糖，他們當中有 63% 的人會把錢拿來買口香糖。但是拿到 1 美元紙鈔的學生並不願意用來買口香糖。他們當中只有 26% 的人會把錢拿來買。也就是說，拿到小面額的學生更樂意把這些錢給花掉。

　　你可能覺得，硬幣拿在手裡更重，所以當然要花掉才比較合理。研究者又做了第二項實驗。他們在一家加油站邀請了 75 名加油站顧客填寫一份問卷，填完後可以得到 5 美元。其中一組顧客拿到了 1 張 5 美元紙鈔，另一組拿到了 5 張 1 美元紙鈔。顧客可以把錢帶回去，或直接在加油站的便利商店把這 5 美元花掉。結果發現，拿到 1 張 5 美元紙鈔的顧客最節省，當中只有 16% 的人把錢花掉。但是拿到 5 張 1 美元紙鈔的顧客最不吝惜，有 24% 的人在便利店就把 5 美元花光了。

　　你可能會說，這個現象也許只在美國人身上才有。事實上，拉胡畢爾和斯里瓦斯塔瓦在中國也做了一項實驗。他們在中國湘潭找了 150 名家庭主婦填寫問卷，然後發給她們報酬。一組人得

到的是大面額的 1 張 100 元紙鈔，另一組得到的是小面額的 5 張紙鈔（1 張 50 元＋2 張 20 元＋2 張 5 元）。主婦們可以把錢帶回去，或直接在實驗室裡選購 4 種產品（肥皂、洗髮精、寢具、煮鍋）。結果發現，拿到 5 張小面額紙鈔時，90.6% 的主婦都選擇買點什麼，只有 9.3% 的主婦沒花錢。但是拿到 1 張 100 元紙鈔時，有 20% 的主婦決定不把錢花掉。

更有趣的是，當人們需要節省開銷時，會下意識地傾向選擇大面額的貨幣。拉胡畢爾和斯里瓦斯塔瓦找來了 79 名大學生進行一項實驗。學生們閱讀並想像自己每個月需要存 400 元，可隨意花 600 元。一組學生想像在月底，自己已經花了 700 元，超過預算；另一組學生想像自己剛好花了 600 元，沒超過預算。學生們透過協助調查獲得 100 元報酬，可以選擇 1 張 100 元紙鈔或 5 張 20 元紙鈔。然後，學生們可以把錢帶回去，或跟朋友去商場購物花掉。結果發現，已經想像花了 700 元的學生中有 78.38% 的人選擇 1 張 100 元紙鈔，而想像剛好花了 600 元的學生中只有 26.19% 的人選擇 1 張 100 元的紙鈔。也就是說，當人們需要自我控制來節省開銷時，會故意選擇大面額的貨幣，以防止繼續花錢。

人們選擇大面額貨幣，還是小面額貨幣是否會受到個體差異的影響呢？里克（Rcik）等人發現，可以透過消費模式把個體分為吝嗇者與揮霍者兩類。吝嗇小氣的人通常花錢更少，在花錢時也會感到更心痛。拉胡畢爾和斯里瓦斯塔瓦又做了一項實驗，他們邀請了 119 名大學生參與。實驗流程和上一項實驗類似，只是學

生們還需要完成一個「吝嗇—揮霍」量表。他們在量表上的得分可將他們分為吝嗇者或揮霍者。結果發現，面額效應更多地出現在吝嗇者身上，吝嗇者會更偏好大面額貨幣，因為他們知道如何控制自己不亂買東西。而揮霍者就不懂得使用這個策略，他們不會刻意選擇大面額貨幣來控制花費。

為什麼你不願意花掉 100 元，卻很樂意把手上的 5 張 20 元花掉呢？早在 2006 年，愛荷華大學的米斯拉（Himanshu Mishra）等人所進行的研究就發現了一種現象，即消費者不願意花掉大面額貨幣。這是因為人們認為大面額貨幣有更大的感知價值。你看到 100 元紅色鈔票會比看到 10 枚 10 元硬幣更加開心，而且你會覺得 100 元紅色鈔票比 10 枚 10 元硬幣的價值更高。所以你不願意把 100 元花掉或拆散，以維護它的完整性。

面額效應對支出決策的影響，會對社會各部門產生影響，包括消費者福利、貨幣政策和金融業。如果國家想要刺激消費時，就可以提供更多小面額貨幣來提升消費者的購買欲。拉胡畢爾和斯里瓦斯塔瓦建議在美國增加 1 美元硬幣的發行量，推出 2 美元硬幣。如果國家想要增加儲蓄，就可更多地發行大面額貨幣。

對消費者來說，**怎樣才能多存錢、少花錢呢？**首先，可以**在錢包裡多放大面額的貨幣，少放小面額的貨幣；把零錢都換成整鈔**。當然，現在很多情況下都是用電子支付，**如果你想節省開支，第一步就是把手機裡的各種行動支付卸載。因為電子錢包裡的錢，你花起來會更加不心疼。**

15

小心商家定價的「隱形設計」

「每天1元」這種定價方式會讓你心甘情願地掏錢購買嗎？

中國移動推出了「大王卡」，1天1元不限流量。支付寶推出了最新保險產品，每天花1元，就能獲得400萬元重大疾病的醫療保障。這些廣告非常吸引人。但是，如果商家換一種說法，改成1個月30元流量費，1年365元保險費，聽起來就似乎沒有「每天1元」那麼吸引人了，這是為什麼呢？

你可能會覺得，這是因為1天1元比1年365元聽起來便宜很多。這確實是其中一個重要原因。但是美國羅德島大學的阿特拉斯（Atlas）和芝加哥大學的巴特爾（Bartels）的研究揭示了另一個你意想不到的理由。

研究者把1年350元這種定價方式叫作整合定價（Aggregate Pricing），把每天1元這種定價方式稱之為定期定價（Periodic Pricing）。他們透過一系列實驗發現，定期定價比整合定價更好，更容易讓消費者心甘情願地購買。

研究者首先在Mturk線上調查平臺找了150名參與者，做了一項問卷調查。參與者想像自己賺了5萬美元，並閱讀一個捐贈情景。一組人被要求1年捐款350美元，另一組人則被要求每天捐1美元。參與者需要回答自己的捐款意願。結果發現，如果要

求參與者 1 年捐款 350 美元，他們的捐款意願比較低；如果要求參與者每天捐 1 美元，他們會更願意捐錢。也就是說，定期定價比整合定價明顯提高人們的捐贈意願，讓人們更加樂意捐款。

在接下來的一項研究中，研究者在美國中西部的一所大學找了 153 名 MBA 的學生，考察了他們的真實購買行為。學生們需要給出對 5 種網路訂閱服務（如《華爾街日報》）的購買意願。一組學生看到的是定期定價（每天 0.26 美元），另一組學生看到的是整合定價（1 年 95 美元）。結果發現，有 24.5% 看到定期定價的學生會購買訂閱服務，而只有 9.9% 看到整合定價的學生會訂閱。這說明，給人們展示定期定價會提高人們的購買意願，讓人們更加願意花錢。

為什麼每天 1 元會比 1 年 350 元更吸引人呢？為了回答這個問題，這些研究者又做了一項研究。他們這次還是把參與者分成兩組，一組參與者看到的捐贈廣告是讓他們每天捐 2.5 美元，另一組看到的是要求 1 年捐 900 美元。參與者需要給出自己的捐款意願，不同的是，參與者還需要列出自己想要捐款和不想捐款的理由。結果發現，與要求參與者 1 年捐款 900 美元相比，要求參與者每天捐 2.5 美元時，他們列出了更多捐款的優點。也就是說，**定期定價的方法更能讓人感受到自己可以得到的好處，從而更願意花錢捐贈。**

這就是每天 1 元比 1 年 350 元更吸引人的另一個重要原因。為了證實這一點，研究者又做了一些實驗，並故意把每天的價格

設置得比較昂貴。

　　他們和美國一家送餐服務公司進行了合作。在研究過程中，有 15,127 名消費者造訪了該公司的網頁，看到了網頁上的一個送餐廣告。其中一半消費者看到的送餐廣告定價是每天 16 美元，另外一半消費者看到的送餐廣告定價是每週 99 美元。這項研究一共持續了 5 個星期。結果發現，看到每天 16 美元廣告的消費者比看到每週 99 美元廣告的消費者多買了 77% 的送餐服務。這說明，就算在每天成本較高的情況下，定期定價的方法也會增加人們的購買意願，讓人們更願意花錢。

　　研究者認為，當人們想到每天的花費時，不但會覺得花得更少，也會覺得自己可以享受到的好處更多。當人們看到一個送餐服務是每週 99 美元時，會覺得自己享受到的服務沒多少。但是當人們看到一個送餐服務每天 16 美元時，就會去想像自己每天的享受，從而覺得這個享受還蠻多的。

　　通常，**我們會覺得自己是一個理性的消費者，買東西時精打細算，貨比三家。但是，商家卻經常在背後默默引導我們做出不理性的消費行為。**與 1 年 350 元的整合定價方法相比，1 天 1 元的定期定價方法更吸引人，更能促使人們花錢。但是從理性的角度來看，1 天 1 元並不比 1 年 350 元經濟。所以下次買東西時，一定要注意這些商家的「隱形設計」。

16

花外幣哪裡不一樣？

美元、日圓和英鎊，哪一個更不像錢？

你會在海淘網站上流覽到 3,000 韓元的化妝品、80 美元的牛仔褲、600 歐元的背包，甚至你會踏出國門，在某次出國旅遊中，吃一頓 800 日圓的早餐，買一張 60 美元的加州迪士尼樂園門票⋯⋯隨著國與國之間的貿易往來越來越普遍，你看到的價格已不再只是國幣。這會怎樣影響你的購買行為呢？

假如你住在英國，每週都會去一家超市採購生活用品和食物。這家超市的牛奶 1 公升 0.99 英鎊，羊肉 1 公斤 2.74 英鎊⋯⋯突然有一週，你忙到沒時間逛超市，只能上網採購。這家電商的商品和連鎖超市一樣，但是價格卻以歐元標注。同樣的牛奶 1 公升 1.98 歐元，同樣的羊肉 1 公斤 5.48 歐元⋯⋯看到這些價格，你會有什麼反應？是否突然覺得這些東西變貴了。雖然實際上 0.99 英鎊等同 1.98 歐元，但是數字變大，就會讓你感覺要花的錢變多了。

假如你住在德國，經常光顧的那家超市的價格是牛奶 1 公升 3.96 馬克，羊肉 1 公斤 10.96 馬克。當你某次打開那家網路商店，看到牛奶 1 公升 1.98 歐元，羊肉 1 公斤 5.48 歐元⋯⋯你感覺如何？會不會覺得這些商品變便宜了呢？會不會因為這樣而多買一

些呢？雖然只要簡單換算，就能知道 3.96 馬克跟 1.98 歐元是一樣的，但你還是會覺得價格變便宜了。

2012 年，加州大學柏克萊分校哈斯商學院的拉胡畢爾教授等人做了一項研究，考察不同價值貨幣轉換對消費者的影響。如果你在國外旅行，這個國家的貨幣價值比較高，例如紐西蘭，他們的貨幣 1 元等於 4.7 元人民幣，那麼你會覺得商品的價格顯得更便宜。這會導致你買更多東西。但如果你去瑞典旅行，他們的貨幣 1 元等於 0.7 元人民幣，你就會覺得這些商品的價格顯得更貴。這會導致你節衣縮食，買得更少。

2002 年 1 月 1 日，包括德國、愛爾蘭、丹麥、挪威、瑞典在內的 12 個國家正式引入歐元。除了愛爾蘭，其餘 11 國原本貨幣的面額都比歐元小，這就帶來了一種「歐元幻覺」（Euro Illusion）——人們普遍覺得商品的價格更便宜了，消費意願也提升了。狡猾的商家也嗅到這股商機，對商品大肆漲價，反正這時漲價人們也察覺不到。這甚至導致了通貨膨脹。

拉胡畢爾對宏觀資料進行了分析，發現從 2002 年引入歐元開始到 2008 年，這些國家的旅遊收入增長遠遠高於那些沒引入歐元的國家。這意味著，把本國貨幣換成歐元讓消費金額看起來更少，從而激發了人們的消費意願，更願意花錢去享受旅遊。

為什麼會發生這種事情呢？主要是因為我們的認知懶惰。到了香港，看到一罐奶粉 58 元港幣（相當於 236 元臺幣），如果你特別細心精明，就會根據貨幣兌換率轉換成熟悉的貨幣，來判斷這

是否足夠便宜，值得購買。也就是說，人們在進行價格判斷時有兩個步驟：第一步，選取一個最簡單易懂的資訊作為錨，這裡的資訊是 58；第二步，納入已有的其他資訊對這個錨進行修正，這裡就是用匯率來修正，把 58 調整成 236。

但是，消費者有時太匆忙，沒時間做這種複雜計算，也可能比較懶，懶得計算。也就是說，在判斷價格時，人們運用匯率對不同貨幣進行的調整常常是不充分的。

這種不充分的調整便導致了不同貨幣的價格會錯誤地誘導你。如果你習慣看到英鎊的標價牛奶是 1 公升 0.99 英鎊，現在看到 1 公升 1.98 歐元的牛奶，你會一下子覺得這家店的牛奶好貴，不值得買。但如果你之前習慣德國馬克的標價，牛奶 1 公升 3.96 馬克，那麼當你看到 1 公升 1.98 歐元的牛奶時，你會以為這家店的牛奶真便宜，應該多買兩瓶。

上面我們說的是不同貨幣之間的「幻覺」。實際上，在同一種貨幣中，這種「幻覺」依然存在。

請想像這樣的場景：

杜拉拉和王美美畢業於同一所學校。畢業後，她們在不同的城市做著類似的工作。杜拉拉剛開始的年薪是 10 萬人民幣，工作第二年時薪資增加了 3%（即加薪 3,000 元）。她所在的城市沒有通貨膨脹。

王美美起薪也是 10 萬人民幣，第二年她的薪資增加了 6%（即加薪 6,000 元）。她所在的城市有 5% 的通貨膨脹。

你覺得杜拉拉和王美美誰更滿意自己的薪水？

顯然，杜拉拉加薪的 3,000 元和王美美加薪的 6,000 元瞬間抓住了我們的眼球，讓我們覺得王美美的薪水漲更多。這便是「錨」。但是我們同樣應該意識到，王美美所在的城市存在著 5% 的通貨膨脹。利用這一資訊對 6,000 元進行修正後，王美美的薪資增長幅度其實只有薪資的 1%，遠低於杜拉拉的 3%。但是，人們通常不會做這樣的充分調整，一聽說 6,000 元的加薪，就感覺比 3,000 元的加薪滿意多了。

不光我們會犯這種錯，就連普林斯頓的大學生們也會犯相同的錯誤。1997 年，美國行為科學家埃爾達‧沙菲爾將這個問題拋給 69 名大學生。結果發現，64% 的學生會犯這種錯誤，他們認為王美美應該更加滿意自己的薪資。

當然，真正精打細算的消費者，會仔細地把每一件海外商品的價格都轉換成國幣價格來進行比對。充分整理所有已知資訊，就不會受到數字的迷惑了。但是即使是一位精明的消費者，也有馬失前蹄的時候。例如在趕往機場的途中需要最後採購一樣東西，此時，需要快速做決定就可能導致消費者沒根據匯率進行充分調整，於是買了一個比國內還貴的東西，千里迢迢地帶回國。

不光是花美元或日圓時會出現這種問題，現在，你可以在「得到」上使用 199 個「得到貝」研習商學院課程，訓練自己的領導能力，也可以在「喜馬拉雅 FM」上支付 99 個「喜點」聽李銀河老師講愛情與婚姻。一個得到貝、一個喜點均是由 1 元人民幣兌

換而得。但是,將兌換率稍加修改,例如「1 元 =0.7 個得到貝」,人們在花得到貝時會更加慷慨,還是更加吝嗇呢?或者「1 元 =8 個喜點」,人們是否會毫不吝惜地花掉這些喜點呢?如果你是「得到」的老羅,你會如何制訂這個兌換率?

17

現金與電子錢如何影響你？

使用現金會讓你變得目光短淺。

今天給你 5 元現金或明天給你 10 元現金，你會選哪一種？

今天給你銀行卡上轉 5 元或明天轉 10 元，你又會選哪一種？

隨著互聯網和行動通訊成為人們日常生活中不可或缺的部分，行動支付等電子支付方式逐漸成為人們首選的付款手段，這給人們的生活帶來了方便。但也有部分人反對使用電子支付，一方面是覺得不安全，另一方面則是因為電子支付讓花錢變得不痛不癢，賺錢也沒那麼開心了。其實，電子錢不僅會影響你賺錢時的心情，還會影響你賺錢的多少。

2019 年 2 月，加拿大西安大略大學毅偉商學院教授杜克羅斯（Duclos）等人發表在《消費者心理學》期刊上的一篇文章說明，比起手機、銀行卡上的錢，現金貨幣會讓人在進行財務決策時更沒耐心。

研究者在西安大略大學裡隨機調查了 64 名學生和職員，將他們分成兩組，請他們到實驗室完成一項單詞拼圖任務。任務結束後，第一組的 37 人需要從兩種報酬方式中選一種：①現在拿走 5 美元的現金；②過一週再來這裡領取 7 美元的現金。第二組的 27 人也需要從兩種報酬方式中選一種：①現在給校園卡儲值 5

美元；②過一週再來這裡給校園卡儲值 7 美元。

結果發現，如果是以校園卡儲值的形式發放報酬，有 78% 的人選擇等待一週來得到更多的錢。但是如果是以現金形式發放，只有 49% 的人選擇等待一週。這說明，即使等待一週就能得到更多的報酬，但是一想到是領現金，人們就變得目光短淺，沒有耐心等候。

同樣是錢，為什麼現金會讓人目光短淺，為了眼前的小利而放棄長遠的大收益呢？這是因為人們無法忍受不能拿到眼前現金的痛苦。看到現金，人們就想馬上獲得；與現金失之交臂，會讓人感覺太痛苦。但是如果是一筆卡裡的錢，那麼暫時沒拿到也無所謂。

研究者又招募了 193 名大學生進行一項跟前面類似的實驗，唯一不同的是，這些大學生需要回答自己不能拿到眼前現金時感覺有多痛苦。結果發現，不能馬上得到現金的痛苦感要比不能馬上得到校園卡裡的錢的痛苦感更大。這證明了損失眼前的現金，會讓人們覺得更難受。

現在的電子錢讓我們花起錢來更加不手軟，存不了錢。從存錢的角度來看，用現金買東西能讓我們更捨不得花錢，從而更加節約。但是上面的研究告訴我們，從賺錢的角度來看，現金會讓我們更沒耐心，不願意等待，電子錢反而能幫助我們更加理性地等待未來的收益。

18

有時候打折反而會趕走你的消費者

商家的打折活動不見得一定能激發你買買買的衝動，可能還會適得其反。

打折是吸引消費者和促進購買的一個常規手段。你可能覺得打折這件事沒什麼難度，大折扣比小折扣好，小折扣比沒折扣好，折扣力道越大，消費者買得越多。但是，這篇文章裡，我要向你展示一系列研究，告訴你事實並非如此。

第一個問題，小折扣跟沒折扣比起來哪個更好呢？一個打九折的東西和一個不打折的東西相比，你更喜歡哪一個呢？

你可能會覺得比起不打折，人們當然是喜歡買打九折的東西。但是研究發現並不是這樣的。有時，人們寧願購買不打折的東西，也不願意買打九折的東西。

2016 年，上海交通大學的才鳳豔和美國維吉尼亞理工大學的巴格奇（Bagchi）發表在《消費者研究》的文章對小折扣的影響進行了研究。他們分析了美國西北部一家超市的資料，追蹤了三種商品（罐頭湯、冰淇淋、玉米餅）的銷售情況，資料包括了三種商品從 2004 年 4 月到 2005 年 6 月期間每一週的銷售量和商品價格。經過分析他們發現：在打折幅度較小的情況下（例如九五折或九八折），商品的銷售量和折扣大小呈反比。不打折時，銷售量是 15.44%，

但是打九五折到九折時，銷售量反而下降到 10.69%。折扣小時，銷售量不但沒增長，反而降低了。只有當折扣力道大於九折時，銷售量才會大幅攀升，提高到 66.13%。

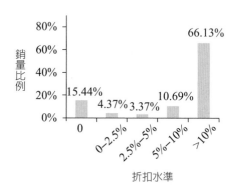

折扣小的情況下打折反而對銷量有抑制作用

這是因為，一旦存在打折資訊，消費者就會將原來的價格和打折後的價格進行對比，如果打折力道小，消費者會認為自己無法從這個交易中獲利，反而會更期待一個更大的折扣。

那麼這是否就意味著小折扣一定不好呢？商家是不是應該拋棄小折扣這種做法，要麼不打折，要麼就狠狠地打到骨折？

事實上也不全然如此，對於有些商品來說，小折扣也可以促進銷售。

研究者發現，小折扣的負面影響在生活必需品上並不存在；當商品本身是以大包裝的形式進行銷售時，小折扣的負面影響也不存在。研究者又招募了消費者進行實驗，讓消費者想像一下自

己在家舉辦一場派對，但是家裡沒有裝食物的盤子。這些消費者被分成四組，分別會看到 4 個盤子廣告中的一個：

① 5 個盤子售價 2.5 美元；

② 50 個盤子售價 25 美元；

③ 5 個盤子原價 2.5 美元，現在價格 2.25 美元；

④ 50 個盤子原價 25 美元，現在價格 22.5 美元。

結果發現，如果消費者看到的是 50 個盤子的廣告，那麼即使只有九折，他們的購買意願也會從 2.96 分（滿分為 7 分）提升到 4.07 分。但是如果他們看到的是 5 個盤子的廣告，那麼看到打折資訊的消費者的購買意願（3.8 分）反而比沒看到打折資訊的消費者的購買意願低，從 5.13 分降低到 3.8 分。也就是說，對於大包裝的生活必需品來說，即使折扣不大，消費者也會覺得自己買得多省得多。因此，小折扣對大包裝的商品來說是有效的。這也就是為什麼以抽取式面紙、沐浴露、牙膏等為代表的生活必需品通常會以大包裝的方式來打折促銷。

第二個問題，大折扣是不是總比小折扣好？折扣越高促銷效果就越好嗎？

不一定。加州大學教授庫珀（Cooper）在 1992 年發現，在改變消費者購買意願方面，折扣也是有飽和點的。

研究者分別用九折、八折、七折……三折 7 個不同的折扣力道進行了實驗，調查了 290 名在校研究生關於零售店裡一款有氧運動鞋的促銷情況，詢問了他們認為的平均零售價，看到折扣後

估計的原價及對這款鞋的購買意願。

　　研究者發現，雖然隨著折扣力道的增大，學生感覺到節省更多，但是當折扣到達一定程度時，學生的購買意願反而降低。研究者又考察了一家專賣店，發現一款有氧運動鞋在打七七折時就已達到最佳點，再繼續打折，也不會讓消費者更願意購買。這是為什麼呢？

　　研究者認為，對於這款運動鞋來說，七七折就足以讓消費者心動而產生強烈的購買意願，再加大折扣力道反而會讓消費者對鞋子品質產生質疑，認為這款鞋子之所以打這麼大的折扣是因為品質不好或穿著不舒服。

　　也就是說，高折扣雖然能讓消費者感覺到占了更多便宜，但是未必能促使消費者產生購買行為。打折力道過大不見得總是一件好事。

　　另外，折扣的頻繁程度也會對消費者的購買行為產生重要影響。已有研究說明，消費者會認為頻繁打折的商品價格更低。

　　1999 年，佛羅里達大學的阿爾巴（Alba）曾讓消費者看了兩個品牌的洗髮精在 36 個月內的價格浮動情況，兩個品牌的洗髮精在 36 個月內的平均價格是一致的。其中一個品牌的洗髮精經常打折，但是每次打折的幅度都很小，從 0.12 美元到 0.22 美元不等。另一個品牌的洗髮精不常打折，但是一打折，就打很大，從 0.24 美元到 0.36 美元不等。在 36 個月的價格中，頻繁打折的品牌共有 24 個月具有價格優勢，打折幅度大的品牌在 12 個月具有價格

優勢。消費者看了兩個品牌的洗髮精 36 個月的價格後，需要估計這兩個品牌的洗髮精在 36 個月當中的平均價格。結果說明，雖然兩個品牌的洗髮精的平均價格都是 2.45 美元，但是消費者估計那個頻繁打折的品牌的平均價格要明顯低於不常打折的品牌。

不同降價模式品牌的價目表（單位：美元）

頻繁降價品牌	大幅降價品牌
2.49	2.17
2.33	2.49
2.29	2.49
2.49	2.19
2.35	2.49
2.33	2.49
2.35	2.49
2.49	2.25
2.37	2.49
2.49	2.19
2.34	2.49
2.37	2.49
2.49	2.21
2.35	2.49
2.33	2.49
2.27	2.49
2.37	2.19
2.49	2.13
2.49	2.49
2.33	2.49
2.37	2.49
2.35	2.49
2.49	2.25
2.31	2.49

　　什麼會出現這樣的現象呢？主要的原因在於出現次數會影響數字大小。消費者更傾向透過數字出現的次數進行數字大小的判

斷。人們經常被物品出現的次數蒙蔽雙眼。我們不妨來做一個小遊戲。

（1）（2）（3）中出現的圖形，它們面積大小的關係如何？

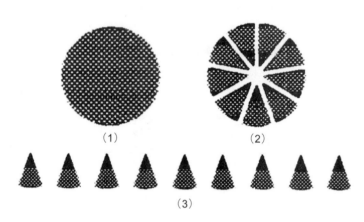

（1）　　　　　　　（2）

（3）

看似面積不同的三幅圖

現在公布正確答案：它們的面積一樣大。其實這項遊戲是加州大學洛杉磯分校教授佩勒姆（Pelham）1994 年在《認知心理學》（*Cognitive Psychology*）發表的一項實驗。在實驗中，他分別給兩組人看了（1）（2）和（1）（3）兩幅圖，並讓他們估計兩幅圖的面積大小關係。實際上（2）和（3）本身就是將（1）分解開的，所以三幅圖的面積一樣大。但有趣的是，人們認為（2）（3）要明顯大於（1），尤其對於（3）來說，人們估計（3）的面積要比（1）大 50%。為什麼呢？因為在（3）中，資訊重複出現了好多次，次數會誤導人們對面積大小的判斷，所以人們覺得越頻繁

出現的東西就越大。

這也就是爲什麼你會覺得經常打折，但是打折幅度小的店的東西更便宜，比較廉價；不怎麼打折，但是一打折就打很大的店的東西更貴，但品質更好。所以奢侈品牌爲了保持高貴形象，就不適合經常打折，但可以偶爾做一下特賣。

總結一下，這篇文章中我們談到了三個跟打折有關的現象：①小折扣不見得一定比沒折扣更吸引消費者購買；②並不是折扣越大越好，到了一個飽和點，再大的折扣也不一定能刺激更多的購買；③頻繁打折會讓消費者對商品產生廉價的印象，哪怕折扣幅度並不大。

19

如何降低你的「支付痛苦」？

....

　　花錢會讓你心疼，那麼商家是怎麼給你止痛的呢？

　　俗話說：「一手交錢，一手交貨。」但這條規矩在生活中其實並不多見。當你去參觀一個景點時，你總要先買了門票才能進去；當你上網購物時，你總得先付款，貨才能隨後送到；當你去一家餐廳吃飯時，通常是在用餐過後才付錢……

　　面對一項消費，你會選擇在消費之前付款，還是在消費之後慢慢還呢？

　　麻省理工學院經濟學教授普雷勒克（Prelec）和卡內基美隆大學教授喬治‧羅文斯坦發現，對於不同種類的消費，人們會有不同的選擇。

　　研究者先讓 91 名參與者想像去加勒比海度假一週，需要花費 1,200 美元，現在有兩種付款方式：

　　①在度假之前的 6 個月裡，每個月支付 200 美元。

　　②在度假之後的 6 個月裡，每個月支付 200 美元。

　　研究人員發現，超過 60% 的參與者都會選第一種付款方式。

　　接著，研究者又問他們，假如你打算買一部洗衣機，也需要花費 1,200 美元，你傾向選哪種付款方式？

　　①在貨到之前的 6 個月裡，每個月支付 200 美元。

②在貨到之後的 6 個月裡，每個月支付 200 美元。

有趣的是，84% 的參與者都選擇了第二種付款方式。

那麼這種差別是如何產生的呢？

研究者發現，人們在付錢時會有立即的痛苦感，被稱為支付痛苦。這種痛苦會減少人們從消費中得到的喜悅感。比如，你去一個很美的國家旅遊，本想乘坐計程車好好欣賞一下窗外的美麗風景，可是這個國家的計程車很貴，你坐在後座，每聽到計費表滴一聲，就會心疼口袋裡的錢一秒。這樣一來，你再也沒心情去欣賞窗外的風景了。

如果坐計程車是先付錢，你就不會有這種感受了。你付過錢，就不會再惦記著心疼，現在的任務是要讓花的錢物超所值，所以要盡情享受。

對於旅遊度假這樣的體驗型產品來說，如果享受之後再付錢，一想到花錢的痛苦，就沒辦法好好體驗了。這時先付錢再享受比較合理，因為先把錢付清，度假時就不用再考慮之後還要「還債」的事，也就不會感受到那麼漫長的痛苦了。

但是如果你買的不是一次體驗，而是一個物質，例如一部洗衣機，那就不一樣了。因為洗衣機在購買後很長一段時間能給你帶來好處，所以在購買後再付款也沒關係。這個洗衣機在給你帶來好處的同時，你也在為它付錢。你會將付錢時的痛苦和使用時的效益直接對應起來，覺得合情合理，物超所值。

另外，為體驗收費時不但要注意先收費，也要注意不能收費

次數過多。例如，你去一個老式遊樂場玩，發現每一項設施都要單獨收費，你就可能玩得不那麼痛快了。這個雲霄飛車要付 20 元，到底值不值得去坐呢？那個海盜船是 30 元，要不要去玩呢？每一次消費，你都要做出決定是否值得付錢。這讓你疲憊不堪，每一次付錢都讓你心疼，自然玩得不太愉快。這也就是為什麼迪士尼出現時，把按活動收費改為了按入場收費。

越來越多的商家都採取合併付費的方式。例如電影業，以前租賃錄影帶不但要按出租次數收費，而且過期不還還要罰錢。NETFLIX（網飛公司，線上影片租賃供應商）誕生之後所採用的定價模式完全不同。消費者只需要支付月費，就可以享受無限次數的影片租賃服務。這樣就減少了消費者的付錢次數，提升了消費者的滿意度。

有些影視網站也仿效 NETFLIX 的付費方式，其中也保留了每部電影單獨收費的選擇，也就是用戶可選擇每觀看一部電影就付一次費。但是看一下他們的費用就知道，觀看單部電影使用者需要付 5~6 元，但是一個月的會員費才 19.8 元。顯然他們更希望用戶成為包月會員。這是為什麼呢？

因為他們並不希望用戶按次付錢。如果用戶每次看電影付 5 元，那麼用戶就會斤斤計較，看完一部不好看的電影時覺得不值得。但是用戶購買了會員後就不會這樣了，每體驗一次都感到更開心，因為有一種賺到了的感覺，就算看了一部爛片也無所謂。

另外，付了會員費還能提高使用者的使用頻率和忠誠度。用

戶成為會員後，卻一次都沒看過電影，就會覺得很虧，會盡量抽時間來看兩部。每看一部都覺得自己好像把錢賺了回來。所以提前付費會增強體驗感。對於體驗商品來說，按月或按年提前收取會員費是更好的辦法。

那為什麼餐廳大多是後付款呢？如果你仔細觀察就會發現，也有些需要先付款的餐廳，這些餐廳一般都是廉價的快餐館。這又是為什麼呢？

這取決於餐廳想跟你建立的關係是功能關係，還是情感關係。如果一個餐廳是功能性的，只是給你填飽肚子用，那麼餐廳不需要跟你建立情感關係。你一點完餐，他們就要你付錢。但是高級餐廳希望跟你建立情感關係，希望你對他們有所依戀，成為常客，如果一點完餐就要你付錢就太冷冰冰了。

先付錢，還是後付錢呢？這看似簡單的決定，背後需要考慮的因素一點也不簡單。如果販售的是體驗產品，請盡量選擇讓消費者先付錢，最好付一個會員價。如果是高級場所，希望能夠跟消費者建立一個長期的情感關係，那麼簽帳可能是更好的選擇。

20

距離會影響你對錢的價值判斷

同樣面額的錢，竟然可以有不同的購買力。

假如某老闆給員工的加班時薪是 1 小時 70 元，你可能會覺得這是個慣老闆，給的錢這麼少，吃便當都不夠。但是如果你自己是老闆，給員工的加班時薪是 1 小時 70 元，你可能覺得 70 元還滿多的，可以買好幾包泡麵了。研究發現，我們通常覺得自己的錢比別人的錢更值錢，能買到更多東西。

生活中你是否有過這種感受：別人都花錢如流水，而你是省錢小能手；你的 500 元用 3 天，而某人一天都撐不過。威斯康辛大學麥迪遜分校市場行銷學助理教授鮑曼（Polman）等人在 2018 年發表的一篇文章中，對這個現象進行了深入研究。

研究者召集了 289 位消費者並隨機分成兩組，同時告訴他們，現在有一打雞蛋、巧克力棒、牙刷、剪刀、羊毛襪、大亨堡、冷凍比薩、小杯拿鐵、燈泡、一條麵包等 10 種商品，他們需要評估每一種商品用 50 美元可以買多少份。

其中一組消費者需評估自己的 50 美元可以買到某種產品多少份，而另一組消費者則需評估別人的 50 美元可買到某種產品多少份。結果發現，人們覺得自己的 50 美元的購買力更強。用自己的 50 美元，人們平均認為可買到 21.07 支牙刷，但是評估別人的

50 美元，卻覺得只夠買 17.30 支牙刷。

自己的錢更有力，你可能認爲這只是人們未經深思熟慮的結果，如果讓他們更認眞地估計，一定會表現得更好。

在接下來的一項實驗中，研究者爲了讓消費者更認眞地理性作答，就拿出 100 美元的亞馬遜網書禮物卡，告訴消費者，只要他們能準確估計，就會獎勵他們這張 100 美元的卡。有了金錢激勵之後，每個人都更認眞了。但即使已認眞理性地評估了，花自己錢的消費者仍然認爲自己的 50 美元可買到更多東西。

不僅在消費時人們會認爲自己的錢比別人的錢更有購買力，在捐贈情況下，人們也認爲自己捐出去的錢能發揮更大的作用。

研究者讓一組捐贈者想像他們向慈善機構捐了一筆錢，並評估這筆錢會發揮多大的作用。在向種樹護樹慈善機構捐贈的情境下，捐贈者認爲他們捐出的 100 美元平均可買到 33.80 棵樹，而別人的 100 美元只能買到 24.59 棵樹。這意味著，捐贈者認爲自己的錢更有用，捐出去之後能幫助更多人。

這種自信到底從何而來？可能有人會說，這是一種樂觀主義傾向，人們通常會覺得自己比別人更有能力，覺得自己的運氣更好，覺得自己更不容易生病等。這在心理學上叫作正向幻覺。研究者也非常巧妙地考察了這個解釋是否合理。他們讓消費者評價一些自己不想要的商品，例如腐爛的雞蛋、過期的牛奶等。結果發現，即使是購買這些不想要的商品，人們也還是覺得自己的錢比別人的錢更大。這就說明，認爲自己的錢更值錢，不單是一種

正向幻覺。

　　研究者認為這是心理距離惹的禍。在接下來的研究中，不但讓消費者評價自己的 900 美元能買到多少東西，還讓消費者評價一個跟自己親近的人的 900 美元能買到多少東西，或評價一些跟自己不那麼熟的人的 900 美元能買到多少東西。結果發現，同樣都是別人的錢，但消費者在感知購買力大小時卻出現差異。消費者認為自己的 900 美元的購買力平均分數為 7.72（滿分為 9 分），與自己親近的人 900 美元的購買力平均分數為 7.6，兩者之間沒有顯著差異。但是如果是評價一個不那麼熟的人，隨著關係越來越遠，這個人的 900 美元的購買力也會逐漸下降。到了消費者評價一個完全陌生的人時，同樣的 900 美元的購買力平均分數不足 7.2，明顯低於自己的購買力。換句話說，**心理距離增加導致金錢價值降低**。

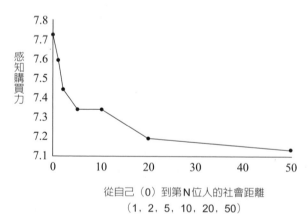

感知購買力與社會距離的關係

不光心理距離會導致金錢價值降低，其他距離也會導致金錢價值降低，例如時間距離。很多研究發現，人們寧可現在獲得 15 元，也不願意等上 1 個月拿到 30 元。從客觀價值來說，1 個月後的 30 元比現在的 15 元更多，即使考慮到通貨膨脹因素也一樣。但是從主觀價值來說，1 個月後的 30 元讓人們感覺更沒價值，因為時間距離太遙遠，那只是一個數字罷了，現在拿在手上的 15 元才是真實的錢。

　　現在的 100 元跟 3 個月之後的 100 元，哪個更值錢呢？如果讓一半人評價現在 100 元的購買力，另外一半人評價 3 個月之後的 100 元的購買力，那麼人們會認為現在的 100 元更值錢。這可不單是因為通貨膨脹，把現在的錢跟以前的錢比較也有同樣的結果。距離越遠的錢，人們越覺得不值錢，購買力更低。

　　有趣的是，**改變得到的機率能改變心理距離**。如果是 100% 能得到的東西，我們會覺得比較近，如果是只有 10% 能得到的東西，我們會覺得比較遠。在接下來的一項研究中，研究者操縱了同樣的一筆錢可能被得到的機率。

　　800 名消費者中的一部分人被告知，他們之後會參加一個抽獎活動，有 95% 的機率中獎 50 美元。另一部分人被告知，中獎機率只有 5%。然後消費者需要評估一下這 50 美元的購買力。產品清單中有一盒麥片、一加侖牛奶、一本雜誌、一本主題筆記本、一包鉛筆、一條花生巧克力。

　　結果發現，如果消費者以為自己只有 5% 的機率中 50 美元，

那麼他們會覺得這 50 美元更不值錢。而如果消費者認為自己很有可能獲得這 50 美元，就會認為這筆錢很值錢。

這一系列研究共招募了 4,475 位消費者參與，而且考察了 49 種不同商品，包括耐用的和消耗的、享樂的和實用的、有品牌的和沒品牌的、昂貴的和便宜的、想要的和不想要的。得出的結論都一致，**人們認為自己的錢購買力更大。**

金錢的購買力是一個重要的話題，人們做預算，做金錢計畫，決定應該從 ATM 裡取多少錢來備用，設定信用卡額度，向銀行貸款多少時，都需要考慮金錢有多少購買力。**如果人們覺得自己的錢購買力更大，就可能做出一些錯誤的決策。**

21

損失厭惡也不是永遠都成立

平常你更加看重損失，而不是得到。但是在求偶時，得到變得比失去更加重要。

假如有人要跟你玩擲硬幣遊戲，擲出正面你贏 500 元，擲出反面你輸 500 元，你願不願意跟他玩一局？大多數人會拒絕玩這項遊戲。雖然贏錢和輸錢的機率都是 50%。但輸掉 500 元的痛苦要比贏 500 元的快樂更大。

比起贏錢的快樂，人們還是更想避免輸錢的痛苦。 諾貝爾經濟學獎得主丹尼爾・康納曼和阿莫斯・特莫斯基把這種現象稱為**「損失厭惡」**。

日常生活中處處都有損失厭惡的影子。比如，商場打折了你不一定會去，但手裡攢著的優惠券快到期了，就一定要去商場花掉，因為優惠券過期作廢讓你覺得是一種損失。打麻將贏了幾百元時，你可能會見好就收回家吃飯，但是輸了幾百元時，你就會固執地不肯離開牌桌，試圖翻盤，因為輸錢是一種損失。如果弄丟了 1,000 元，又得到了 1,000 元，也不會讓你感覺完全好起來。這些非理性的感受都可以用損失厭惡來解釋——人們在面對同等程度的損失和收益時，損失更令人難以接受。但是損失厭惡並不必然，有些時候人們會更不在乎損失。

①壞消息往往比好消息帶來的影響更深

分辨好與壞是成長過程中最先學會的技能之一，但是比起好事，我們似乎更關心壞事。

1985 年波蘭學者卡皮諾（Czapiski）分析了心理學期刊上的 1.7 萬篇文章，發現研究焦慮、抑鬱、創傷、低自尊等負面事件的占 69%，而研究樂觀、動機、同情心等正面事件的只有 31%。1999 年，美國心理學會主席塞利格曼（Seligman）更呼籲開展一場「正向心理學」運動，以沖淡心理學研究中對負面事件的過度關注。

不光心理學家關注壞事，大多數人也都覺得研究抑鬱、焦慮、自殺這些事情比研究快樂、幸福更有意義。不是因為悲觀主義，而是因為壞消息帶給人們的影響要比好消息大得多，這也是損失厭惡的根本原因。

來看一個比較極端的例子。有這樣三組人，第一組是中彩券贏了大獎的人；第二組是意外癱瘓的人；第三組是過得平平淡淡的人。這三組人誰最快樂，誰最悲傷？你可能覺得，當然是贏了彩券的人更快樂，意外癱瘓的人最悲傷。但事實不一定是這樣。

1978 年美國西北大學的布里克曼（Brickman）和合作者對這三組人進行採訪發現，中彩券的人並沒有比其他兩組人更開心，而意外癱瘓的人確實是三組人中最不快樂的。也就是說，開心的事情對我們的影響，遠遠不如難過的事情。

為何快樂如此短暫，悲傷經久不散？這是因為**損失帶來的負效應是同樣收益帶來的正效應的兩倍甚至更多**。加州大學洛杉磯

分校心理學教授莎賓娜（Sabrina）及合作者把實驗參與者放到核磁共振儀裡，讓他們一邊玩賭博遊戲一邊掃描大腦。研究發現，贏錢時和輸錢時大腦都會被激發，但是輸 100 元時的大腦激發程度遠大於贏 100 元時的程度。

②比起「趨利」，人們更看重「避害」

人類有兩種基本動機。一種是趨利，就是得到好處，例如食物。另外一種是避害，也就是逃避那些不好的事情，例如洪水猛獸。這是演化賦予人類的天性。但是趨利和避害到底哪一種動機更重要？

想像你在原始森林裡，有一隻老虎朝你走過來，你沒看到，那麼你就「掛」了。如果有一堆食物在你面前你沒看到，你可能只會餓一頓，但是不會「掛」掉。因此，避害比趨利要更加重要。人們更關注負面消息，更關注損失，更會受到負面情緒影響，就是因為這些訊息可以幫助自己避害。

1979 年，卡尼曼和特威爾斯基就透過實驗發現，比起趨利，人們似乎總要先保證避害。實驗包含以下兩個情境：

- 情境一：先給你 1,000 元，在此基礎上做出選擇。

   A. 50% 的機率再得到 1,000 元

   B. 100% 的機率再得到 500 元

- 情境二：先給你 2,000 元，在此基礎上做出選擇。

   C. 50% 的機率損失 1,000 元

D. 100% 的機率損失 500 元

根據機率計算，選項 A 和選項 C 的預期收益相同，選項 B 和選項 D 的預期收益相同。然而實驗結果說明，84% 的人在情境一中選擇了確定性的金錢收益，但是 69% 的人在情境二中選擇了賭一把。也就是說，比起「趨利」，人們更可能為「避害」冒險。

損失厭惡不僅表現在成人身上。研究也發現，5~10 歲的孩子表現出了和成人一樣的損失厭惡傾向。更有學者發現，猴子的行為也存在損失厭惡的特徵。

2005 年時，耶魯大學的陳凱斯（Keith Chen）及其團隊曾給黑帽捲尾猴設計了兩項賭博遊戲。遊戲裡派出了小王和小張兩個實驗者參與。

小王手裡拿著一個果凍，然後拋出硬幣。如果硬幣正面朝上，小王就把手裡的一個果凍給猴子；如果硬幣反面朝上，小王就把手裡的一個果凍給猴子之後再掏出一個給猴子。

小張的手裡拿著兩個果凍。如果硬幣反面朝上，小張就把兩個果凍都給猴子，如果硬幣正面朝上，小張只會把一個給猴子。

雖然兩種情況的結果都一樣，猴子要麼得到一個果凍，要麼得到兩個果凍，但是所有的猴子在觀察一段時間後，都跑到小王那邊去了。原因很簡單，兩邊看似平均收益一樣，但是小王那邊能產生額外收穫，小張那邊帶來額外損失。可見，猴子也有損失厭惡的心理。

損失厭惡的影響廣泛而深刻，在婚姻生活中也是如此。美國華盛頓大學心理學教授高特曼（Gottman）是當之無愧的婚姻研究領銜人物，號稱在 5 分鐘內就可以判斷一對夫妻未來是否會離婚，準確率在九成以上。如此準確的預測是建立在他對上千對夫妻的追蹤研究基礎之上。

　　高特曼於 1970 年代建立了著名的「愛的實驗室」——一座公寓式婚姻實驗室。這所實驗室坐落在華盛頓大學附近一個風景名勝，每個房間都裝有攝影機，從早上 9 點到晚上 9 點即時記錄夫妻一天的生活。1993 年，他追蹤了 73 對新婚夫妻，他們在當時都是幸福美滿的佳偶，但是其中有 1/3 的夫妻在 4 年後變成怨偶，婚姻搖搖欲墜。那麼到底是什麼導致婚姻破裂呢？

　　高特曼發現，主要是因為這些夫妻在生活互動模式中，正面互動（如讚美）跟負面互動（如爭吵）的比例小於 5：1。婚姻生活中，正面互動對夫妻的影響沒有負面互動那麼大。一個負面互動產生後，大概需要 5 個正面互動才能把這些負面影響抵消掉。如果沒有抵消，就會出現收支不平衡的情況。

　　當然，損失厭惡也不是永遠都成立的，有時我們反而更加看重收益。比如 2007 年荷蘭萊頓大學的哈林克（Harinck）等人就發現，當人們談論「小錢」時，損失厭惡這一現象是可以反轉的。比如，人們覺得撿到 1 元很開心，但是丟了 1 元卻覺得無所謂。所以對於「小錢」來講，人們是沒有損失厭惡的，撿錢比丟錢更激動。

還有什麼時候人們沒有損失厭惡呢？ 2012 年亞利桑那州立大學的葉欣潔西卡（Yexin Jessica Li）及合作者的一項研究發現，當人們在求偶時，男性更加沒有損失厭惡。他們更看重自己得到什麼，而不是失去了什麼。

　　爲什麼會出現這種情況呢？因爲在漫長的進化過程中，男性總是需要扮演進攻的角色。如果男性老害怕丟臉、害怕損失，就沒辦法追求到女性了。所以在追求異性時，男性必須要很願意冒險才行。

第四章

金錢與家庭生活

生活中 80% 的喜劇跟金錢沒關係，

但 80% 的悲劇都跟金錢有關。

01

認為時間就是金錢，可不是什麼好事

$\cdots\cdots\cdots\cdots\cdots\cdots\cdots\cdots\cdots\cdots\cdots\cdots\cdots\cdots\cdots\cdots\cdots\cdots\cdots\cdots\cdots\cdots$

你認為時間就是金錢嗎？這麼想固然會讓你珍惜時間，但是也會讓你更加不幸福。

在一檔綜藝節目裡，有位觀眾向一位大企業創始人提問：「我想用我的青春換取您的全部財富，您會換嗎？」這位企業家微微一笑：「當然，換，財富有什麼用，財富沒有了可以再賺，青春過去就不再回來了。」

這不過是因為這位企業家太有錢了。對於「雙 11」剛花光積蓄，還有幾千元信用卡債要還的我們來說，還沒有奢侈到用錢去買時間的程度，而是停留在必須用時間去換金錢的階段。我們花時間等 1 小時的公車而不是坐 10 分鐘的計程車來省錢，我們空餘時間去送外賣來賺錢，我們排隊等待折扣優惠來節省錢。這些都是在用時間換取金錢。

我們從小就被教育，「時間就是金錢」。這樣教育我們的人希望我們更加珍惜時間，不虛度光陰。但是這不見得是好事，因為已有一些研究發現，**「時間就是金錢」這種心態會讓我們變得更加不幸福。**

在現實生活中，有些人會更深刻地體會到「時間就是金錢」。有個詞叫作「時薪」，指工作 1 小時平均能賺多少薪水。比如，

鐘點工、心理諮商師、律師或一些自由業者，他們的報酬就是按時間來計算。對這些人來說，時間真的就是金錢。當然，對於那些從來沒有領過時薪的人來說，一旦拿起計算機換算一下自己的時薪，他們也會和領時薪的人一樣，視時間為金錢。

　　研究者就考察了這樣一些具備「時間就是金錢」心態的人。

　　結果發現，當人們把自己的時間換算成金錢之後，一個重要的改變就是更不願意陪伴家人和朋友，更不願意幫助別人。比如美國的律師，他們通常都是按照工作了多少小時來計費。波士頓大學法學院的凱溫妮（Kaveny）教授發現，時薪制使得律師把自己的時間當成金錢，更願意花時間去工作，而不是陪伴家人、朋友或參加社區活動。

　　多倫多大學的德沃和史丹佛大學的菲佛（Pfeffer）也發現了類似情況，把時間換成金錢會讓人們更不願意去參加志工活動和幫助他人。也就是說，當意識到自己的時間可以換取多少金錢之後，人們對待自己時間的方式會發生很大的變化。

　　不妨設想一個情境。你找到一份兼職，每天在手機上審核使用者上傳的影片，每審核 1 小時就得到 50 元。有天晚上，一位老朋友來找你敘舊，一聊就是 3 小時。這時你可能會覺得，這 3 小時本來可以用來工作，等於今天損失了 150 元。當開始這麼計算時，你就會斤斤計較，不願意將時間花在不能產生經濟效益的事情上。

　　這種把時間當成金錢的思維對人們的身心產生許多負面影

響。忙著用時間換金錢讓人們逐漸減少與家人、同事之間的交流，人際關係變得生疏。這還會進一步損害人們的幸福感。因為已有大量研究顯示，**人際關係才是幸福感的源泉，那些幸福的人和不幸福的人，最大的區別在於是否擁有親密的人際關係。**

2018 年，史丹佛大學的菲佛和卡內（Carney）在《管理學會發現》（*Academy of Management Discoveries*）期刊發表一篇文章指出，那些習慣把時間當成金錢的人，承受著更重的心理壓力。這種心理壓力導致他們唾液中的腎上腺素水平要比一般人高出 23.53 個百分點。腎上腺素水平是衡量壓力大小的重要指標之一，長時間的工作壓力會讓人體緩慢、長期地分泌腎上腺素，而這會導致許多心理疾病與生理疾病，比如焦慮症、高血壓等。所以，過於強調時間的經濟價值，會讓人在心理與生理上都處於亞健康狀態。

把時間當成金錢，固然會讓你更珍惜時間，不會碌碌無為。但是這種心態也會讓你把自己的時間榨乾去賺錢，導致你不願意花時間去做那些更有意義，但沒有短期利益的事情，例如與朋友相處、幫助他人、享受歡樂的家庭時光等。**這種心態會損害你的幸福感，也會增加你的壓力，讓你的身心都變得不健康。因此，你需要把自己從「時間就是金錢」的思維中解脫出來，「偷得浮生半日閒」。**

02

造成你花錢不手軟的原因，原來是這些

你為什麼會把自己不真的擁有的錢也花掉？看看周圍，有這種情況的是男多女少，還是女多男少呢？

2018 年「雙 11」天貓交易額為 2,135 億元，比前一年增長27%，其中你貢獻了多少？《2017 年消費升級大數據報告》顯示，1980 年代出生的人平均年消費 6.2 萬元，1990 年代出生者平均年消費 3.5 萬元。許多人看到自己的年底帳單時總是感慨，居然花了這麼多錢。

其實，花錢不手軟不全是你的錯。

心理學家發現，很多你無法控制的因素影響了你，使得你在不知不覺中用錢不節制了。

首先是性別比例。你所居住地區的性別比例會影響你的用錢模式。

每個地方的性別比例相差很大。第六次全國人口普查的資料顯示，中國男女比例大約是 104.9：100，其中男女比例最失衡的天津市這筆資料高達 114.52：100。相對的，俄羅斯是典型的女多男少的國家，女性占總人口的 54%，男性只占 46%。

明尼蘇達大學行銷系的格里斯克維西斯（Griskevicius）和合作者做過一系列研究。

他們首先調查了美國 120 座城市的男女比例，發現性別比從 0.78 到 1.63 不等。隨後調查了當地居民擁有的信用卡數和個人債務金額。結果發現，性別比數字越大，個人債務金額也越大，擁有的信用卡數量也越多。也就是說，在男性比女性多的地方，人們花錢的欲望更強烈。

在接下來的一項研究中，研究者讓大學生閱讀一篇文章。這篇文章告訴這些人他們所在學校的男女比例。其中一半的大學生讀到的內容是「在今天的校園裡，女生數量遠超過男生」，另一半的大學生讀到的內容是「在今天的校園裡，男生數量遠超過女生」。文中還給出一些具體的男女比例數字以加強可信度。

之後，學生們需要想像自己大學畢業後，首次開始工作，在繳完稅金和社會保險金之後，每個月還剩 2,000 美元，但需要用這 2,000 美元來付房租、伙食、交通、服飾、旅遊、娛樂等費用。問題是，你打算每個月存多少錢？

結果發現，女生的消費行為不受性別比例影響，但是男生的消費行為就會受到影響。如果男生以為自己所處的環境中男多女少時，他們更不願意存錢。在一個女生居多的環境裡，男生平均願意存 150 美元，而在一個男生居多的環境裡，男生平均只願意存 87 美元，減少了 42%。

有趣的是，當身邊男多女少時，男生也更願意借貸。女多男少時他們平均計畫借 37 美元，而男多女少時他們平均計畫借 68 美元，足足增加了 84%。

這是為什麼呢？因為男性比女性更傾向透過展示金錢來競爭和吸引異性。當性別比例高時，社會裡的女性成為一種稀缺資源，男性需要更多地展示自己的魅力來追求女性，而金錢就是展現實力的重要工具。因此男性會下意識地藉由花錢來施展個人魅力。

請注意，這樣的改變可能是無意識的。也就是說，儘管你花錢變得漫無節制，但是你可能不知道為什麼自己這麼愛花錢。

其次，經濟環境也會影響你是否不計後果地花錢。

你可能會簡單地以為，經濟繁榮時，人們會鋪張浪費；經濟衰退時，人們會更加願意存錢。但格里斯克維西斯的研究說明，事實並非如此，經濟衰退時有的人更加無法控制花錢的欲望。

研究者讓大學生閱讀《紐約時報》的文章，文章內容是當前經濟情勢正在衰退，未來經濟趨勢不容樂觀。

接下來，學生們需要想像自己這個月買完生活必需品後，還剩 400 美元。他們會選擇節省一點將這筆錢存起來，還是選擇將這筆錢花掉呢？結果發現，小時候被富養的人跟小時候被窮養的人在選擇時出現了巨大差異。

小時候家庭年收入超過 15 萬美元，家境較為富裕的人，看到經濟衰退後在購買奢侈品時更猶豫。但是小時候家庭年收入少於 3.5 萬美元，家境貧窮的人，在看到經濟衰退後，購買奢侈品卻更衝動。

格里斯克維西斯認為，**幼年時被富養還是窮養，決定了人一生的思維模式。**被窮養的人會有一種活在當下的心態，他們不會

去想太多未來的事情。他們會迅速成熟，結婚生子。因爲未來不確定，他們不想做太長遠的打算。而被富養的人則想得更加長遠，他們可以爲了將來的美好生活抵禦眼前的誘惑。

在面對經濟衰退時，這種思維方式的差異被進一步放大了。被富養的人會未雨綢繆，更加願意存錢，爲未來做好準備。而被窮養的人則變得花錢如流水，不去想未來會發生什麼，活在當下，及時行樂。

如果你發現自己花錢不手軟，不見得一定是你的問題。**你所處環境中的男女比例、未來的經濟趨勢、小時候家裡有錢還是沒錢……都會影響你是買買買，還是存存存。**

03

三個簡單方法，讓你的存款直線上升

什麼時候開始存錢都不嫌遲，尤其是當你學會了本節所介紹的方法。

巴菲特說：「開始存錢並及早投資，是最值得養成的好習慣。」我們無法預測將來是否會失業，存錢可以為我們增加保障，應對不時之需。

存錢似乎不是一件容易的事情。生活周遭債臺高築、入不敷出的人比比皆是。2018 年 8 月 20 日，發布的《2018 年第二季支付體系運行總體情況》顯示，在中國，信用卡逾期半年未償信貸總額達 756.67 億元。美國也一樣，環聯（TransUnion，消費者信用評估公司）的資料顯示，90 天以上的信用卡違約率持續上升，2018 年第二季達到 1.53%，高於 2017 年的 1.46% 和 2016 年的 1.29%。中國的年輕人在提前消費方面也不甘示弱，1990 年代出生的 1.7 億年輕人中，超過 4,500 萬人開通了花唄（網路金融服務公司螞蟻集團所推出的一款消費信貸產品）。其中近 40% 的人把花唄設為行動支付首選。越來越多年輕人接受「先花錢後還錢」的觀念，這無疑使他們應對未來風險的能力減弱許多。

如何才能多存錢少花錢呢？我們從研究中總結了三個簡單易行的辦法。

①設立一個而不是多個存錢標的

有時你會有好幾個存錢標的。比如，你一邊需要爲孩子的大學學費存錢，一邊又需要爲買一間大房子存錢，你還可能需要爲養老存錢。可能有人會覺得，存錢目標越多，存的錢也就越多。眞的是這樣嗎？

多倫多大學的索曼和趙（Zhao）對這個問題進行了研究，結果卻讓人大感意外：爲單一目標存錢比爲多目標存錢存得更多。

研究者讓一半的人爲了單一目標存錢，這些人需要在孩子的教育基金、房租、自己的養老金這三個目標中選一個開始存錢。而另外一半的人則處於多目標情境中，需要同時爲這三個目標存錢。社區志工每週六上門記錄他們的儲存金額，持續了6個月。結果發現，在爲單一目標存錢時，人們的儲蓄率（6個月內的儲存總額與收入總額之比）是9.24%，而在爲多個目標存錢時，人們的儲蓄率只有5.79%。也就是說，目標越多，存的錢越少。

後續研究發現，單一目標不但會讓人們存更多錢，也會讓人們更願意開始存錢。研究者根據參與者在眞實生活中的存錢標的，將他們分成兩組，一組人只有一個存錢目標，一組人有多個存錢目標。接下來，研究者問這些人是否願意參加一個儲蓄計畫，如果願意參與，他們需要給自己設定一個每個月儲蓄的最低金額。結果發現，只有一個存錢目標的人當中，有76%的人願意參與，而在擁有多個存錢目標的人當中，只有21%的人願意參與。而且，這兩組人給自己設定的最低儲蓄金額也不一樣。只有一個

存錢目標的人計畫每個月至少存 103.18 美元，而擁有多個存錢目標的人每個月只願意存 23.02 美元。也就是說，存錢目標越多，人們越不願意開始存錢，而且設定的金額也越少。

所以，如果你想要增加存款，那麼在設定目標時千萬不能貪心，只專注在一個目標上即可。

②設定具體金額

很多人的儲蓄目標比較抽象，例如，爲孩子存一筆大學學費。但是如果你能把具體金額寫出來，那麼你存錢時會變得更有效率，例如，爲孩子儲存一筆 5 萬元的大學學費。

根據南加州大學的奧庫曼（Ülkümen）和維吉尼亞大學的奇馬（Cheema）的研究發現，當人們制訂了明確存錢金額的目標時，更能堅持存錢。因爲明確目標具有不可變性，明確的規則更容易遵守，人們就更容易抵抗誘惑，堅持下去。

另外，明確的存錢金額還可以提高人們的信心。如果只是粗略地想要存一輛車子的首付款，人們會比較缺乏實現存錢目標的信心。但是如果寫下一個具體的儲蓄金額，例如 10 萬元，那麼人們對自己實現存錢目標的信心會大爲提高。在研究中，研究者讓人們評價一下自己完成儲蓄目標的信心。結果發現，儲蓄目標很粗略的人，認爲自己的成功可能性是 4.54 分（滿分爲 7 分），而那些擁有具體金額目標的人，覺得自己成功的可能性高達 5.32 分。

因此，你需要爲儲蓄目標加上一個具體的金額，增加儲蓄目

標實現的可能性。

③讓存錢目標變得視覺化

索曼和奇馬曾在印度的農村進行實地調查。他們選取的研究對象是一群有固定工作、有兩個 2~7 歲孩子，住在鄉鎮上的男性居民，這群人有相同的職業和相對較低的收入（大約每週670盧布）。滿足這些條件的共有 201 人。其中 146 人答應參與這項研究。隨後研究者走訪了這 146 人的家，發現這些人的平均儲蓄率只有 0.75%。研究者希望能大大提高這些人的儲蓄率 ── 爭取提高到 6%，大約是 40 盧布。

為了完成這個目標，研究者告訴他們，可以為自己的孩子設立一個兒童專項基金，開始存錢。對於其中一半的人，研究者讓他們制訂一個較高的儲蓄目標，每週存 80 盧布。另一半的人制訂一個較低的儲蓄目標，每週存 40 盧布。社區志工每週六會上門幫他們把這週要存的錢放進一個信封裡，然後封起來。

有趣的是，有一半的人存錢的信封上列印了孩子的照片，另一半的人的信封上什麼都沒有。研究者告訴這些人，一旦信封封上，就最好不要打開拿錢出來花，只有在不得已時才能這樣做。而且，如果真的需要打開信封取錢，他們也只能拿出所需的金額，剩餘的錢要留在信封裡。

接下來的 15 週，每週六社區志工都會拜訪每戶家庭，把目標儲蓄金額放進信封裡並封口，注明日期。此外，他們還記錄了

信封在本週內是否被打開過以及如果被打開過取出了多少錢。

結果發現，有一個視覺化的目標會提高儲蓄。信封上有孩子照片的家庭平均儲蓄金額是 350 盧布，而沒有孩子照片的家庭平均儲蓄 304 盧布。此外，從打開存錢信封的頻率來看，信封上有孩子照片的家庭打開信封拿錢的機率是 54%，信封上沒有孩子照片的家庭打開信封拿錢的機率是 64%。信封上有孩子的照片，大大降低了人們從專項存款中額外取錢的機率。增強視覺化的存錢目標，可以使人們減少支出。

另外，研究者還讓其中一些家庭把錢放進一個信封裡；讓另外一些家庭把錢分成兩份，放入兩個信封裡。結果發現，分兩個信封存錢的人，平均儲蓄金額是 414 盧布，用一個信封存錢的家庭平均儲蓄金額是 241 盧布。當人們需要動用一筆存款時，如果有兩個信封，只會打開其中一個，而不願意動另外一個。因此，分兩個信封存錢，人們能存下更多錢。

上面提到，有一半家庭的儲蓄目標比較高，每週存 80 盧布，另外一半家庭儲蓄目標比較低，每週只需存 40 盧布。這會對他們的儲蓄產生影響嗎？研究者發現，從平均數來看沒什麼影響。高儲蓄目標的家庭平均存款金額是 334 盧布，低儲蓄目標的家庭平均存款金額是 321 盧布。但是從打開信封的機率來看，那些制訂高儲蓄目標的人，打開信封的機率是 85%，而制訂低儲蓄目標的家庭打開信封的機率只有 59%。更容易達成的低目標，會減少人們打開信封取錢的機率。

04

這樣做可以幫助你節省預算

如果是規畫明年的事情，你會編更多的預算；如果是規畫明天的事情，你就會預算更少的錢。

有一個簡單的辦法能幫助你節省預算。那就是把「Deadline」提前。

關於 Deadline 一詞的來源，沒有統一說法。有個說法是，這個詞來自 1860 年代美國南北戰爭時期。南方邦聯軍在喬治亞州的小鎮安德森維爾建了一個戰俘營（桑特營），爲了防止戰俘逃跑，他們在監獄周圍修起高高的牆，圍牆裡再設一道籬笆，只要有戰俘跨過籬笆就會被射殺。這道籬笆就叫作 Deadline「生死線」。

時至今日，跨過 Deadline 儘管不會吃子彈，但是也很要命。Deadline 已廣泛被用在追劇打遊戲，不到最後關頭絕不開始挑燈夜戰、奮筆疾書上，而我們也稱這些人爲「不見棺材不掉淚」。在 Deadline 前，最寶貴的是時間。眼看著就要做不完手上工作了，多希望向老天爺再借個五百年，不，一小時都好。

如果真給你五百年，你覺得眼前的工作更難，還是更簡單？你會投入更多，還是更少？

約翰霍普金斯大學的朱萌及合作者就探討了截止日期的遠近會如何影響人們對任務困難程度的判斷，以及資源投入的多寡。

他們邀請了 126 名參與者線上完成一項關於短期退休計畫的問卷調查，這些問題其實只需要幾分鐘就能完成。但是研究者分別給參與者兩個不同截止日期。他們告訴一半的人需要在 7 天內提交問卷，又告訴另一半人需要 14 天內提交問卷。結果發現，給的期限越長，參與者花在填問卷的時間越多（14 天時平均用時 437.34 秒，7 天時平均用時 235.41 秒），寫下的單字數也越多（14 天時平均 590.82 個，7 天時平均 377.13 個）。

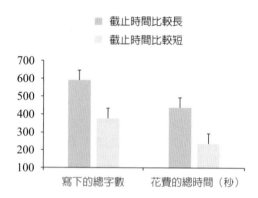

期限越長，參與者花在填問卷的時間就越多，寫下的單字數也越多

可用的時間越多，人們就會花更多的時間。這聽起來並不稀奇。但時間越多時，人們會不會花更多的錢呢？

接下來研究者又招募了 170 位參與者線上填寫一份問卷。這些人需要想像一個情景：過段時間，你高中時代最好的朋友會來你家做客，共度週末，為此你打算在家裡舉辦一個下午茶派對，需要為 25 人提供茶點。研究者依舊分別給了參與者兩個不同的截

止日期，一半的人想像朋友會在 3 個月後到訪，而另一半的人則想像朋友會在 1 個月後到訪。研究者還詢問了這些人，他們到底打算花多少錢來辦這場聚會。

結果顯示，對於很久以後的聚會，參與者不但願意花更多時間，還願意花更多錢。如果聚會是 3 個月以後，參與者平均打算花 185.24 美元，如果聚會在 1 個月之後舉行，那麼參與者平均計畫花 133.75 美元。

另外，研究者還詢問了這些人覺得組織這次聚會到底有多難。結果說明，參與者認為 3 個月後舉辦派對比 1 個月後舉辦派對更難組織。研究者認為，Deadline 離人們越遠，人們越覺得這項任務難以完成，因此會花更多時間準備，也願意花更多錢。

所以截止日期可能不是越長越好。充裕的準備時間，可能會讓你高估任務的困難度，導致你投入過多的時間和金錢去完成這項任務。也可能讓你覺得不能勝任這項任務，直接放棄。讓 Deadline 提前一點到來，說不定會讓手上的工作看起來更簡單、更省時間、更省錢。

05

夫妻帳戶合併與獨立，會影響你如何花錢

夫妻賺的錢應該放在同一個銀行帳戶裡，還是分開儲存呢？研究發現，不同的財產管理方式會影響到家庭的開銷。

前一段時間，一位丈夫控訴妻子開銷太大，一個月收入 3,000 人民幣，小龍蝦就吃了 2,000。妻子氣不過在群組跟朋友抱怨：「我自己賺的錢，吃點小龍蝦怎麼了？」婚姻中的家庭開銷，常是引爆夫妻爭吵的導火線。

為什麼有些人明明沒錢，還是會把錢拿去揮霍，滿足自己的口腹之欲呢？其實，根本原因在於這個家庭沒有選擇好適當的財產管理模式。

所有的家庭幾乎都會面臨一個問題：夫妻之間如何管理兩人的財產？是選擇共有銀行帳戶，還是各自獨立帳戶呢？

研究者調查了 413 戶家庭，發現大多數夫妻的財產管理模式主要還是基於方便，怎麼方便就怎麼做。但是這樣可能造成夫妻毫無節制花錢，入不敷出。夫妻理財中有一個需要考慮的問題，就是合併帳戶，還是分開帳戶使用。這會影響到夫妻如何花錢。

美國聖母大學的心理學家卡賓斯基（Garbinsky）等人考察了這個問題。他們透過英國一家大型國營銀行對 912 名客戶進行了郵件調查，發現其中有 396 名客戶處於長期的浪漫關係中。其中有

115 人跟自己的伴侶合併帳戶，有 281 人是各自獨立帳戶。

研究者獲得了這些人 12 個月以來所有交易的詳細記錄，並將每筆交易畫分成實用型和享樂型。分析發現，選擇合併帳戶的人每年在實用型商品上的支出比選擇獨立帳戶的人多 1,129 英鎊；在享樂型商品上花的錢比選擇獨立帳戶的人少 490 英鎊。也就是說，選擇合併帳戶的人會購買更多的實用性商品，選擇獨立帳戶的人更喜歡花錢在享樂性商品上。

你可能覺得，這並不是帳戶類型的選擇導致人們花錢方式的不同。有可能情況相反，那些喜歡享樂性消費的人更多選擇獨立帳戶，而注重實用性消費的人更多選擇合併帳戶。

那麼，如果強行讓一組人選擇合併帳戶，另一組人選擇獨立帳戶，他們在消費行為上還會有差別嗎？

研究者進行了一項研究。他們在美國西部一所大學的籃球場前進行調查，因為這裡是行人來往密集的場所。他們擺放了一張桌子，並張貼一條橫幅廣告，上面寫著：「你處於忠誠的浪漫關係中嗎？快來進行一項 5 分鐘的有趣實驗，為學校的科學研究事業做點貢獻吧！」他們總共調查到 68 名路人。

其中一半的人拿到裝有 1 美元的小袋子，並在上面寫上自己和伴侶的名字，表示兩人共有；另一半的人也拿到裝有 1 美元的小袋子，但只在上面寫上自己的名字，表示個人所有。接著，研究者讓他們用這 1 美元購買商品，一種是實用型，一種是享樂型，都價值 1 美元。他們需要在兩種商品中選一種來買。

結果，拿著和伴侶共有錢袋的人當中，只有 44% 選擇享樂型商品，而拿著個人錢袋的人之中，有 68% 選擇享樂型商品。也就是說，當一筆錢被標注上和伴侶共同持有時，人們就不太會把這筆錢花在享樂上，而會更多地選擇實用性消費。

　　為什麼會出現這樣的現象呢？

　　研究者在網路上調查了 297 人，並將他們隨機分配到合併帳戶組和獨立帳戶組。合併帳戶組裡的人想像他們拿著自己和伴侶共用的提款卡去商店買新衣服，自己看中了兩款價格都是 75 美元的衣服，第一款是休閒玩樂時穿的，第二款是正式工作時穿的，研究者讓他們從中挑選出一件衣服購買。獨立帳戶組的人則是想像拿著自己的個人提款卡去買衣服，其他資訊均相同。研究者還問了他們，在你做出選擇時，有多大程度上需要向伴侶證明自己的選擇是合理的。

　　研究結果發現，合併帳戶組的人當中，有 75% 都選擇購買工作時穿的衣服，而獨立帳戶組的人裡頭，只有 60% 選擇了工作時穿的衣服。這與之前的研究結果一致。此外，研究者還發現，比起獨立帳戶組的人來說，合併帳戶組的人更常考慮到要向伴侶證明這種選擇的合理性。

　　當夫妻收入不高時，為了省錢，要把錢都花在實用的地方。此時，建議你們共用一張金融卡。如果收入夠高，你覺得花錢就是要給生活增添樂趣，那不妨和伴侶分開使用金融卡。

06

貧窮會限制你在食物上的自制力

為什麼有些人總是暴飲暴食？管不住嘴可能只是表象，貧窮才是很多人肥胖背後的真凶。窮會讓你吃得更多。

電影《西虹市首富》十分賣座，劇中最讓人難忘的，是裡面的插曲〈卡路里〉。主唱楊超越吼出的一句「燃燒我的卡路里」，不知吼出了多少少男少女、叔叔阿姨的心聲。現代人要麼正在減肥，要麼正在減肥的路上。無奈嘴上說著不要，身體卻非常誠實地大吃特吃。是自制力太差？是易胖體質？**心理學研究顯示：管不住嘴可能只是因為你太窮，窮人比有錢人更加容易暴飲暴食。**

很多人可能無法接受這樣的事實。有錢人掌握了那麼多資源，他們想吃什麼就能吃什麼，應該吃得更多。窮人也沒有多餘的錢可以隨心所欲地想吃就吃，管不住嘴怎麼可能是因為窮呢？

為了更客觀地感知這個現象，我們先來了解一組資料：世界上的肥胖人口 2/3 都居住在發展中國家，甚至在溫飽都無法徹底解決的非洲地區，超重兒童的數量也超過了 1,000 萬。也就是說，在當今社會，胖子大多數都是窮人。

不只是現實中的資料揭示這種現象，實驗室裡的研究也一樣。**人們感覺自己比別人窮時，會吃掉更多高熱量的食物。**

2017 年，新加坡南洋理工大學的金（Cheon）做了一項有趣的

實驗：研究者把參與者分成兩組，誘導其中一組人把自己想像成窮人；另一組人把自己想像成富人。之後，研究者讓參與者單獨看一部電視劇，並在他們面前的桌上擺了洋芋片、M&M 巧克力豆及葡萄乾等零食。研究者告訴他們，可以隨便吃這些零食。實驗結束後，研究者對每位參與者吃掉的食物進行了測量。結果發現，當參與者把自己想成窮人時，他們平均吃掉了 88.24 卡熱量的零食，而那些認為自己是有錢人的參與者，平均只吃掉了 53.62 卡熱量的零食。而且，「窮人」並不是吃掉了更多健康食品，而是吃掉更多洋芋片和 M&M 巧克力豆這類垃圾食品。

為什麼窮人更管不住自己的嘴？這背後的道理並不難理解，它本身就是我們所處世界的一種規律。冬天時面臨著食物匱乏的局面，很多動物都很難覓食，為了在寒冬中生存下來，動物們從入秋開始就會不停地吃吃吃，在體內囤積各種營養，特別是脂肪。當人們沒錢時，就跟感覺到「寒冬」逼近一樣，會萌生一種對匱乏的恐懼和焦慮，而吃更多東西正是人們度過「寒冬」的重要方式。

而且窮人沒錢買各式各樣想吃的東西，他們沒有「櫻桃自由」，因此會把有限的錢花在「刀口」上——攝取高熱量的糖和脂肪，從而讓自己更滿足。現在想想，是不是很容易就理解自己為什麼會喜歡麥當勞、肯德基這種便宜卻能讓人短暫滿足的食物了？畢竟，「大亨堡」「全家餐」這種名字本身就足以吸引貧窮的我們了。

另外還有研究發現，沒有錢不僅會讓人們想吃熱量高的食物，還可能讓人們喜歡更大尺寸的食物。

　　巴黎高等商學院的迪布瓦（Dubois）和美國西北大學的魯克爾（Rucker）製作了一些不同人吃不同大小食物的影片，然後把這些影片給 183 名大學生觀看。有些人看到的是某人在吃大號漢堡，有些人看到的是這個人在吃小號漢堡。看完影片之後，學生們需要評價一下這名吃漢堡的人的社經地位。結果發現，學生們通常覺得吃大號漢堡的人比吃小號漢堡的人更有錢有權。既然人們會透過食物的大小來判斷別人的社經地位，那麼人們是否也會因為想要更高的社經地位而選擇更大尺寸的食物呢？

　　在另一項實驗中，研究者招募了 142 名參與者並將他們隨機分配到三組中。高權力組的參與者需要回憶一次自己對別人具有控制力的情景；而低權力組的參與者則恰好相反，回憶的是一次自己沒控制力的情況；控制組的參與者只需要回憶自己去雜貨店的經歷。在這之後，三組參與者都要在「大、中、小」三種不同容量的奶昔中進行選擇。最終的結果顯示，比起高權力組和控制組，低權力組的參與者更多人選擇了大杯奶昔。

　　為什麼窮人會更常選擇大號的食物呢？因為生活中，大的東西總是屬於有錢有權的人所有。有錢人都住在很大的豪宅裡，可以坐寬敞的名車，連死了之後占的墓地都比較大。長此以往，人們會把「大」跟「有錢有權」聯繫在一起。一些「暴發戶」都很喜歡買比較粗的金項鍊或 Logo 很大的奢侈品，就是為了炫耀

自己的地位。一些原來貧窮的地區有了一些錢之後，也會熱中於建造世界第一高樓或亞洲第一大雕塑等大型工程來標榜自己。同理，**當窮人感覺到自己的匱乏時，容易選擇很大的食物來彌補自己的貧窮心態。**

窮人管不住嘴。如果生活在一個富裕國家，管不住嘴的現象會減少嗎？說到富裕國家，美國肯定當仁不讓，但是美國的肥胖人口卻超過 1.6 億，高居世界第一。這又是為什麼呢？因為**不光是貧窮讓你管不住嘴，即使你不窮，生活在貧富差距大的國家，你也很容易管不住嘴。**

為了更好地證明社會貧富差距與肥胖率之間的關係，紐約大學的皮克特（Pickett）在 2005 年選取各個國家作為樣本。這些國家主要滿足以下幾個條件：

①國民總收入排在世界前 50 位；

②人口超過 300 萬；

③有貧富差距的相關資料；

④有 1990 年以後的人群肥胖罹病率的人口估計。

最終選擇了包括美國、澳大利亞、日本在內的 21 個國家。

統計結果顯示，在這些國家中，男性的肥胖率與收入差距的相關性達到 0.48；女性資料的相關性更是高達 0.62。同時在這些國家當中，糖尿病死亡率也與收入差距存在 0.46 的相關性。說到「管不住嘴」，食物能量的攝入量與收入差距也存在 0.5 的相關

性。也就是說，貧富差距越大，人們吃得越多，越容易肥胖，也越容易罹患糖尿病。

　　貧窮不僅限制了你的想像力，還限制了你在食物上的自制力。另外，即使你不窮，生活在貧富差距懸殊的國家，你也會管不住自己的嘴。

07

金錢會不會改變一個男人對你的愛？

「男人有錢就變壞」，這句話究竟是道破眞相，還是冤枉了男人？

相信你一定聽過「男人有錢就變壞」。社會之所以讚揚「糟糠之妻不下堂」的男人，大抵是因爲這種情形實在難能可貴。有錢的男人拋棄原配，另娶貌美如花的年輕女子，已經是「男人有錢就變壞」的經典戲碼。古往今來，類似的故事不勝枚舉，甚至細細回想，你會發現自己身邊竟然也有不少這樣的「渣男」。

那麼金錢究竟會不會改變一個男人對你的愛呢？北京師範大學心理學部的李健帶領研究團隊用兩個實驗回答了這個問題。

他開始數落我，罵我黃臉婆

他們的研究對象是大學校園裡的情侶。這些人的年齡分布在18歲到27歲之間，他們跟伴侶相愛的時間從2個月到7年不等。

首先，研究者把182人（含121名女性，61名男性）隨機分成兩組。兩組參與者均被要求回答：「你的存款帳戶裡，現在有多少錢？」這個問題，以彙報自己的收入程度。所有參與者都面臨7個選項，但是兩組參與者看到的選項不同。

其中一組人看到的是：

①（0~250 元）；②（250~300 元）；③（300~350 元）；
④（350~400 元）；⑤（400~450 元）；⑥（450~500 元）；⑦（500
元以上）

看到這 7 個選項的這組人會覺得自己比較有錢，因為他們大
多數都只能在量表上把自己歸類為有錢的那個類別。

另一組人看到的則是：

①（0~2,000 元）；②（2,000~4,000 元）；③（4,000~6,000 元）；
④（6,000~8,000 元）；⑤（8,000~10,000 元）；⑥（10,000~12,000
元）；⑦（12,000 元以上）

看到這 7 個選項的這組人會覺得自己比較沒錢。

的確如此，之後讓所有參與者評價對自己的財務狀況是否滿
意時，沒錢組的人對自身財務狀況的滿意程度（平均滿意度為 5.25 分，
滿分為 9 分）明顯低於有錢組的人（平均滿意度為 6.20 分）。這是一個
巧妙操縱人們感覺到自己比較有錢，還是比較沒錢的辦法。

接下來，研究者讓所有參與者對伴侶進行評價。例如，他
（她）長得有多漂亮呢？他（她）有多麼吸引人呢？他（她）的
經濟能力是否讓你滿意呢？結果顯示，沒錢組的男性對伴侶的長
相似乎挺滿意，平均分有 7.00。但是有錢組的男性對伴侶的外表
吸引力有些不滿意，平均分只有 6.01。也就是說，哪怕是暫時感
覺到自己有錢或沒錢，都可以改變男性對伴侶長相的看法。

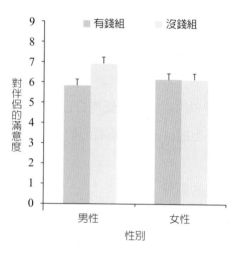

兩性在不同經濟狀況下對伴侶的滿意度

　　但是對於女性來說就沒有這種現象。有錢組的女性和沒錢組的女性對伴侶外表的滿意度差不多。

　　有趣的是，雖然有錢與否並不會改變女性對伴侶外表的滿意度，但是這並不代表女性不「看臉」。女性對伴侶長相的滿意度似乎都比較低，只有 6 分多一點。

　　上海社科院的心理學家張結海於 2009 年做過多次有關「西方女人眼裡的中國男人」調查，調查結果讓人沮喪：中國男人太不注重修飾外表，這個修飾包括容貌、衣著、舉手投足。身材上不是太瘦就是偏胖。此外，中國男人常給人不夠乾淨的印象，如指甲很長、很髒，在路上吐痰。據說西方女人對於和中國男人深入交往不怎麼感興趣。這大概就是中國女性對伴侶評價普遍較低的原因。

第一項研究的初步結果顯示，短暫地感到自己有錢會讓男性對伴侶的長相感到不滿意。但是，他們會因為有錢就變得更加花心嗎？

路邊的野花是人都想採

　　在第二項研究裡，研究者把 121 人（包括大學生與研究生）隨機分成兩組。其中一組人想像自己中了鉅額頭獎之後過著奢靡的日子，他們需要寫下自己的生活具體是怎樣的。比如，選擇吃什麼食物、買什麼車子和房子等。另一組人想像自己虧了一大筆錢後過著窮苦的日子，他們需要寫下自己的生活具體是怎樣的。比如，吃什麼東西、買什麼東西等。在這個想像任務的引導下，想像奢靡日子的人覺得自己相對有錢，而想像窮苦日子的人覺得自己相對沒錢。

　　接下來所有參與者都會看到一張非常有魅力的異性照片。男生看到的是美女照，女生看到的是帥哥照。研究者告訴他們，過一會兒他們需要跟這名異性見面，進行 3 分鐘的一對一交流。然後，參與者被帶到一間房間，裡面有 1 張長桌和 6 把椅子。其中一半的人進入的房間裡，另一位異性的外套、書包和書就放在最靠近門的位置，這意味著這位異性待會兒會坐在最靠近門的位置。另一半的人進入的房間裡，相同的物品擺放在距離門最遠的位置。這時，參與者可以選擇自己要坐在哪裡。

　　有些人會選擇坐得跟美女或帥哥近一點，有一些人會選擇坐

得跟美女或帥哥遠一點。研究者從最近的「1」到最遠的「5」記錄了參與者選擇的座位跟這位異性的座位的距離。

結果發現，男性比起女性來說，更願意靠近有吸引力的異性。男性參與者選擇的平均距離為 2.14，而女性參與者選擇的平均距離為 2.63。也就是說，平均來說，女性更願意與異性保持一定距離，這個發現跟之前一些研究的結果一致。

更重要的是，有錢組的人會更願意接近一位有吸引力的異性。他們離美女或帥哥的平均距離只有 2.13，但是沒錢組的人傾向坐得更遠，他們離美女或帥哥的距離是 2.52。也就是說，無論男女，當他們感到自己有錢時都會傾向接近一位有魅力的異性。

但是男性比女性表現得更明顯，這可能反映了兩性在擇偶策略上一個穩定的差異：男性追求，女性防守。男性更有可能主動抓住每一個接近美女的機會。

當然，這並不是說，男人有錢就變壞。我們也可以看到，在這個研究中仍有很多男性，即使覺得自己變得有錢了，仍然認為自己的女朋友很美，也會選擇跟異性保持距離。並不是每個男人都會受到金錢的影響。

08

有錢會讓你成爲更棒的父母嗎？

越有錢越不想生孩子，更可怕的是，越有錢可能越無法做個好父母。

撫養孩子是很大的一筆開銷，對上海市徐匯區的一項社會調查顯示，父母養大一個身體健康的孩子平均要花掉 49 萬。因此，很多人覺得沒有錢，就不能生孩子。人們紛紛推遲生育，決定先賺錢再生孩子。不光中國如此，福利國家也是如此。例如，2011年英國一項民意調查（Visions of Britain）顯示，超過 42% 的職業女性表示，自己出於經濟狀況決定先不生孩子。

難道有錢人就更適合養育孩子嗎？有錢會讓人成爲更棒的父母嗎？

答案竟然是 No。

英屬哥倫比亞大學心理系的鄧恩帶領的研究團隊調查了 186位家長。這些家長的平均年齡是 36 歲，而且他們至少有一個 18歲以下的孩子。

這些家長回憶了前一天自己做了哪些事情，而且還彙報了每一件事情讓自己感覺到的意義。他們彙報的這些事情當中，有些事情跟孩子有關係，例如，陪孩子寫作業、送孩子上輔導課等。另外有些事情則跟孩子無關，例如工作或個人娛樂。

結果發現，有錢的家長，覺得跟孩子在一起從事的事情很沒意義。沒錢的家長寫下的有意義的事情多數跟孩子有關，而有錢的家長寫下的事情很少跟孩子有關。但是對於其他活動來說，比如工作，有錢的家長和沒錢的家長認為其有意義的比例都差不多。

有錢的家長覺得養孩子沒意義。這個結果是不是讓你覺得很意外呢？接下來的一項研究裡，只是簡單地看到錢，就能讓家長覺得養孩子沒意思。

這項研究是在兒童節當天做的。研究者找到了 66 名正在陪孩子過節的家長。研究者讓這些家長填寫問卷。一些家長填寫的問卷上貼著一張印有鈔票的貼紙，而另外一些家長填寫的問卷上面貼著一張印有鮮花的貼紙。這些家長需要填寫自己當前的幸福程度，以及在兒童節陪伴孩子期間感受到的生命意義。結果發現，問卷上貼有鮮花貼紙時，家長們感知到的人生意義平均得分是 4.14（滿分為 7 分）；問卷上貼有鈔票貼紙時，家長們感知到的人生意義平均得分就只有 3.33。也就是說，看到鈔票之後，家長覺得陪孩子過兒童節更加沒意思。

綜合起來，這兩項研究發現，越有錢，越常想到錢，父母就越覺得養孩子沒意思。

覺得養孩子沒意義，也會影響到人們的婚姻幸福感。聖地牙哥州立大學的特溫格（Twenge）認為，有錢人在成為父母之後，婚姻滿意度會進一步降低。這主要是因為，有錢人覺得養孩子沒意

思，在撫養孩子上經常跟伴侶發生衝突。

如果你喜歡帶孩子，那麼你就不太容易為了誰來帶孩子跟伴侶吵架；如果你不喜歡帶孩子，那麼你就可能經常為了誰來帶孩子跟伴侶爭執不休。

這就是人生的矛盾之處。生孩子之前，人們都想要賺更多的錢，給孩子一個幸福的生活。但是，賺了很多錢之後，人們卻更難享受為人父母的快樂了。

對於很多父母而言，孩子是幸福的源泉，養育孩子的過程有許多快樂，能夠提高自己對生活的滿意感。佛羅里達州立大學心理學教授鮑梅斯特的理論說明，養育孩子是父母重要的人生意義來源，父母能在陪伴孩子成長的過程中對自己產生更多認同，找到生命的意義。

但是為什麼有錢人沒辦法享受親子時光呢？因為金錢會讓人更加看重自己的個人目標，從而覺得為了個人目標奮鬥才是最有意義的事。而其他人對自己來說沒有那麼重要，甚至自己的孩子也沒那麼重要。關鍵是，撫養孩子會浪費掉很多時間，這些時間原本可以用來經營事業和寵愛自己。

明尼蘇達大學卡爾森管理學院行銷部的福斯（Vohs）等人也有一項研究說明，看到錢之後，人們更不願意與朋友和家人一起享受休閒活動，而更願意享受獨自一人的清靜時光。

研究者讓參加實驗的人坐在辦公桌前，一部分人看到牆上的海報是各種金錢的圖案，另一部分人看到的是花朵或海洋的圖

案。接下來，這些人需要在兩項活動中進行選擇，例如，你是願意在家裡準備一次四人的聚餐，還是願意參加一次個人烹飪課？你是願意一個人去衝浪，還是願意陪家人去划船？

結果發現，看到金錢圖案的人多半選擇單獨活動，而不是選擇跟別人一起互動。當人們看到錢或想到錢時，就會把自己的個人目標放在首位，也更願意認為自己是獨立的個體。因此，有錢人跟自己孩子的關係更疏遠，並且不覺得撫養孩子有多麼開心。

發表在英國著名醫學期刊《刺胳針》上的一份報告顯示，全球每位女性一生中平均生孩子的數量，從 1950 年的 4.7 個下降到 2017 年的 2.4 個。生育率下降意味著全世界近半數國家都開始面臨「嬰兒荒」，中國也不例外。2016 年中國實行全面二胎政策，然而國家統計局的資料顯示，2017 年全年出生人口 1,723 萬，比 2016 年公布的 1,786 萬少了 63 萬，下降了 3.5%。放開生二胎後出生率不升反降，這值得我們反思：很多人並不想要多生。窮人不想生孩子，是因為沒錢；有錢人不想生孩子，是因為他們覺得生孩子沒意義。

金錢的重要性不可否認，但是追求金錢並不是人生的全部意義。

09

怎樣的孩子長大以後更會賺錢？

一般人認為聽話的乖孩子長大後可能更有出息，殊不知討人厭的壞小孩長大後也一樣可能賺到大錢，甚至賺更多。

什麼樣的孩子將來可以賺大錢？是從小在班級裡考年級前十名的別人家的孩子？是一向遵守紀律、言聽計從的乖小孩？是心地善良、樂於助人的貼心兒？還是調皮搗蛋、不服管教的「放牛班的孩子」？

曾發表在心理學頂級期刊《發展心理學》（*Developmental Psychology*）的一項研究，對 745 名小學六年級的學生進行了長達 40 年的追蹤。研究者用 MAGRIP 個性量表測量了當時學生們的智商、個性、成績及生活水準，比如「你是否認為要做學生應該做的事」「你是否很努力很認真地做家庭作業」等。其中有一項很重要的指標叫作「蔑視和破壞規則」，比如「你是否和媽媽頂嘴過」等。此外，研究者還讓老師對這些學生的用功程度進行了評分。40 年後，研究者對這些人進行了追蹤調查，他們評價了自己的事業有多成功，彙報了平均月收入是多少。

透過迴歸分析，研究者發現，這些人**小學時「蔑視和破壞規則」的指數和 40 年後的收入成正比**，這項指標是除了受教育年數和智商外，對收入影響最大的因素。此外，**收入最高的恰巧就是**

那些當時淘氣又不怎麼聽話的孩子。

　　小時候是「討厭鬼」，長大後卻很有出息的例子很多。這樣的人總是被形容成浪子回頭，好像他們是因為長大之後改過自新才成功的。真的是這樣嗎？我們來看看成年人當中，是善良溫柔的人容易成功，還是那些不隨和的人更容易成功吧。

　　美國聖母大學門多薩商學院教授賈奇等研究人員，於 2012 年發表在《人格與社會心理學》的一篇文章發現：**討人厭的人要比討人喜歡的人收入更高一些，特別是男性**。對於男性來說，在討厭指數上每增加 1 分（總分為 5 分），年收入就會增加 6,958.08 美元。

　　研究者調查了工作條件相似的 560 人，根據「五大人格特質理論」測量了他們的親和性、情緒穩定性和外向性。五大人格中的親和性代表的是討人喜歡的程度。一個親和性高的人熱心、有愛心，與人交往中在意他人感受、富有同情心、說話做事讓人感到溫暖。研究者還調查了這些人的教育水準、工作經歷、工作時間等，最後詢問了他們每年的稅前收入是多少。

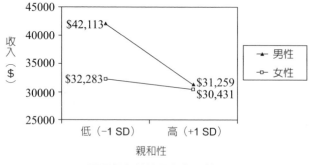

不同親和性的男女收入情況

結果發現，在教育水準、工作背景等條件都相似的情況下，親和性越高，年收入越低。越是隨和，就越賺不到錢。這種現象在男性身上更明顯。親和性低於平均水準的男性的平均年收入要比親和性高於平均水準的男性高出 18.31%，約 9,772 美元。而親和性低於平均水準的女性的平均年收入只比親和性高於平均水準的女性高出了 5.47%，約 1,828 美元。**在賺錢方面，親和的人並不占優勢，特別是那些脾氣好又熱心腸的「暖男」。**

親和的人應該更加受歡迎，爲什麼賺錢能力卻不如那些不親和的人呢？

研究者猜測，這與他們的工作目的和重心有關。於是研究者又調查了 1,961 名在職工作者，除了人格和收入的測量外，還問他們：「你覺得工作中最重要的是賺錢嗎？」「你有多享受和家人、朋友之間談心」等。結果發現，賺錢的重要性果然和性別、親和性、收入多少息息相關。那些親和性低的人，會覺得賺錢更重要。而且男性的親和程度普遍比女性更低。這就說明，**親和的人收入少是因爲他們更看重人際關係，而脾氣不好的人收入高是因爲他們把賺錢看作首要目標。**

雖然人人好的性格傾向偏高的人收入相對較低，但他們在人際交往等其他方面略勝一籌。這會給他們帶來什麼好處呢？研究者繼續測量了他們的生活滿意度、壓力水準、社交參與度以及交友廣度。結果顯示，親和性高的人生活滿意度更高、壓力水準更低、社交參與度更高、交友圈也更廣一些。

10

貧困之家眞的難出貴子嗎？

貧窮人家的孩子究竟在哪些方面落後了，又有什麼樣的方式可以實現逆轉呢？

2017 年北京市高考文科狀元熊軒昂的一段話引起了社會的廣泛討論。採訪中，熊軒昂說：「像我這種屬於中產階級家庭的學生，家長也是知識分子，生活在大城市，在教育資源上也享受好條件，是很多外地、農村孩子完全享受不到的，所以我在學習上就能有更多的捷徑。」這段話激起了網路上對「貧困之家難出貴子」潛規則的聲討，認爲很不公平。確實，從一份高等院校城鄉學生比例的統計中我們可以看到，從 1990 到 2010 年，農村生源的比例在逐年降低。

不光中國有這種階級固化的趨勢。英國有部紀錄片《56UP》，導演艾普特在 1964 年選擇了英國不同階層的 14 名 7 歲小孩進行跟蹤拍攝。此後每隔 7 年，艾普特都會重新採訪這些孩子，傾聽他們的夢想，暢談他們的生活。一共追蹤了 49 年。結果發現，有錢人的孩子還是有錢人：他們 56 歲時，已經按照生涯規畫上了牛津大學，畢業做了律師，過著上流社會的優渥生活。而出生貧民窟的保羅，晚年時只能在養老院做維修工。

貧戶眞的難出貴子嗎？爲何會出現這樣的情況？心理學的相

關研究或許可以告訴我們答案。

出身貧窮的孩子與其他孩子的差距不僅出現在上學之後，其實在嬰兒期就已經出現了。為了研究這個現象，美國哥倫比亞大學的諾布林（Noble）教授聯合德州大學奧斯汀分校及喬治城大學的另外 7 名研究人員展開了探索。

在這項研究中，共有 90 名 9 個月大小的嬰兒和 89 名 15 個月大小的嬰兒參與，研究過程中，父母需要帶著孩子來實驗室兩次，兩次的間隔是 6 個月。研究者透過不同的任務觀察和記錄孩子在語言、記憶、模仿等方面的能力。其中語言能力主要包含孩子能對不同的語言給出回饋及他們能在多大程度上表達自己的需求兩個方面，記憶能力則主要是對比孩子在看到熟悉和非熟悉的視覺刺激時的反應。研究者還會定期進行一次家訪。在家訪期間，研究者會分別了解孩子父母的受教育年限（主要分為長：16 年及以上、中：14.5~15.5 年、短：11~14 年），家庭收入，過去一年的主要經歷，家庭生活環境等資訊。

結果說明，一開始，父母的受教育時間並不會影響孩子的語言能力和記憶能力。在孩子 9 個月大或 15 個月大時，孩子的能力跟父母的受教育程度沒有任何關係。

但是，到了孩子 21 個月大時，父母的受教育時間就跟孩子的語言能力和記憶能力相關了。父母的受教育時間和孩子的語言能力的相關度是 0.34（滿分值為 1），和孩子的記憶能力的相關是 0.31。

不僅如此，統計結果還說明，無論是在語言能力，還是記憶能力方面，父母的受教育時間越長，孩子的發展速度也越快。在這次研究的樣本中，對於一個 21 個月大的孩子來說，父母受教育時間在 16 年以上的，他們的記憶能力要比父母受教育時間在 11~14 年的孩子高 0.85 個標準差。而這樣的差距在語言能力方面也有 0.77 個標準差。也就是說，父母本身的教育水準會明顯影響孩子在對外界語言刺激進行回饋及表達自我的能力。

父母對孩子的影響，從孩子 21 個月大開始就已經能夠觀察到了。事實上，富裕家庭的孩子不但語言能力和記憶能力更好，他們的大腦也跟窮人家的孩子不一樣。

諾布林教授等 25 名研究者針對家庭收入與大腦結構的關係展開了研究，這項研究 2015 年發表在《自然神經科學》（*Nature Neuroscience*）。研究者從洛杉磯、聖地牙哥、波士頓、檀香山和紐約等城市招募了 1,099 名參與者。這些人 3~20 歲不等，祖先遺傳因子檢測結果說明，這些人包含了非洲、美洲原住民、中亞、東亞、歐洲、大洋洲等遺傳因子。研究者透過問卷調查的方式了解了他們的家庭收入狀況、父母受教育程度等資訊，並透過核磁共振儀取得他們的大腦影像資料。

研究結果說明，家庭收入和父母受教育程度這樣的因素跟人的大腦結構有關係。具體來說，控制基因和年齡的影響之後，父母受教育程度、家庭收入和大腦皮質的表面積存在正相關。大腦皮質是形成人類思維能力的重要部位，皮質表面積越大，思維能

力也就越強。

　　父母越有錢，受教育程度越高，孩子的大腦皮質面積也會越大。在閱讀、語言、空間定位等方面的能力就越突出。

　　另一個會受到影響的能力就是自控能力。窮人家的孩子在這些能力上存在弱勢。

　　有趣的是，只要父母收入在平均數以上，收入高一點或低一點影響都不太大。而如果父母收入低於平均數，那麼收入對於孩子大腦的影響就更加明顯。

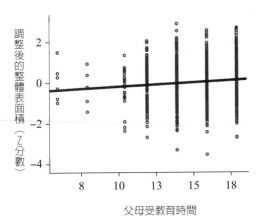

父母受教育時間與孩子的大腦皮質面積明顯相關

　　如果父母的收入不高，受教育程度也不高，要怎樣撫養才能讓孩子不受到負面影響呢？

　　來看看家庭收入會影響孩子的第一種能力：語言能力。諾布林教授的研究也發現，有錢家庭的孩子在生命中的頭幾年，平均

能多聽到 3,000 萬個口語單字。也就是說，有錢家庭中的語言交流更加豐富多彩。因此，想讓孩子變得更加聰明，應該和孩子多用豐富的詞語交流，跟孩子一起閱讀，有效影響他們的語言能力。

再來看看家庭收入會影響孩子的第二種能力：自控能力。智慧型手機上有一些 APP 號稱可以提高孩子的自控能力，社會上也有很多針對自控能力的培訓班，但是這些脫離現實的訓練方法往往效果甚微。要訓練孩子的自控能力，還是需要回歸到日常生活中。首先，培養孩子規律的作息習慣和規律的飲食習慣；其次，讓孩子多做家務勞動；最後，讓孩子參加體育鍛鍊，很多體育鍛鍊都需要大量刻苦的練習和集中注意力。

貧窮人家難出貴子，這裡說的是「難」而不是「不能」。只要掌握了正確的方法，輔以不懈的努力，再怎麼窮困也能逆轉破繭而出。

第五章

金錢與道德批判

貧窮限制了你的想像力，

那麼金錢是否會限制你的道德水準呢？

01

金錢只是一個代罪羔羊

為了錢做錯事，錯的究竟是人還是錢？

俗話說：「金錢是萬惡之源。」但其實原話是這樣說的：「對金錢的愛是萬惡之源。」

很多壞事，本來是人做的，人們卻認為是錢的問題，錢才是誘人犯罪的魔鬼。

想像一下，如果有人在計程車上撿到一只錢包，裡面有 1,000 元，但他私吞了不還給失主，你是不是覺得這人非常不道德？但如果錢包裡有 10 萬元，被某人撿到私吞了，你會不會覺得這人是受到金錢的誘惑，可能他本人其實也沒那麼壞？

2012 年，我們做了一項實驗，拍攝了三支影片。在第一支影片裡，有個人為了撿起地上的 50 元人民幣，把另外一人狠狠地推倒在地上；在第二支影片裡，有個人為了撿起 2,000 元人民幣，把另外一個人推倒。而第三支影片裡，被撿起來的金額變成了 300 元人民幣。三支影片裡的人物動作一模一樣，唯一不同的是撿起來的鈔票的金額。

理性來說，不管撿起的錢是多，還是少，這三種情況下，這人給他人造成的傷害是一樣的，應該受到一樣的懲罰才對。

　　我們找了 184 位學生來判斷這人的道德水準，以及應該對他做出什麼樣的懲罰。結果發現，看到有人為了搶到 2,000 元推倒別人時，學生們覺得這人其實也沒那麼壞，給他的懲罰就沒那麼嚴重。但是如果看到有人為了 50 元推倒別人時，學生們就覺得這人真的很壞，應該狠狠地懲罰他。而看到有人為了 300 元做壞事，學生們則認為這人比為了 2,000 元做壞事的人還要壞，但又比為了 50 元做壞事的人善良。

　　也就是說，當看到有人為了一大筆錢做壞事時，人們反而失去了道德批判標準，更加責怪錢。

　　為了探究學生們覺得錢和人哪個更「髒」，我們讓一組學生拿著放大的錢的照片，另一組學生拿著撿起錢的照片，之後讓他們用濕紙巾擦手，並暗中記錄了他們擦手的時間長度。擦的時間越長，說明學生們覺得這張照片越「髒」。

　　結果發現，那些看到有人為了 2,000 元做壞事的人，他們拿著只有錢的照片看了 30 秒之後，用濕紙巾擦手的時間平均是 28.11 秒。而看到有人為了 50 元做壞事的人，在拿著只有錢的照片 30 秒之後，用濕紙巾擦手的時間平均是 21.06 秒。也就是說，看到人們為了一筆金額大的錢做壞事時，學生們覺得錢很骯髒，卻覺得人更乾淨。

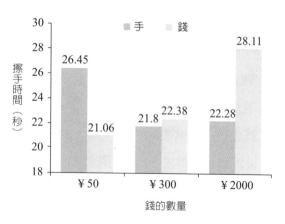

接觸不同的照片後對擦手時間長度的影響

另外，我們還讓這些學生評價他們對金錢的態度，如「金錢是萬惡之源」「金錢是糞土」等。結果顯示，看到有人為了一大筆錢做壞事之後，他們對金錢的態度產生了變化，更加認同金錢是邪惡的。

接下來，我們又做了一項研究。在這個研究裡，讓參與者做了一個極其無聊的任務——跟另一位陌生人一起繞著一根針轉動夾子 10 分鐘。然後這名參與者會看到，研究者讓這位陌生人去跟下一個要參加實驗的人撒謊，說這個實驗任務很有趣。在第一種條件下，參與者看到研究者給了撒謊的人 1 元錢「賄賂」；在第二種條件下，參與者看到研究者給了這個撒謊者 50 元「賄賂」；在第三種條件下，參與者沒有碰上撒謊者。

隨後，一半的參與者和這名撒謊者握手告別，另一半的參與者數 1,000 元 5 遍。之後，研究者讓參與者去洗手準備下一個實

驗。參與者不知道自己的洗手時間已經被記錄了。結果發現，看到別人做了不道德行為，與這人握手，會覺得自己被「汙染」，因此洗手時間會更長。看到有人為了 1 元撒謊的參與者，跟這人握手之後的洗手時間是 9.13 秒，而看到有人為了 50 元撒謊的參與者，跟這人握手之後的洗手時間是 6.99 秒。也就是說，看到別人為了一筆大錢撒謊，人們覺得這人沒那麼髒，但是看到別人為了 1 元就撒謊，反而會覺得這人更髒。

相比數 1,000 元 5 遍，參與者覺得為了 1 元就撒謊的人的手更髒，與撒謊者握手之後洗手時間更長。但是為了 50 元撒謊的人，參與者覺得他的手比數 1,000 元 5 遍更乾淨，此時，參與者數錢之後洗手時間比與撒謊者握手之後的洗手時間更長。

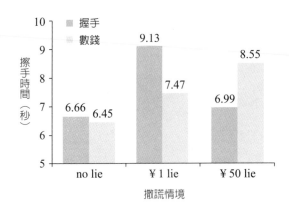

同伴為了不同金額撒謊對洗手時間的影響

我們對人的態度會因為金錢誘惑的大小發生變化。那麼我們對金錢的態度會不會發生變化呢？在這個研究中，有一些參與者

之後並沒有跟同伴握手，研究者讓他們數了一些錢，之後再讓他們去洗手。結果發現，看到別人為了 50 元撒謊的參與者，他們數錢之後洗手時間更長，也就是說，他們覺得錢更髒。

我們經常說金錢是萬惡之源，在很多文化中，人們把金錢比喻為一種骯髒的東西，例如糞便。佛洛伊德還認為我們對錢的態度跟小時候排泄糞便的行為有關係。認為金錢很髒，很不道德，這其實是人們在推卸道德責任，把本該屬於人的道德責任推給了錢。有貪官落馬後懺悔道：「我沒有掌握好人民給我的權力，成了權錢交易的犧牲品。」有錯的是金錢太過誘人，自己不過是忍不住金錢誘惑。這樣一來，金錢就成了人的代罪羔羊。

02

當錢與良心衝突時，你是個更好的人嗎？

當錢與良心衝突時，你的良心要賣多少錢呢？這是一個細思極恐的問題。

似乎每個人的良心都有個價碼。有些人為了多賺點錢，不惜出賣自己的良心。

如果良心可以買賣，給你多少錢你願意賣呢？比如，至少要給你多少錢，你才願意賣假藥呢？或者至少要給你多少錢，你才願意在一個小孩的手心扎一針呢？

良心又叫「自我道德觀」。以美國維吉尼亞大學心理學家喬納森・海特（Jonathan Haidt）為首的研究團隊提出了道德基礎理論（Moral Foundations Theory）。他們對全世界的道德價值觀進行蒐集整理，經過反覆實驗論證，認為人類的道德基礎可分為五大類：關愛／傷害、公平／欺騙、忠誠／背叛、權威／顛覆、聖潔／墮落。前半部分代表這類道德的積極面，後半部分代表這類道德的消極面。

做人要有良心，憑良心做人、憑良心辦事，是幾千年來為人處世的箴言。然而我們的良心能值多少錢呢？2007 年，海特在《科學》發表了一項研究，他列舉了一些不道德的事情，讓人們估計一下，別人至少需要給自己多少錢，才能說服自己去做這些

不道德的事。

在五個道德層面上，人們都需要給出一個自己的價碼。例如：至少要給你多少錢，你才願意往一個不認識的小孩手掌心扎一針；至少要給你多少錢，你才願意接受一部偷來的手機；至少要給你多少錢，你才願意說自己母校的壞話；至少要給你多少錢，你才願意當眾打你父親的臉；至少要給你多少錢，你才願意光著身子在地上爬一圈並學狗叫。這些形形色色的不道德事件，其實都屬於剛剛提到的五類道德基礎。

海特等人研究的是自己的良心價格。但是如果估計的不是自己，而是別人的出價呢？也就是說，人們會不會覺得自己的良心比別人的更值錢？

我們在 Mturk 調查平臺上找了一些參與者，要求一半參與者先估計自己的良心價格，再估計別人的良心價格；另一半參與者先估計別人的良心價格，再估計自己的良心價格。結果發現，人們會低估別人的道德出價，認為自己的良心比別人的良心更值錢，自己在道德上高人一等。

此外，我們還發現，不同類型的道德會產生不同的影響。在個體化道德（關愛、公平）上，自我和他人的良心估值差異更大；在集體化道德（忠誠、權威、聖潔）上，自我和他人的良心估值差異更小。也就是說，我們更加重視關愛和公平，在這兩個層面上，我們覺得自己的良心比別人的更值錢。

更有趣的是，我們還發現，男性覺得自己良心的價值和別人

的差不多，但女性則認為自己的良心比別人的值錢多了。這大概是因為，對女性來說，是不是一個好人更重要。但是對男性來說，是不是一個好人不太重要，是不是一個有能力的人才更重要，所以他們不需要在良心上自我膨脹。

　　當錢與良心衝突時，你的良心要賣多少錢呢？

03

「有錢能使鬼推磨」，

但錢卻不能做到這些事

金錢獎勵也許可以讓孩子讀更多的書，卻不能讓孩子愛上讀書。

在很多人的眼中，錢具有強大的力量，只要給錢，就可以有效激勵人行動。

1953 年，心理學家施瓦布（Schwab）曾做過一個有趣實驗：他要求人們盡可能長時間地掛在一根單槓上。結果人們平均能掛45 秒。如果他用催眠術暗示人們，讓他們相信自己可以堅持更久，那麼人們就可以堅持到 75 秒。比催眠術更有效的是金錢獎勵，當他告訴人們如果打破之前的紀錄就能得到 5 美元（相當於現今的30美元）時，人們平均可以掛 110 秒。

2007 年，英國倫敦大學學院比西格列（Pessiglione）等人發表在《科學》期刊的一項腦影像研究顯示，在掃描器裡向參加實驗的人快速展現錢幣圖片後，再讓他們進行一項費勁的抓握任務，就會發現：即使人們根本沒意識到錢幣圖片的出現（圖片呈現時間極短時，人們根本無法意識到圖片出現過），還是會使出更大的力氣；金

額越高，人們使出的力氣就越大。

金錢可以使人發揮出巨大潛力，這幾乎已經是通識了。行為發生時就給予獎勵，會增加這種行為發生的頻率。這是一條經典的心理學原則，經常用在馬戲團的動物訓練上，或是實驗室的白老鼠身上。

有錢能使鬼推磨，但是有錢卻不一定能激勵人們做到一些事情。

金錢無法讓人喜歡上一件事，這是因為金錢等外在獎勵會扼殺人們的內在動力。

安安是一名8歲大的小學生，她非常喜歡閱讀，經常好幾個小時沉迷在閱讀中。最近，她就讀的小學實施了一項閱讀獎勵計畫，讀完指定書單就會得到20元。這樣的獎勵計畫激勵了安安去讀更多的書了嗎？她還會像從前那樣享受閱讀嗎？並不會。因為她覺得自己讀書只是為了拿到獎勵，從而減少了在閱讀中獲得的樂趣。一旦這項獎勵計畫結束，安安讀書的動力就會降低，讀的書可能變得比之前還少。

1976年，卡內基美隆大學的格林（Greene）以及史丹佛大學的斯騰伯格（Sternberg）、萊珀（Lepper）三位學者做了一項非常經典的研究。他們讓小學老師給孩子們玩4種新的數學遊戲。在剛開始的13天裡，他們觀察孩子到底有多喜歡這些遊戲，並且會玩多久的時間。結果發現，孩子們喜歡這些遊戲，平均每天會玩15~25分鐘。

之後，老師引入一項獎勵計畫，孩子們可以透過玩數學遊戲來獲得小星星積分。玩遊戲的時間越長，得到的積分就越多。在實施獎勵計畫的階段，孩子們平均每天玩遊戲的時間增加到23~30分鐘。

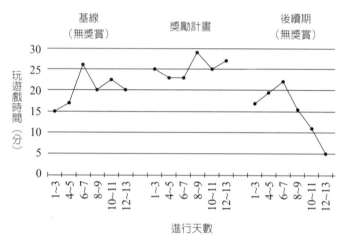

三個階段中孩子們平均每天玩遊戲的時間

但是，當這項獎勵計畫結束之後，孩子們玩遊戲的動力就蕩然無存，平均每天玩遊戲的時間越來越短，最後降到5分鐘。也就是說，引入獎勵破壞了孩子們對這些遊戲的興趣。最初非常愛玩的遊戲，不需要任何獎勵就會主動去玩。一旦引入獎勵，遊戲就變成一種「工作」，如果這個工作沒有報酬，那麼孩子們就不會再做了。

1973年，格林、萊珀還有美國科學院院士尼斯貝特（Nisbett）

也做了一項金錢獎勵對孩子行為影響的實驗。他們讓 3~5 歲的孩子用一種特別的彩色筆畫畫，這對年幼的孩子來說是很新鮮的遊戲。而且他們會私下給一些孩子發優秀證書，獎勵他們用這種特別的筆畫畫，而另外一些孩子沒有收到這項獎勵。

之後，他們讓這些孩子自由地在教室裡玩一會兒，而這種特別的筆就隨意地放在教室裡。他們想知道哪些孩子更可能會在自由活動的時間去玩這種筆。結果發現，那些收到獎勵的孩子的玩筆時間要遠低於沒收到獎勵的孩子。

安安本來是因為興趣而閱讀，這在心理學上叫作內在激勵（Intrinsic Motivation）。而閱讀獎勵計畫使得安安改變了動機，她開始為了獲得獎勵而閱讀，這在心理學上叫作外在激勵（Extrinsic Motivation）。一旦安安被外在激勵驅使去閱讀，她擁有的內在激勵就會削弱，變得沒有以前那麼喜歡閱讀了。這叫作過度理由效應（Over-justification effect）。也就是說，**當人們認為自己的行為是由外在激勵引起時，就會削弱自己的內在激勵。**

有些家長經常埋怨孩子學習熱情低。在中小學階段，他們還能勉勉強強地在老師和家長的各種激勵手段下學習，可是一進入大學，外在激勵消失後，就失去了學習的熱情。**家長可能不知道，正是因為中小學階段的那些外在激勵手段剝奪了學生本來應該在學習中享受的樂趣。**孩子們認為自己只是在為了分數，為了家長和老師的認可而學習，不是因為享受學習而學習。當然，這並不是說家長不能使用獎勵手段。當內在激勵高時，並不適合引入外

在激勵來鼓勵；當內在激勵本來就缺乏時，引入外在激勵才管用。如果安安本來就不喜歡閱讀，那麼這項閱讀獎勵計畫就能讓她養成閱讀的習慣。

成年人的世界也是如此，金錢常常會削弱人們的內在激勵。

美國退休人員組織曾詢問一些律師，是否願意為需要幫助的退休人員服務，報酬很低，大約只有 1 小時 30 美元。律師們表示無法接受。但是，當詢問這些律師是否願意免費為需要幫助的退休人員服務時，表示願意的律師占了絕大多數。為什麼 0 美元比 30 美元更有吸引力呢？因為提到錢，律師就會使用市場規範來做決定，但是沒提到錢的話，他們用的就是社會規範。

我們在廣州亞運會上做過一項調查也可說明這個問題。調查中隨機一半的人被詢問是否願意無償做亞運會的志工，而另一半的人被詢問是否願意為了每天 50 元的酬勞做亞運會志工，結果後者的意願更低。這也就是為什麼人們總是更喜歡自己的業餘愛好，卻不喜歡自己的工作。首屆 NBA 終身成就獎得主，知名球星比爾‧羅素說過：「當我開始思考自己要不要以打球來賺錢養家餬口之後，籃球這項運動對我來說就失去了部分魔力。」

04

為什麼錢不能用來買文憑、移植器官？

俗話說，金錢非萬能。什麼樣的東西是用錢換不來的？即使換來了也會讓人們覺得不公平呢？

在市場經濟裡，很多東西都可以花錢買到。例如，在遊樂園裡你可以花錢買快速通關券，不用排隊就能插隊快速玩到你想玩的項目。但是同樣是排隊，如果是等待器官移植，你認為應該允許人們花錢插隊嗎？

事實上，如果等待的是移植器官，人們就不太贊成花錢插隊的做法。2016 年，中國的器官捐贈人數剛超過 4,000 人，卻有 30 萬條生命在等待移植。透過黑市交易優先購買器官會引起公憤。

但是你有沒有想過，時間和金錢，不都是資源嗎？為什麼排隊花時間換取器官移植要比花錢插隊換取器官移植感覺更加公平呢？

如果不是花錢，而是花名氣或「賣面子」呢？前段時間曝出某明星學位摻水事件，廣大網友都憤憤不平，認為這對那些勤勤懇懇才獲得博士學位的人來說不公平。文憑可以靠努力換得，卻不能用名氣去換取。但是努力和名氣也同樣是資源，為什麼文憑就只能用努力去換，而不能用名氣去換呢？

金錢、時間、智力、努力、名氣，這些都是資源，到底哪一

種更適合用來作為交換工具呢？

美國藝術與科學院院士、哈佛大學政治哲學教授桑德爾曾發問：「越來越多的東西被明碼標價，那麼錢到底可以買什麼？」2011 年夏天，他來到中國，印象最深刻的卻是醫院裡販賣看診序號的「黃牛」。他描述，夜晚的北京協和醫院門診大廳一樓聚集著一群黃牛，價值 14 元的看診號被抬到幾百元，這對於一個月收入不到 1,000 元的農民來說是很大的負擔。

幾乎天天在中國醫院發生的這一幕被細心的桑德爾記錄下來，他在 2012 年出版了一本書《錢買不到的東西：金錢與正義的攻防》，其中就探討了這個問題：一個萬物都明碼標價的世界是否有錯？金錢能否用來交換任何東西？

在這個物質的時代，金錢幾乎是萬能的。人們可以用錢買到排隊的優先權，可以用錢買到學歷文憑，也可以買到更多碳排放的權利，甚至是代孕服務。這公平嗎？

來自加州大學洛杉磯分校安德森管理學院的研究人員沙迪（Shaddy）和來自芝加哥大學布斯商學院的副教授沙（Shah）指出，人們經常用來交換的資源有 6 種：金錢、時間、精力（簡單的腦力活）、體力（簡單的體力活）、人脈（投票、舉薦等）、社會影響（私人關係等）。有些時候，人們覺得用金錢交換很公平，有些時候，人們覺得要用時間交換才公平。為什麼呢？

這兩位研究者認為，這 6 種資源的區別在於兩點：第一，這種資源是否在人群中公平分配；第二，這種資源的多少是否容易

衡量。

　　他們蒐集的資料結果說明，分配最公平的資源是時間，而且
時間也比較容易衡量（僅次於金錢）。金錢是分配最不公平的資源，
但也是最容易衡量的資源。人脈和社會影響這兩種資源的分配也
不是那麼公平，而且也不太好衡量。

人們對 6 種資源特徵的評估			
資源	特徵偏好		綜合得分
	感知公平性	衡量容易度	
金錢	1.74	5.29	3.51
時間	3.66	5.04	4.35
精力	3.19	4.43	3.81
體力	2.92	4.86	3.89
人脈	2.44	4.45	3.44
社會影響	2.24	4.03	3.14

　　正因為時間非常公平，而且很容易衡量，所以花時間等待常
被看作是最公平的辦法。在很多重要的事情上，例如器官移植、
物質短缺年代購買食物，都不能採取花錢插隊的辦法，而只能採
取花時間排隊等待的辦法，否則就會激起眾怒。另外，金錢在很
多情境下也可以用來交換，金錢雖然分配不太公平，但是非常容
易衡量，錢多錢少一目了然，因此成了不錯的交換工具。但是其
他幾樣東西，例如精力、體力、人脈等，就是不太理想的交換工
具了。

　　看到這裡，你應該明白了為什麼很多東西不能用錢來買。那

是因為金錢的分配本身就不太公平。如果在一個金錢分配公平的社會裡，花錢買文憑也不太容易激起憤怒。如果你是一個辛勤勞動的「研究人員」，你也會對用名氣就能換到文憑的做法感到不平。因為名氣，既不是公平分配的，又不容易衡量，實在不是一個好的交換工具。

05

當你中了頭獎，意外之財會怎樣改變你？

　　多少人夢想一夜致富，之後過上無憂無慮的生活。可是一夜致富之後，你的心理會產生什麼改變呢？

　　1992 年，大衛（David）幸運獲得美國「強力球」彩券頭獎，獎金為 2,700 萬美元。相信不少人要感慨：「這麼多錢，怎麼花得完！」然而，2001 年僅 58 歲的大衛就在肯塔基州一家臨終關懷醫院去世。原來，在暴富之後短短 5 年內，他花光了全部財產。他染上了各種惡習，吸毒使他和前妻都罹患肺炎，到臨終時還欠了朋友幾千美元。事實上，這樣的情況屢見不鮮，令我們不禁要想：意外之財真的來得快，去得也快嗎？這種錢又會給我們帶來什麼樣的改變呢？

　　彩券中獎得到的錢是典型的意外之財（Windfall money），也就是天上掉下來的餡餅。當然，除了彩券中獎和賭博所得，在路上撿到的錢、突然被贈予的錢都可稱為意外之財。

　　俄亥俄州立大學的阿克斯教授等人在 1994 年透過對大學生的問卷調查發現，如果人們中獎得到 105 美元，他們會將這些錢馬上花掉，用來買一些享樂型商品，例如最新款的手機。但是，如果這 105 美元是透過週末加班得到的血汗錢，他們會把這些錢存入銀行帳戶，捨不得花。也就是說，意外之財會讓人更加衝動

地買買買。

　　這也解釋了為什麼有些國家會制定退稅政策。2008 年 4 月底，受次貸危機和全球經濟衰退的影響，美國財政部開始寄發退稅支票，此舉正是為了刺激消費，帶動內需。也許有人會疑惑，這部分錢本來就是人民繳納出去的，為什麼退稅會刺激消費呢？實際上，雖然稅金是我們繳納的，但是當多繳的部分被退回來時，我們就感覺像地上撿到的一樣，讓人又驚又喜，趕緊揮霍出去。

　　除了衝動的享樂性消費，意外之財還會導致我們對風險的關注度降低。辛苦工作得到的錢更少被用於從事風險投資或賭博遊戲，然而如果錢是偶然得到的，我們就更有可能放手一搏。

　　研究者把大學生分成兩組，其中一組人之前就知道自己參與實驗會獲得 3 美元的報酬，因而這 3 美元被視為工作所得；另一組人到達現場後很意外地從研究者手裡拿到 3 美元，對他們來說，這 3 美元就像是意外之財。兩組大學生都需要參與一個擲骰子的賭博遊戲，他們可以選擇用這 3 美元的一部分來下注，如果贏了就會得到雙倍賭注的返還，如果輸了賭注就會被沒收。

　　實驗結果顯示，認為這 3 美元是工作所得的那組人平均下注 1 美元，而意外獲得 3 美金的那組人平均下注高達 2.16 美元。不難看出，意外之財削弱了人們對風險的關注度，讓人們變得更偏愛冒險。同樣是 3 美元，為什麼會出現這樣的現象呢？還記得之前講到的一個重要概念「心理帳戶」嗎？

　　心理帳戶由諾貝爾獎得主、芝加哥大學行為科學教授泰勒於

1985 年提出，描述了人們在心裡使用不同心理帳戶中的錢時，還會堅持專款專用的原則。

舉個簡單的例子。2008 年美國油價大幅下降，按照經濟學原理，理性的人們會把從加油省下的錢用於其他開銷，導致其他消費額上升。但是情況並非如此，研究者發現，即使油價下降，人們在加油費用上並沒有減少──他們購買了價格貴、品質更好的油。這是因為人們心中有個帳戶是加油費，即使油價跌了，也不太會想到省下來的這筆錢完全可用來買點別的。

意外之財在我們的心理帳戶裡並沒有被放到家常帳戶（House hold account）中，不需要用來支付家庭日常收支，可被隨時用來支出，這導致了我們花意外之財時更不節制。

意外之財除了會讓我們消費起來更衝動、更偏向享樂，還有個意想不到的作用──讓我們更慷慨。徹麗（Cherry）等學者早在 2004 年就利用「獨裁者賽局」遊戲證實了這個觀點。

研究者讓一組人到達實驗室後直接收到 10 美元（意外之財），而另一組人需要完成一份考卷才能收到 10 美元（血汗錢）。當人們拿到這 10 美元時，研究者告訴他們，需要把這 10 美元分配給他們自己和另外一個參與實驗的人；想怎麼分就怎麼分，對方並沒有發言權。結果發現，血汗錢組中 79% 的人完全不願意將 10 美元分給別人，而意外之財組中只有 23% 的人完全不願意分錢給別人，大部分的人都選擇從 10 美元裡拿出一部分給別人。

辛苦賺來的血汗錢會讓我們覺得這個錢是自己應得的，而不

願拿出來幫助他人，凝結在金錢中的人類勞動促使人們產生自利動機；而意外之財會讓我們覺得這是靠運氣得到的，可能並不是自己應得的，因此會更加樂於捐獻。

2013 年，哥德堡大學的卡爾森（Carlsson）等學者在中國人民大學的超市門口進行了一項現場實驗。其中一半的大學生發現超市正在舉行大酬賓活動，他們被抽中成為幸運顧客，並獲得了 10 張 5 元的現金（意外之財）。另一半的大學生在超市填寫了一份關於超市塑膠袋使用情況的調查問卷後，也拿到 10 張 5 元的現金（勞動報酬）。收到現金後，大學生們會看到一個中國扶貧基金會的捐贈廣告。他們可以把想捐獻的金額放入信封並投入一個捐款箱，而剩下的錢則屬於他們自己。統計結果顯示，意外之財組的大學生的平均捐贈金額為 18.6 元，相比之下，勞動報酬組的大學生平均只捐出了 9.5 元。更令人驚訝的是，勞動報酬組只有 2% 的大學生捐出全部報酬，而意外之財組有 14% 的大學生慷慨解囊，把 50 元全部捐了。如此看來，意外之財能讓我們變得更加慷慨，而勞動報酬卻會讓我們更自私。

2016 年 1 月 13 日，美國強力球彩券再次開出史無前例的大獎——15 億美元，這次的大獎得主是一對夫妻——妻子莫琳·史密斯和丈夫大衛·卡茨米德。那麼這對夫妻突然擁有 15 億美元之後的生活是怎樣的呢？記者暗中觀察發現，他們仍然住著老舊的房屋，開最普通的家庭房車。當被問及獎金究竟被用到何處時，這對夫妻笑著回答：「做了一些投資，也捐贈了幾家慈善機構，

用作對癌症的研究及解決兒童飢餓等。」「我們知道，一有錢就墮落的例子太多了，有錢並不能等同於幸福。」

　　一夜暴富是許多人的美好期望，可一旦中了頭獎，很容易被這筆快錢衝昏頭，搞得不知所措。錢來得快，去得也快，肆意揮霍的話生活很快就會回歸破敗。當然，還有一種辦法，雖然錢去得快，卻能夠為我們帶來持續的幸福，那就是培養一顆慈善的心靈。

06

有錢人和窮人，誰更小氣？

你可能意想不到，有錢人可能比窮人更小氣。尤其是在貧富差距懸殊的社會環境下，有錢人還會變得更加小氣。

在港臺劇裡，我們經常看到那些有錢人揮金如土，名車豪宅、美女相擁，彷彿錢如紙一般，想怎麼花就怎麼花。但現實生活中，好像不是這樣。我們經常聽到身邊的人說，越有錢的人就越小氣。比如，讓有錢人請客很難，找有錢人借錢很難。有錢人一定更大方嗎？

你應該也聽過很多美國富人慷慨捐贈的慈善故事，比如說「股神」巴菲特。根據《富比士》2017 年發布的年度美國慈善富豪榜，巴菲特連續三年位居榜首，2016 年捐款達 28.6 億美元。然而每個有錢人真的都這麼慷慨大方嗎？事實可能並非如此。2011 年美國全國性的慈善捐款調查資料顯示：20% 最富有的美國人，平均用 1.3% 的收入做慈善事業；而相比之下，處在收入金字塔最底層的 20% 的美國人，則平均用 3.2% 的收入做慈善。

2010 年，美國加州大學柏克萊分校的社會心理學家皮弗（Piff）等人透過一系列研究也說明，有錢人不一定比窮人更大方。

皮弗等人找來了 124 名有收入差距的參與者做了一項實驗，其中有些人的年收入達到 20 萬美元。研究者讓參與者完成一項金

錢分配的遊戲。研究者給參與者一定數額的錢，讓他們自行選擇把這些錢分給自己和一個不認識的搭檔。結果發現，與高收入參與者相比，低收入參與者會將更多的錢分給自己的搭檔。也就是說，與有錢人相比，窮人反而表現得更加慷慨。

這是為什麼呢？通常我們認為，窮人錢更少，面對生活環境帶來的壓力，應該更加關注自身福利，在金錢分配遊戲中應該表現得更加小氣才對。皮弗等人在研究中也給出了答案，他們認為：**窮人依賴人際關係度日，看重人際關係，反而更能體諒別人，富有同情心，所以相對慷慨；有錢人通常以自我為中心，更重視自己的利益、欲望和幸福，容易忽視旁人的需求，所以相對吝嗇。**

想必大家都很熟悉《歐也妮·葛朗臺》的故事。對金錢的貪得無厭使老葛朗臺成為一個十足的吝嗇鬼：儘管擁有萬貫家財，可他依舊住在陰暗、破爛的老房子中，每天親自分發家人的食物、蠟燭。在他眼中，金錢就是一切，沒有了錢就什麼都完了。這不禁讓人想問：每個有錢人真的都這麼小氣嗎？還是某些特定的有錢人才會很小氣？

2015 年的一項研究說明，不是所有的有錢人都小氣，只是在某種經濟環境下的有錢人才會更小氣。多倫多大學的科特（Côté）、豪薩（Housea）和史丹佛大學的維勒（Willer）發表在《美國國家科學院院刊》（PNAS）的這項研究考察了經濟環境，尤其是宏觀的經濟不平等程度對有錢人的影響。

研究者先用問卷調查 1,498 人，結果發現，收入水準和慷慨

程度沒有顯著的關係。也就是說，並不是所有的有錢人都很小氣。重要的是，研究者發現：只有在經濟高度不平等的地區，有錢人才會表現得極度小氣；在經濟不平等程度較低的地方，有錢人則沒有表現出不慷慨，而是「一反常態」，更加大方。

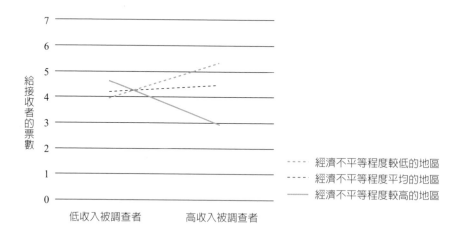

收入水準和經濟不平等程度存在交互效應

研究者又進行了一項實驗。他們讓 704 位參與者把 10 張抽獎券分配給自己和另一位陌生人，給別人分得越多，就表示這人越慷慨。其中一半的人在分配抽獎券之前看了一些經濟不平等的資料，另一半的人則看了一些經濟平等的資料。結果發現：觀看了經濟不平等資料的參與者中，有錢人比窮人更小氣；觀看了經濟平等資料的參與者中，有錢人和窮人的慷慨程度差不多。也就是說，有錢人更加小氣，是因為經濟不平等造成。

爲什麼經濟高度不平等的地區會出現「有錢人更小氣」這種現象？研究者認爲，生活在經濟不平等地區的有錢人，會覺得自己跟其他大多數人不在同一個階層，自己是屬於特權階級。這種感受會讓他們不想對其他人伸出援手。另外，在經濟高度不平等的地區，有錢人會更加擔心失去自己的特權，因此會更加吝嗇，以保住那種由錢帶來的權。

　　有錢人在把錢分給別人這件事上的確很小氣，那麼當他們花錢買東西時會更大方嗎？有研究顯示，與一般人相比，有錢人花錢購物時更大方。來自美國喬治亞大學的米斯拉（Misra）等人發現，人們收入越高，越願意多花 10% 的錢購買無農藥的新鮮農產品。冰島的旅遊專家雷尼斯托提爾（Reynisdottir）等人的研究也發現，人們的家庭收入越高，越願意爲自然旅遊景點的門票花錢。

　　但有趣的是，有錢人並不是在所有的購買上都表現得很大方。美國喬治梅森大學的瓜尼亞諾（Guagnano）及其同事在 1994 年就發現，對於可以減少環境破壞的消費品，人們的收入和支付意願之間沒有任何關係。瓜尼亞諾在 2001 年進一步發現，人們收入越高，並不一定越願意花錢購買再生紙產品。此外，英國巴斯大學的喬根森（Jorgenson）等人在 2000 年也發現，對於可以減少雨水汙染的措施，家庭收入並不影響支付意願。

　　總結一下：有錢人的捐款比例更小，更不願意花錢幫助別人。另外，有錢人也更不願意花錢購買環保產品。**有錢人小氣是經濟環境造成的，在貧富差距懸殊的地區，有錢人會更加小氣。**

07

有錢人的道德水準更高，還是更低？

「窮生奸計，富長良心」「無商不奸，為富不仁」，窮人和有錢人，到底誰的道德水準更高？

窮生奸計，富長良心？衣食足則知榮辱？我們總覺得經濟變好之後人們的道德水準也應該相對提升，但我們也常看到一些有錢人只顧自己利益的新聞。

有錢人更加自私自利嗎？經濟學上有個經典概念叫作邊際效用遞減。比如，當你只有100元時，100元對你來說是很大的誘惑，可以讓你鋌而走險去做壞事。但是當你有了10萬元之後，100元對你來說便無足輕重，掉在地上你都不願意費事去撿。從這個理論出發，經濟學家提出了「高薪養廉」的方法。如果人們收入很高，就不會為了錢去做壞事，道德水準也會提高。

這樣說來，有錢人的道德水準真的更高嗎？心理學的一些研究考察了這個問題。2012年，加州大學柏克萊分校的心理學家皮弗等學者在《美國國家科學院院刊》發表了一項研究。研究者在一個十字路口旁假扮成路人，當車子通過時，就裝成像是要過馬路的樣子。那麼，這些車子會停下來給他讓路嗎？

研究者一共記錄了152名司機的行為。這些司機當中有的開著豪華汽車，有的開著普通汽車。結果發現，開著豪華汽車的人

做出闖越人行道且不禮讓行人行為的機率，是開著普通汽車的人的 4 倍，開豪車的人違規超車的機率，是開普通車的人的 3 倍，這些都違反了加州法律。這也說明了，有錢人在開車時更不顧及行人，而且他們也更常不遵守交通法規，表現得自私自利，只顧著自己趕路。

在接下來的一項研究中，研究者找來 129 名大學生，讓其中一半的人跟社會頂層的人比較，讓另一半的人跟社會底層的人比較。可以想像，如果把自己跟有錢的企業家相比，人們會覺得自己是窮人；但如果把自己跟街頭的流浪漢相比，人們會覺得自己是有錢人。然後研究者給每位參與者一罐糖果，告訴他們可以任意拿走一些，剩下的糖果會送給隔壁一間教室的孩子們。結果發現，感覺自己是有錢人的人要比覺得自己是窮人的人多拿了 2 倍的糖果。也就是說，當人們認為自己有錢之後，就會變得更加自私，不願意把糖果留給別人。

研究者還在 Mturk 調查平臺找了 90 名參與者，做了一項問卷調查。研究者設計了 12 個問題，測量了參與者在工作中從事不道德行為的傾向。結果發現，有錢人更有可能偷偷從收銀檯拿走 20 美元現金。此外，有錢人更有可能做出唬弄顧客的行為，比如向顧客濫收費用等。這也說明，有錢人會為了錢做出更多不道德的行為。

為什麼會出現這種情況呢？研究者認為，這是因為有錢人更加自我中心，他們只想著自己的利益，覺得自己比別人更重要。

例如過馬路時，有錢人會覺得自己的時間更重要，所以不願意停車讓行人先行。

其實，就算不是有錢人，當看到錢或想到錢時，人們也會變得更自私，更可能做出不道德的行為。

北卡羅萊納大學的吉諾（Gino）和華盛頓大學的皮爾斯（Pierce）曾做過一項研究就發現：擁有大量的金錢會提高人們為了謀取私利而從事不道德行為的傾向。

研究者找來 53 名參與者，將他們隨機分成兩組。金錢富有組的參與者進入第一間教室，裡面有兩張桌子，擺滿了 7,000 張 1 美元現金。研究者從這些錢中拿出 24 美元給參與者。金錢稀缺組的參與者進入第二間教室，桌上只有 24 張 1 美元，研究者把這些錢給參與者。

然後，研究者讓參與者完成一項單字拼寫任務，一共 8 輪，每輪都需要在 2 分鐘內拼寫一些英文單字。如果參與者能在一輪中拼寫正確 12 個單字，就能拿到 3 美元。有趣的是，參與研究的人需要自己對照字典來給自己拼寫的單字打分數，然後根據自己打的分數來領取酬勞。也就是說，這給了一些人可乘之機——可以謊報自己的成績，來領取更多的報酬。結果發現，金錢富有組的參與者更可能在單字拼寫任務中作弊並誇大自己的表現。也就是說，看到一大筆錢會讓人做出更多不道德的行為。

為什麼在錢多的情況下人們會更加不道德呢？研究者又測量了參與者的情緒。結果發現，與金錢稀缺組相比，金錢富有組的

參與者有更多的嫉妒情緒。從而促使自己為了謀取私利做出不道德的行為。

　　為了進一步幫助為什麼有錢人會更自私自利，皮弗等人又做了一項研究。他們在 Mturk 上找了 108 名成年人完成一份問卷。參與者要想像自己是一名招聘人員，需要和一名求職者進行薪水談判。這主要考察參與者是否會在談判中為了利益而說謊。此外，這項研究還測量了參與者對貪婪的態度。結果發現，有錢人相信貪婪是一種積極的品格，而這種信念增加了他們在談判中說謊的可能性。

　　所以說，金錢不是萬惡的，對金錢的貪婪才是萬惡之源。

08

經濟學會讓人的道德水準降低嗎？

經濟、金融常年是大學入學考試志願的熱門科目，相關專業也站在了學科「鄙視鏈」（一種自我感覺良好而瞧不起他人的現象）的頂端。有趣的是，學習這些專業可能會讓你產生意想不到的變化。

「鄙視鏈」在現代生活中可說是無處不在，就連大學各個學科之間都存在鄙視鏈。據說這條鄙視鏈的方向是這樣的，商科 > 法學・醫科 > 工科 > 理科 > 文科 > 藝術。看起來，金融、經濟站在了鄙視鏈頂端，傲視群雄。多少人後悔考大學時沒有多考幾分好上金融、經濟科系。可是有研究說明，經濟學會產生一些副作用。

研究發現，經濟學家更不願意幫助別人。

1993 年弗蘭克（Frank）和吉洛維奇等人曾給各個學科的大學教授郵寄了調查問卷，想要了解他們是否有過給慈善機構捐款的經驗。結果發現，雖然經濟學教授的平均收入比其他學科的平均收入高，但是有 9.3% 的經濟學教授沒給任何慈善機構捐過錢，遠遠高於平均水準的 1.1%。

那麼，究竟是經濟學讓人更不願意幫助他人，還是不願意幫助他人的人選擇了經濟學？

為了解決這個問題，吉洛維奇在康乃爾大學進行了一項實

驗。他們選擇了兩門不同類型的經濟學課程和一門天文學課程。這兩門經濟學課程一門是普通的微觀經濟學，另外一門是強調博弈思維的經濟學。這項實驗分別在學期初和學期末進行了兩次，讓學生估計自己撿到一個裝有錢的信封會物歸原主的可能性。結果發現，經過一個學期知識的「洗禮」，兩門經濟學課程的學生在學期末變得比學期初時更加不誠實了。普通的微觀經濟學使學生拾金不昧的傾向下降了 25%，而強調博弈思維的經濟學課程導致學生拾金不昧的傾向降低了 29%。但是學了天文學的學生似乎就沒有這個「副作用」。

為什麼經濟學會有這樣的「副作用」呢？研究者認為，恰恰是經濟學引以為傲的各種收益模型、博弈思維的薰陶，造成學習經濟學的人更關注個人利益，強調成為一個「理性」的經濟人。推崇絕對理性，計算成本收益讓經濟學走上學科「神壇」，卻也讓學習它的人突破了道德的「底線」。

經濟學不只讓人在撿錢、捐贈這些「小事」上變得有點自私，這些小事背後反映的還有個人對公共利益的關注。

1981 年，美國威斯康辛大學的馬維爾（Marwell）和艾姆斯（Ames）曾對比了經濟學的學生和其他學生在公眾利益上的選擇。他們採用了著名的「搭便車」實驗（Free-Rider Experiments），這項實驗要求人們進行個人利益和公共利益的博弈。假設你得到一筆錢並被要求存入兩個帳戶，一個是私人帳戶，一個是所有遊戲參與者共同創建的公共帳戶。存入私人帳戶中的錢在遊戲結束後全

歸你所有，而存入公共帳戶中的錢最終會乘以 3 後平均分配給每一位參與遊戲的人。你會如何分配這筆錢？

研究者發現，相比非經濟學的學生來說，經濟學的學生會少放 29% 的錢到公共帳戶中。也就是說，他們會更多地考慮到個人利益，更少地考慮到公共利益。

「一個和尚有水喝，兩個和尚挑水喝，三個和尚沒水喝」似乎也不是什麼新鮮事了，但是如果其中有和尚是學經濟學的，「沒水喝」的情況只怕會更加嚴重。如果我們每個人都只顧個人利益，其實最終損失的是所有社會成員的利益。

關注公共利益的要求其實出現在我們生活的各個方面：為了公共環境，我們會不會更常選擇更加環保的交通方式？考慮到共享單車是為大家服務的，我們是不是應該小心使用不去破壞？……但是經濟學可能會導致人們只顧著個人利益，忘卻了集體利益。

【參考文獻】
全書各章節所參考引用的相關文獻
請至書活網（www.booklife.com.tw）
搜尋本書書籍頁面取得。

圓神出版事業機構　用心與你對話‧視野無限寬廣

如何出版社 Solutions Publishing

www.booklife.com.tw　　　　　　reader@mail.eurasian.com.tw

Happy Fortune 021

你不可不知的關於金錢的那些事：
顛覆常識的金錢心理學

作　　　者／周欣悅

發 行 人／簡志忠

出 版 者／如何出版社有限公司

地　　　址／臺北市南京東路四段50號6樓之1

電　　　話／（02）2579-6600‧2579-8800‧2570-3939

傳　　　真／（02）2579-0338‧2577-3220‧2570-3636

副 社 長／陳秋月

副總編輯／賴良珠

責任編輯／張雅慧

校　　　對／張雅慧‧林雅萩

美術編輯／林韋伶

行銷企畫／陳禹伶‧黃惟儂

印務統籌／劉鳳剛‧高榮祥

監　　　印／高榮祥

排　　　版／杜易蓉

經 銷 商／叩應股份有限公司

郵撥帳號／18707239

法律顧問／圓神出版事業機構法律顧問　蕭雄淋律師

印　　　刷／祥峰印刷廠

2023年10月 初版

身边的金钱心理学

中文繁体版通过成都天鸢文化传播有限公司代理，由机械工业出版社有限公司授予如何出版社有限公司独家出版发行，非经书面同意，不得以任何形式复制转载。

定價360元　　　　ISBN 978-986-136-672-2

擁抱「對錢有感」的自主人生，一切都來得及！
29 歲靠著各種斷捨離與金錢整理，告別低薪焦慮。
30 節約男子用自己的親身實證，
帶你找回生活選擇權，邁向理想人生！

——《30歲開始，理財不焦慮》

◆ **很喜歡這本書，很想要分享**

圓神書活網線上提供團購優惠，
或洽讀者服務部 02-2579-6600。

◆ **美好生活的提案家，期待為您服務**

圓神書活網 www.Booklife.com.tw
非會員歡迎體驗優惠，會員獨享累計福利！

國家圖書館出版品預行編目資料

你不可不知的關於金錢的那些事：顛覆常識的金錢心理學／
周欣悅 著. -- 初版 -- 臺北市：如何出版社有限公司，2023.10

368 面；14.8×20.8公分 --（Happy Fortune；021）

ISBN 978-986-136-672-2（平裝）

1.CST：金錢心理學　2.CST：貨幣心理　3 .CST：消費行為

561.014　　　　　　　　　　　　　　　　112014012